大连商品交易所
品种运行情况报告
(2019)

李正强　主编

中国金融出版社

责任编辑：陈　翎
责任校对：潘　洁
责任印制：裴　刚

图书在版编目（CIP）数据

大连商品交易所品种运行情况报告. 2019/李正强主编. —北京：中国
金融出版社，2020.7

ISBN 978 – 7 – 5220 – 0641 – 3

Ⅰ . ①大… 　Ⅱ . ①李… 　Ⅲ . ①期货市场—研究报告—大连—2019
Ⅳ . ①F832.5

中国版本图书馆CIP数据核字（2020）第 096669 号

大连商品交易所品种运行情况报告. 2019
DALIAN SHANGPIN JIAOYISUO PINZHONG YUNXING QINGKUANG BAOGAO. 2019

出版
发行　中国金融出版社

社址　北京市丰台区益泽路2号
市场开发部　（010）66024766，63805472，63439533（传真）
网 上 书 店　http：//www.chinafph.com
　　　　　　　（010）66024766，63372837（传真）
读者服务部　（010）66070833，62568380
邮编　100071
经销　新华书店
印刷　北京市松源印刷有限公司
尺寸　170毫米×242毫米
印张　27
字数　347千
版次　2020年7月第1版
印次　2020年7月第1次印刷
定价　68.00元
ISBN 978 – 7 – 5220 – 0641 – 3
如出现印装错误本社负责调换　联系电话（010）63263947

大连商品交易所丛书
编委会

主　任：李正强

副主任：席志勇　　赵胜德

编　委：朱丽红　许　强　王伟军　王玉飞　刘志强

序 言

　　2019年，是中华人民共和国成立70周年华诞。70年建设历程硕果累累，新时代创业道路前程似锦，我们共同见证了祖国发展的繁荣昌盛和取得的伟大成就。在中国证监会党委的正确领导下，大连商品交易所（以下简称大商所）深入学习贯彻习近平新时代中国特色社会主义思想，积极践行期货市场服务实体经济、服务市场参与者的初心和使命，紧紧围绕建设"规范、透明、开放、有活力、有韧性的资本市场"主线，在初步实现多元开放战略转型的基础上，不断巩固战略转型成果，不断充实多元开放内涵，不断提升服务实体经济的核心竞争力，朝着建设全球大宗商品定价中心和风险管理中心的战略目标砥砺前行。

　　天行健，君子以自强不息。回首2019年，大商所市场发展平稳有序、创新不断。品种工具方面，粳米、苯乙烯期货成功上市，玉米、铁矿石期权顺利推出，我国首个期货、期权同步上市品种——液化石油气稳步推进，集装箱运力、干辣椒期货获批立项，生猪、气煤、废钢等期货品种的上市步伐也在不断加快，品种体系进一步丰富完善。市场服务方面，我们在业内率先上线了基差交易平台，商品互换业务市场规模不断扩大，"农民收入保障计划"试点实现县域覆盖，"企业风险管理计划"持续推进，深交所基于大商所品种上市了境内首只商品期货ETF，金融机构基于大商所商品指数开发产品31只，市场服务领域更加深化多元。2019年，大商所初步实现期货、期权、互换等衍生品工具齐全，期货与现货连通，境内与境外连通的"一全两通"理想格局。

知行合一，格物致知。为了更好地评估市场运行效果和质量，加强与国内外同行沟通交流，北京大商所期货与期权研究中心（以下简称大商所研究中心）组织编写了《大连商品交易所品种运行情况报告（2019）》。这是该系列报告推出的第7年，报告对大商所19个已上市期货品种和3个商品期权品种在2019年的市场运行、功能发挥及合约维护等方面情况进行了系统的总结、梳理和评估，并从产业角度深入分析了交易所上市期货品种的发展前景，提供了发展建议，以供各界人士参考。

终日乾乾，与时偕行。展望2020年，正值我国全面建成小康社会和"十三五"规划收官之年，也是大商所开创全面建设国际一流衍生品交易所新局面的关键之年。我们将继续增强"四个意识"，坚定"四个自信"，做到"两个维护"，紧紧围绕服务实体经济、服务市场参与者根本宗旨，坚持"四个敬畏，一个合力"，加快实施"扩板计划"，拓展深化"一全两通"，努力建设衍生工具齐备、产品种类丰富、运行安全高效、功能发挥充分的高质量衍生品市场，为全面建成小康社会、服务国民经济高质量发展作出新的贡献！

大连商品交易所党委书记、理事长

李正强

2020年4月

前　言

　　2019年，世界经济形势错综复杂，地缘政治不确定性增加，贸易摩擦此起彼伏，经济下行压力进一步加大，全球贸易总量出现十年来首次下降。面对国内外风险挑战明显上升的复杂局面，我国经济社会持续健康发展，"十三五"规划主要指标进度符合预期，取得了令人瞩目的成绩。

　　这一年，大商所按照巩固战略转型发展成果，充实多元开放发展内涵，提升核心竞争力和国际影响力的工作方针，迈出了全面建成国际一流衍生品交易所的坚实步伐。首先，市场规模不断提升。2019年大商所期货、期权成交量13.56亿手、同比增长38%，成交金额68.93万亿元、同比增长32%，全年日均持仓量为728万手、同比增长24%；分别占全国商品期货市场35%、31%、42%，均比上年提升1个百分点以上。根据美国期货业协会（FIA）2019年统计，大商所位列全球衍生品交易所成交量排名第11位，较上年前进1位，豆粕、玉米和铁矿石等分别位居农产品和钢铁等品种成交量的世界前列。其次，市场结构持续优化。参与大商所交易的客户77.83万个、同比增长12%。其中：法人客户1.63万个、同比增长22%，增幅提高10个百分点；法人客户成交量4.37亿手、同比增长64%；法人客户日均持仓量392.59万手、同比增长28%。有力地促进了市场内在发育。最后，市场功能充分发挥。豆油、铁矿石等主要品种期现货价格相关性均超过0.9，有效反映了市场供求关系，已经成为现货贸易、农产品价格保险开发、指数编制、政府宏观决策的重要依据和参考。大批油脂油料企业、煤焦钢企业、化工企业积极参与和利用大商所期货市场，有效管理了价格波动风险。

为加强行业交流，厘清期货市场及品种合约的发展特点及规律，大商所研究中心对2019年大商所期货市场运行情况进行总结回顾，撰写形成《大连商品交易所品种运行情况报告（2019）》（以下简称报告）。报告全面回顾了大商所各上市品种2019年的运行情况，并就未来的发展前景进行了展望。报告共分为23个，包括大商所期货市场运行总报告、19个期货品种运行分报告和3个期权品种运行报告。其中，19个期货品种为玉米、玉米淀粉、黄大豆1号、黄大豆2号、豆粕、豆油、棕榈油、鸡蛋、胶合板、纤维板、粳米、铁矿石、焦煤和焦炭、线型低密度聚乙烯（LLDPE）、聚氯乙烯（PVC）、聚丙烯（PP）、乙二醇、苯乙烯，3个期权品种为豆粕期权、玉米期权和铁矿石期权。每个品种报告写作框架总体相同：第一部分首先介绍了该品种在2019年的市场运行情况，包括成交量、持仓量变化情况、价格运行特点、交割情况以及投资者结构四个方面内容；第二部分对品种的功能发挥情况进行评估，并对期货市场功能发挥的最新案例进行总结；第三部分整理了年度内合约的最新维护和修改情况；第四部分从产业角度梳理了交易所各上市期货品种的发展前景、存在问题和对策建议。

当前正值我国加快构建全面对外开放新格局，推动国民经济实现高质量发展的关键时期，衍生品市场也面临着新的历史发展机遇。面向新时代、站在新起点，大商所将牢牢把握服务实体经济和服务市场参与者的大局，在推动经济高质量发展、高水平对外开放上展现新作为。报告现集结成书、正式出版，希望能为各界人士了解期货及衍生品市场或进行相关研究提供参考。

编 者

2020年4月

Contents 目 录

报告一
大连商品交易所期货与期权品种运行报告（2019）

2019年，面对复杂严峻的内外部形势，我国持续深化供给侧结构性改革，进一步加大对外开放力度，我国经济总体保持平稳运行态势，经济正从高速增长向高质量发展转变。我国农业供给侧结构性改革持续推进，农业产业结构不断优化升级，农业质量效益进一步提高；钢铁和化工相关行业从化解过剩产能朝着产能置换、转型升级和高质量发展等方向转变。在我国对外开放、结构调整和质量效益提升的发展大背景下，大宗商品市场面临新的发展形势，大宗商品价格的不确定性加大，企业风险管理需求提高。随着玉米期权、粳米期货、苯乙烯期货和铁矿石期权在2019年相继上市，大商所共有19个商品期货品种和3个期权工具，期货与期权市场运行平稳，交易规模进一步扩大。大商所不断创新产品工具，在2019年顺利上线基差交易平台，服务实体企业能力进一步提升。

一、期货和期权市场运行情况

（一）市场规模及发展情况

1. 大商所商品期货、期权成交和持仓规模均上升

2019年，大商所铁矿石、棕榈油和豆油等期货品种价格显著上

涨，投资者交易和保值需求提升，带动期货成交规模整体回升。此外，玉米期权和铁矿石期权上市，期权成交和持仓规模显著增加。2019年大商所期货、期权成交量为13.56亿手[1]，同比增加38%，其中期货成交量为13.31亿手，同比增加37.26%，期权成交量为0.25亿手，同比增加99.12%；成交金额68.93万亿元，同比增加32.05%，其中期货成交金额为68.92万亿元，同比增加32.06%，期权成交金额为98.60亿元，同比增加6.41%。大商所期货、期权品种全年日均持仓量为728.04万手[2]，同比增加24.18%，其中期货日均持仓量为671.86万手，同比增加18.77%，期权日均持仓量为56.18万手，同比增加145.58%；期货品种日均持仓金额为2 979.10亿元[3]，同比增加19.22%。

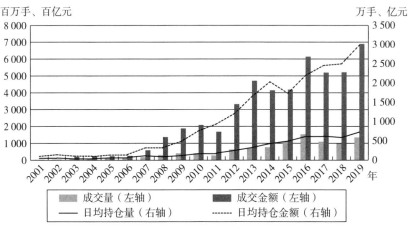

图 1-1 大商所历年期货期权成交、持仓规模变化情况

（数据来源：大连商品交易所）

2. 农业品和工业品期货成交持仓规模均上升

2019年，大商所农业品期货和工业品期货成交量、成交金额和持

---

[1] 若无特别说明，本书中成交量和持仓量都采用单边统计口径。
[2] 计算方法：累计持仓量／累计交易日，本报告同。
[3] 计算方法：累计持仓金额／累计交易日，本报告同。

仓量、持仓金额均较上年增加。农业品成交量为6.87亿手，同比增加39.35%，成交金额为25.05万亿元，同比增加49.13%；农业品日均持仓量为416.43万手，同比增加9.40%，日均持仓金额为1 357.08亿元，同比增加5.54%。工业品成交量为6.44亿手，同比增加35.16%，成交金额为43.87万亿元，同比增加23.92%；工业品日均持仓量为255.43万手，同比增加38.04%，日均持仓金额为1 622.02亿元，同比增加33.73%。

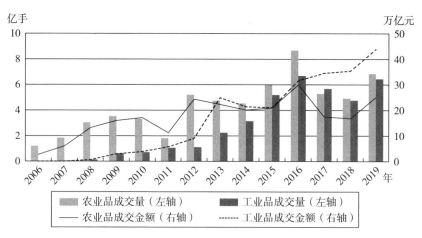

图1-2　2006—2019年大商所农业品和工业品期货成交规模变动情况

（数据来源：大连商品交易所）

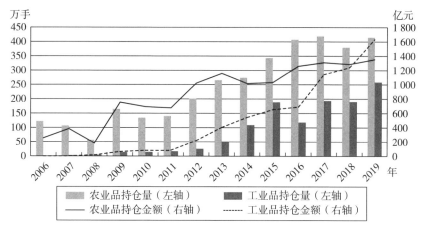

图1-3　2006—2019年大商所农业品和工业品期货持仓规模变动情况

（数据来源：大连商品交易所）

3. 各板块期货品种交易规模均较上年提高

2019年，大商所各板块期货品种成交量均较上年提高，油脂油料板块成交量最高，化工与木材板块成交量增长最显著。具体来看，油脂油料板块（包括黄大豆1号①、黄大豆2号②、豆油、豆粕和棕榈油）期货品种成交量5.32亿手，同比增加38.86%；木材板块（包括胶合板和纤维板）期货品种成交量117.22万手，同比增加3 766.29%；化工板块（线型低密度聚乙烯、聚氯乙烯、聚丙烯、苯乙烯和乙二醇）期货品种成交量2.69亿手，同比增加115.59%；黑色板块（铁矿石、焦煤和焦炭）期货品种成交量3.75亿手，同比增加6.55%；谷物及产品期货（玉米、粳米和玉米淀粉）期货品种成交量1.16亿手，同比增加29.82%；鸡蛋期货成交量3 713.00万手，同比增加86.41%。

2019年，所有板块成交额均较上年提高，黑色板块成交额最高，木材和化工板块成交额增幅显著。黑色板块期货品种成交额32.79万亿元，同比增加9.13%；油脂油料板块期货品种成交额21.18万亿元，同比增加48.53%；木材板块期货品种成交额234.85亿元，同比增加1 639.07%；化工板块期货品种成交额11.08万亿元，同比增加106.86%；谷物及产品期货品种成交额2.28万亿元，同比增加30.84%；鸡蛋期货成交额1.57万亿元，同比增加99.75%。

2019年，所有板块期货品种日均持仓量均较上年增加，油脂油料板块日均持仓量最高，木材和化工板块日均持仓量增长最显著。油脂油料板块期货品种日均持仓量286.53万手，同比小幅增加2.42%；木材板块期货品种日均持仓量0.13万手，同比增加1 521.88%；化工板块期货品种日均持仓量128.43万手，同比增加81.49%；黑色板块期货品种日均持仓量127.00万手，同比增加11.13%；谷物及产品期货品种日

---

① 以下简称"豆一"。
② 以下简称"豆二"。

均持仓量112.65万手，同比增加26.99%；鸡蛋期货日均持仓量17.11万手，同比增加40.88%。

2019年，除油脂油料板块外，其他所有板块期货品种日均持仓额均较上年增加，黑色板块持仓额最高。其中，黑色板块日均持仓额1 110.19亿元，同比增加22.50%；油脂油料板块日均持仓额1 067.24亿元，同比下降0.15%；化工板块日均持仓额511.82亿元，同比增加66.91%；谷物及产品日均持仓额218.87亿元，同比增加28.89%；鸡蛋期货日均持仓额70.66亿元，同比增加49.77%；木材板块日均持仓额0.31亿元，同比增加769.61%。

4. 期权工具丰富，交易规模显著增长

2019年，大商所分别于1月28日和12月9日上市玉米期权和铁矿石期权，实现了大商所商品期权品种由"1"到多的突破，其中铁矿石期权的上市更是实现了铁矿石衍生品"一全两通"的格局，搭建起相对完善的衍生工具、产品和市场服务体系。2019年，大商所期权市场运行平稳有序，市场规模有较大幅度增长，其中，大商所期权品种成交量2 493.33万手，同比增加99.12%；成交金额98.60亿元，同比增加312.76%；日均持仓量为56.18万手，同比增加145.58%。

表 1-1 2019 年大商所期货期权品种分板块交易规模及变动情况

（单位：万手、亿元、%）

品种	成交量	同比	成交额	同比	日均持仓量	同比	日均持仓额	同比
油脂油料	53 215.95	38.86	211 761.68	48.53	286.53	2.42	1 067.24	-0.15
黑色	37 509.27	6.55	327 866.64	9.13	127.00	11.13	1 110.19	22.50
化工	26 899.99	115.59	110 818.79	106.86	128.43	81.49	511.82	66.91
谷物及产品	11 609.65	29.82	22 799.45	30.84	112.65	26.99	218.87	28.89
鸡蛋	3 713.00	86.41	15 673.15	99.75	17.11	40.88	70.66	49.77
木材	117.22	3 766.29	234.85	1 639.07	0.13	1 521.88	0.31	769.61
期权	2 493.33	99.12	98.60	312.76	56.18	145.58	—	—

品种	成交量	同比	成交额	同比	日均持仓量	同比	日均持仓额	同比
总计	135 558.41	38.05	689 253.16	32.05	728.04	24.18	2 979.10	19.22

注：油脂油料板块包括豆一、豆二、豆油、豆粕、棕榈油；黑色板块包括铁矿石、焦煤、焦炭；化工板块包括聚氯乙烯（PVC）、线型低密度聚乙烯（LLDPE）、聚丙烯（PP）、乙二醇（EG）、苯乙烯（EB）；谷物及产品板块包括玉米、玉米淀粉和粳米；木材板块包括胶合板、纤维板；期权包括豆粕期权、玉米期权和铁矿石期权。

数据来源：大连商品交易所。

（二）期货价格运行情况分析

1. 油脂油料期货价格上涨，其中油脂涨幅较大

2019年12月31日，豆一期货主力合约结算价3 863元/吨，同比上涨13.68%；豆二期货主力合约结算价3 315元/吨，同比上涨12.91%；豆粕期货主力合约结算价2 773元/吨，同比上涨5.84%；棕榈油期货主力合约结算价6 352元/吨，同比上涨41.60%；豆油期货主力合约结算价6 808元/吨，同比上涨26.68%。

豆粕和大豆价格变化原因如下：一是2019年第一季度受非洲猪瘟疫情影响，国内豆粕需求疲弱，大豆和豆粕价格整体保持在低位运行；二是5月份后美国大豆产区遭遇不利天气，且中美贸易局势趋于紧张，国内豆粕和大豆价格自底部开始反弹；三是下半年中美贸易局势缓和，且南美大豆集中上市，进口大豆和豆粕价格震荡下跌，国产大豆则在货源偏紧背景下上涨。

油脂价格先抑后扬，同比显著上涨的原因如下：首先，2019年上半年马来西亚棕榈油库存和我国豆油库存均处于高位，对植物油价格带来下行压力。2019年初，马来西亚棕榈油库存达到321.5万吨的历史高位，较上年同期提高17.68%，国际棕榈油价格持续处于低位；国内豆油商业库存基本保持在140万吨以上的高位，因此压制国内豆油价格。其次，2019年下半年植物油供需基本面出现转变。一是在美国大豆种植期间，受天气因素影响，大豆种植进度慢于往年同期，因此

CBOT大豆和豆油价格从5月份开始结束下跌；二是我国大豆供应下降而需求保持稳定增长，豆油下半年以来快速去库存，我国豆油商业库存由7月最高的145万吨下降至年底的91.67万吨，降幅达到36.78%，较2018年同期下降44.30%；三是2019年夏季东南亚遭受干旱天气，并对棕榈油产量带来实质性影响，且马来西亚和印度尼西亚将在2020年开始实施B20、B30生物柴油政策，提升市场对未来棕榈油需求预期，因此棕榈油价格上涨，并带动豆油价格上涨。

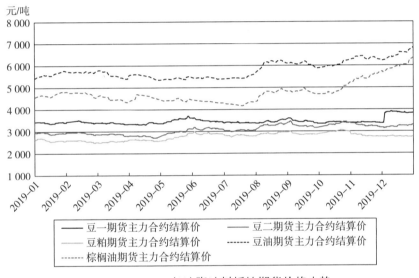

图1-4 2019年油脂油料板块期货价格走势

（数据来源：Wind数据库）

2. 玉米及玉米淀粉期货价格区间震荡

2019年12月31日，玉米期货主力合约结算价1 911元/吨，同比上涨2.52%；玉米淀粉期货主力合约结算价2 273元/吨，同比下跌2.28%。

玉米及玉米淀粉价格波动的原因主要有以下几个：一是受种植面积下降、玉米进口政策放开预期的落空和临储玉米拍卖推迟等因素影响，玉米及玉米淀粉价格在第二季度出现上涨趋势；二是随着玉米临储拍卖启动，且下游养殖业需求受猪瘟疫情影响下降，玉米市场呈现供大于求的格局，玉米及玉米淀粉价格自高位回落；三是玉米产量形势在第三季度逐步明朗，显示玉米产量较上年小幅增加，根据国家统计局数据，我国2019/2020年度玉米总产量约为2.61亿吨，同比增长约1.4%，玉米及玉米淀粉价格进一步下跌；四是玉米深加工需求保持高位，全年开机率在70%左右，全年对原料玉米的需求量同比增加超过700万吨，秋收后对玉米采购需求较高，玉米价格止跌企稳。

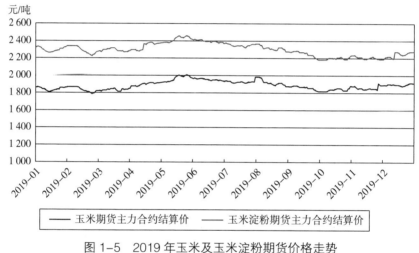

图 1–5 2019 年玉米及玉米淀粉期货价格走势

（数据来源：Wind 数据库）

3. 黑色板块期货价格整体先涨后跌，铁矿石年终收涨

2019年12月31日，铁矿石期货主力合约结算价646.5元/吨，同比上涨31.27%；焦煤期货主力合约结算价为1 164元/吨，同比小幅下跌0.94%；焦炭期货主力合约结算价1 871.50元/吨，同比小幅下跌0.69%。

铁矿石、焦煤和焦炭价格整体先涨后跌，主要原因如下：一是供给在上半年减少而需求增加。供给方面，巴西和澳大利亚上半年分别出现溃坝事故和飓风天气，导致铁矿石发运量阶段性下滑，上半年巴西和澳大利亚铁矿石的发运量分别同比减少17.52%和4.48%，造成我国铁矿石进口量下降。受生产事故导致的严格安全检查影响，焦煤、焦炭供应减少。需求方面，我国粗钢产量在5月攀升至8 909.10万吨的历史高点，上半年累计产量高达4.92亿吨，同比增加9.9%，但钢材库存的下降速度并未明显放缓，说明终端需求好于预期，淡季不淡的情况明显。二是下半年供应增加而需求下滑。供给方面，溃坝事故和恶劣天气对巴西和澳大利亚两国铁矿石生产和发运造成的影响逐步消退，铁矿石港口库存从7月中旬的11 413.51万吨回升至12月底12 695.53万吨的水平。此外，焦煤安全检查影响减弱，焦煤、焦炭产量也逐步回升。需求方面，粗钢产量下半年自峰值回落，据统计，11月，我国粗钢产量为8 028.70万吨，较5月高点减少880.4万吨，钢厂对铁矿石等原材料的需求随之下滑。

图 1-6　2019 年黑色板块期货价格走势

（数据来源：Wind 数据库）

4. 化工品期货价格除聚氯乙烯外均较上年下跌

2019年12月31日，线型低密度聚乙烯期货主力合约结算价7 345元/吨，同比下跌14.39%；聚氯乙烯期货主力合约结算价6 520元/吨，同比上涨1.09%；聚丙烯期货主力合约结算价7 594元/吨，同比下跌11.32%；乙二醇期货主力合约结算价4 603元/吨，同比下跌

10.13%；苯乙烯期货于2019年9月26日挂牌上市，年末苯乙烯期货主力合约结算价7 276元/吨，较上市首日下跌9.49%。

化工板块中线型低密度聚乙烯和聚丙烯价格整体呈现下跌趋势，聚氯乙烯价格先涨后跌，乙二醇震荡下跌，苯乙烯上市后呈现下跌趋势。线型低密度聚乙烯和聚丙烯价格下跌的主要原因是现货供过于求。供应方面，我国近年来相关塑化品种大量投产，导致塑化产品供给压力增大；需求方面，线型低密度聚乙烯下游农膜制品包含棚膜、地膜需求较上一年略有下滑。塑编作为聚丙烯最大的下游品种，近年来受国家环保监管影响，塑编行业整体开工也呈逐年下滑走势。聚氯乙烯价格先涨后跌、年终小幅上涨的原因是上半年安全事故导致企业检修力度加大，因此现货供应偏紧，下半年随着产量恢复同时下游房地产需求疲弱，聚氯乙烯价格进入下跌阶段。乙二醇价格震荡下跌的原因是国内煤制乙二醇和进口乙二醇替代转换，行业整体处于发展中期，乙二醇供应处于扩张阶段。苯乙烯价格下跌的原因主要是供大于求。

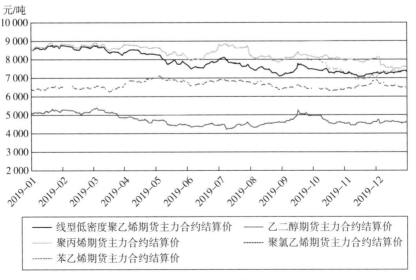

图1-7　2019年化工板块期货价格走势

（数据来源：Wind 数据库）

（三）市场结构分析

1. 法人客户占比上升，投资者结构日趋合理

2019年，大商所总客户数达到387.65万户，同比增长13.12%，继续刷新历史最高水平。其中，参与交易的客户达77.83万户，同比增加11.66%；参与交易的法人客户为1.63万户，占参与交易客户数的2.10%，同比提高22.13%。参与交易的法人客户占比上升，表明投资者结构进一步完善。

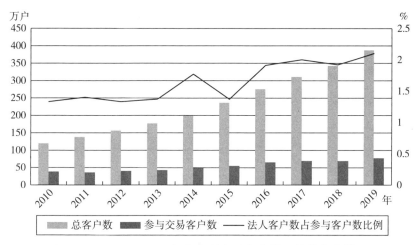

图 1-8　2010—2019 年大商所交易客户数及结构变化情况

（数据来源：大连商品交易所）

2. 多数品种客户数量增长，纤维板客户因制度优化而显著增加

2019年，大商所有11个期货品种参与客户数和持仓客户数同比增长，10个品种法人客户数同比增加。其中纤维板参与客户数、法人客户数和持仓客户数均显著增加，参与纤维板交易的客户数同比增加737.02%，参与交易法人客户数同比增加683.33%，持仓客户数同比增加729.47%。主要原因是大商所顺应现货市场需求，调整纤维板期货合约条款、交割质量标准、交割区域及升贴水、交割流程等规则，为产业企业成本核算提供便利，促进品种功能发挥，提升产业企业期货市场参与度。

表 1-2　　　　　　　2019 年大商所各品种投资者结构列表

（单位：户）

项目 品种	参与客户数		法人客户数		持仓客户数	
	2019 年	同比增减	2019 年	同比增减	2019 年	同比增减
豆一	156 288	−11.57%	3 337	−13.37%	107 505	−13.07%
豆二	84 835	45.91%	1 721	42.11%	53 075	54.40%
豆粕	469 776	15.71%	8 510	9.96%	385 873	19.98%
豆油	267 808	17.82%	6 012	2.42%	197 796	14.81%
棕榈油	327 393	42.49%	6 185	13.28%	261 020	50.11%
玉米	254 802	30.51%	6 912	35.18%	192 393	27.76%
玉米淀粉	93 156	−20.35%	2 832	−19.82%	66 145	−21.26%
鸡蛋	300 933	33.68%	4 916	16.19%	223 960	35.64%
粳米	23 412	—	280	—	10 926	—
胶合板	123	−44.59%	9	−30.77%	61	−41.35%
纤维板	22 566	737.02%	329	683.33%	11 878	729.47%
铁矿石	307 937	−6.48%	8 069	3.69%	266 686	−4.28%
焦煤	205 083	−21.78%	5 171	−19.49%	145 379	−24.97%
焦炭	257 040	4.20%	7 428	−9.71%	195 580	4.01%
聚丙烯	216 474	29.02%	5 976	0.69%	142 838	29.22%
聚氯乙烯	139 932	−5.08%	4 044	−6.11%	100 177	−5.17%
聚乙烯	177 884	29.50%	5 068	−0.43%	131 392	38.96%
乙二醇	271 460	563.70%	4 906	510.96%	202 819	1 064.22%
苯乙烯	68 576	—	1 222	—	38 391	—

数据来源：大连商品交易所。

（四）交割特点分析

1. 大商所期货品种交割量有所提升

2019年，大商所期货总交割量为34.95万手，较上年增加

32.47%。其中，玉米、豆油、豆一和乙二醇交割量在19个品种中较高，分别为15.24万手、6.03万手、2.71万手和1.78万手。纤维板、粳米和苯乙烯全年无交割，胶合板和鸡蛋有少量交割，分别为1 033手和802手。从交割率看，玉米、豆一和纤维板交割率位列前三，分别为0.31%、0.29%和0.18%。

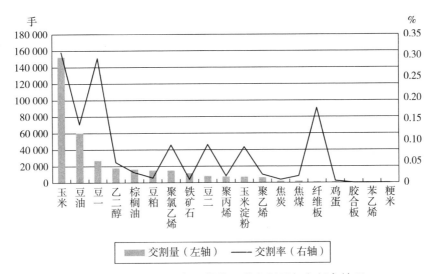

图 1-9　2019年大商所期货品种交割量与交割率情况

（数据来源：大连商品交易所）

2. 参与交割客户主要分布在华东、华北和东北地区

2019年，参与大商所期货交割的客户主要分布在华东、华北和东北地区，具体分布于上海、北京、辽宁、浙江和江苏五省市，五省市交割客户占比高达76.89%。从各地区客户交割量变化情况来看，江西、安徽、湖南和湖北等省交割量增幅较大，增长幅度均超过800%。主要有两方面原因，一是参与期货市场交易的主体范围不断扩大，反映期货市场服务实体经济的能力不断提升；二是上述省份交割量基数较小，因此容易出现较大幅度的波动。

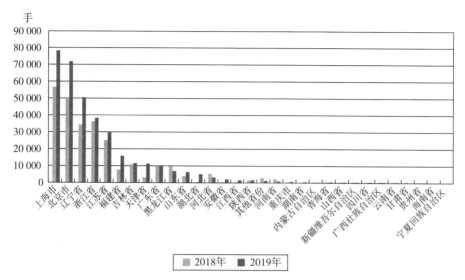

图 1-10　2018 年和 2019 年大商所期货品种交割客户地区分布情况

（数据来源：大连商品交易所）

二、期货市场功能发挥情况

（一）价格发现功能分析

1. 品种期现相关性保持较高水平，价格发现功能良好

在17个期货品种中（苯乙烯和粳米期货2019年上市，未纳入对比），期现相关性系数在0.8以上的期货品种8个，较上年增加3个，相关性系数达到0.5以上的品种14个，较上年增加3个。其中，玉米和鸡蛋期现货相关性较上年明显提升。对于玉米期货而言，2016年我国对玉米实施"价补分离"的市场化改革，玉米期货市场价格发现功能日益增强，服务实体经济能力提高，因此玉米期现货价格相关性提高。对于鸡蛋期货而言，自2013年上市以来，大商所不断根据现货市场需求完善鸡蛋期货制度，创新发展每日交割等制度，鸡蛋期货市场功能持续增强，期现货价格相关性提高。

表 1-3 2018—2019 年大商所各品种期现货价格相关系数列表

品 种	2018 年	2019 年	增减
玉米	0.31	0.69	122.58%
玉米淀粉	0.73	0.57	−21.92%
豆一	0.72	0.25	−65.28%
豆二	−0.08	0.95	−1 287.50%
豆粕	0.74	0.87	17.57%
豆油	0.83	0.99	19.28%
棕榈油	0.95	0.99	4.21%
胶合板	−0.12	0.18	−250.00%
纤维板	−0.07	0.2	−385.71%
鸡蛋	0.48	0.87	81.25%
粳米	—		
铁矿石	0.81	0.94	16.05%
焦炭	0.69	0.71	2.90%
焦煤	0.67	0.73	8.96%
聚乙烯	0.78	0.98	25.64%
聚氯乙烯	0.9	0.66	−26.67%
聚丙烯	0.85	0.76	−10.59%
乙二醇	—	0.80	—
苯乙烯	—		

数据来源：大连商品交易所。

2. 实体企业应用期货范围进一步扩大

2019年，大商所期货品种服务实体企业的能力稳步提升，已上市期货品种持续在产业中发挥稳定作用，新品种上市速度加快，基差贸易范围进一步扩大。在已上市品种方面，大商所顺应现货市场变化，持续完善期货品种规则制度，增强服务实体企业水平。例如：2019年，大商所对纤维板制度进行调整，有效提高纤维板流动性，参与纤维板交易的法人客户显著增加，纤维板期货服务实体经济能力提高。在新品种和新工具方面，大商所新上市苯乙烯、粳米期货和玉米、铁矿石期权，通过一个品种和工具的上市，打开一个产业服务的新篇章。在场外服务模式探索方面，2019年9月25日，基差交易平台在大商所正式上线试运行，平台整体运行平稳，完成多笔交易、交收，功能得到初步发挥。

（二）套期保值功能分析

1. 套期保值效率总体较高，期货到期收敛性较好

从套期保值效率来看，大商所期货品种套期保值效率整体较高。在17个期货品种中（苯乙烯和粳米期货2019年上市，未纳入对比），12个品种套期保值效率达到50%以上，棕榈油、豆油、铁矿石、乙二醇和豆二5个期货品种套期保值效率高达90%以上，9个品种套期保值效率较上年提高。从期现货到期收敛性来看，大商所期货品种到期收敛情况良好，13个期货品种到期期现价差率在7%以内，9个期货品种到期期现价差率较上年进一步缩小。

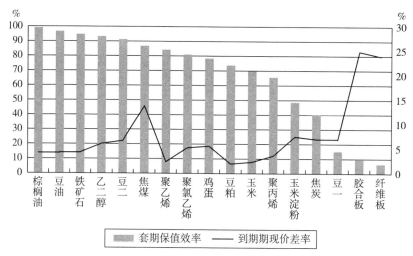

图1-11　2019年大商所各品种套保效率与基差到期收敛情况

（数据来源：大连商品交易所）

2. 期现货市场共同发展，企业利用期货水平进一步提升

30年来，我国期货与现货市场共同促进、共同发展。随着我国对外开放步伐加快，我国实体企业面临的风险日益复杂，企业在经历

2008年国际金融危机、2012年欧债危机和其他"黑天鹅"事件后，对风险管理的意识和能力也在提升。实体企业不断提出新的风险管理需求，期货市场也不断完善制度、不断丰富品种体系、不断探索新的发展模式，为实体企业提供全方位的服务，期现货市场逐渐融为一体。我国大豆压榨行业利用期货市场经验较为丰富，率先将基差定价模式在产业内推广，实现了企业精细化利润管理和灵活的价格选择方式。2016年玉米市场化改革后，玉米期货价格对现货市场的作用日益提升，相关企业风险管理需求提高。铁矿石、焦煤和焦炭等品种运行越发成熟，钢厂和贸易商参与期货水平提高，基差贸易模式在近两年快速推广。随着苯乙烯期货的上市，化工产业链品种更加完备，国内大型能化企业对期货市场的关注度提高，化工企业之间通过期货市场创新合作模式，上下游之间的合作衔接更加顺畅。

三、制度与规则调整

2019年，大商所适应现货市场发展需要，健全和完善期货市场管理制度，推动市场健康平稳发展。

（一）相关合约调整

1.合约手续费调整

2019年5月30日交易时（5月29日夜盘交易小节时）起，铁矿石期货1909合约的交易手续费标准由成交金额的万分之0.6调整为成交金额的万分之一。铁矿石期货非1月、5月、9月合约月份的交易手续费标准由成交金额的万分之0.06调整为成交金额的万分之0.6。

2019年11月1日交易时（即10月31日夜盘交易小节时）起，对相关品种非1月、5月、9月合约月份的手续费标准进行调整，具体如表1-4所示。

表 1-4 2019 年 11 月大商所调整品种合约及手续费标准

品种	实施合约	手续费单位	调整前		调整后	
			非日内	日内	非日内	日内
铁矿石	非 1/5/9 合约	成交金额的万分之	1	1	0.1	0.1
焦炭	非 1/5/9 合约	成交金额的万分之	0.6	0.6	0.06	0.06
焦煤	非 1/5/9 合约	成交金额的万分之	0.6	0.6	0.06	0.06
聚丙烯	非 1/5/9 合约	成交金额的万分之	0.6	0.3	0.06	0.03
聚乙烯	非 1/5/9 合约	元 / 手	2	1	0.2	0.1
聚氯乙烯	非 1/5/9 合约	元 / 手	2	1	0.2	0.1
乙二醇	非 1/5/9 合约	元 / 手	4	2	0.4	0.2
豆油	非 1/5/9 合约	元 / 手	2.5	1.25	0.2	0.1
棕榈油	非 1/5/9 合约	元 / 手	2.5	1.25	0.2	0.1
玉米淀粉	非 1/5/9 合约	元 / 手	1.5	0.75	0.2	0.1
粳米	非 1/5/9 合约	元 / 手	4	4	0.4	0.4

数据来源：大连商品交易所。

2. 期权持仓限额调整

自2019年2月22日（星期五）结算时起，非期货公司会员和客户持有的某月豆粕期权合约中所有看涨期权的买持仓量和看跌期权的卖持仓量之和、看跌期权的买持仓量和看涨期权的卖持仓量之和，分别不得超过30 000手，具有实际控制关系的账户按照一个账户管理。

自2019年11月18日（星期一）结算时起，非期货公司会员和客户在豆粕期权与玉米期权品种上的限仓标准调整至40 000手。即非期货公司会员和客户持有的豆粕期权品种或玉米期权品种的某月期权合约中所有看涨期权的买持仓量和看跌期权的卖持仓量之和、看跌期权的买持仓量和看涨期权的卖持仓量之和，分别不得超过40 000手。

3. 调整涨跌停板幅度和最低交易保证金

2019年，大商所基于市场运行特点、期货市场效率提升考虑，适时对期货品种涨跌停板和最低交易保证金进行调整。大商所于2019年3月18日（星期一）结算时起，将豆一、豆二、豆粕、豆油、棕榈油、聚乙烯、聚丙烯和聚氯乙烯品种涨跌停板幅度和最低交易保证金标准分别调整为4%和5%；将鸡蛋品种涨跌停板幅度和最低交易保证金标准分别调整为5%和7%；将焦炭和焦煤品种涨跌停板幅度和最低交易保证金标准分别调整为6%和8%；维持其他品种期货合约涨跌停板幅度和最低交易保证金标准不变。

大商所在节假日对涨跌停板和最低保证金制度进行调整，以防范节假日风险。具体调整如表1-5所示。

表1-5　2019年节假日大商所期货合约涨跌停板制度和最低保证金制度调整

时间	通知名称	调整措施
2019-1-24	《关于2019年春节期间调整各品种涨跌停板幅度和最低交易保证金标准的通知》	自2019年1月31日（星期四）结算时起，将黄大豆1号、黄大豆2号、豆油、玉米、玉米淀粉、豆粕、鸡蛋、聚氯乙烯和乙二醇品种涨跌停板幅度和最低交易保证金标准分别调整至6%和8%；将铁矿石、棕榈油、聚乙烯和聚丙烯品种涨跌停板幅度和最低交易保证金标准分别调整至8%和10%；焦煤、焦炭、胶合板和纤维板品种涨跌停板幅度和最低交易保证金标准维持不变 2019年2月11日（星期一）恢复交易后，自各品种持仓量最大的两个合约未同时出现涨跌停板单边无连续报价的第一个交易日结算时起，各品种涨跌停板幅度和最低交易保证金标准分别恢复至调整前的标准，即：黄大豆1号、黄大豆2号、豆粕、聚乙烯、聚丙烯和聚氯乙烯品种的涨跌停板幅度和最低交易保证金标准分别恢复至5%和7%；铁矿石品种涨跌停板幅度和最低交易保证金标准分别恢复至6%和8%；鸡蛋品种涨跌停板幅度和最低交易保证金标准分别恢复至5%和8%；玉米和玉米淀粉品种涨跌停板幅度和最低交易保证金标准分别恢复至4%和5%；豆油和棕榈油品种涨跌停板幅度和最低交易保证金标准分别恢复至4%和6%；乙二醇品种涨跌停板幅度和最低交易保证金标准分别恢复至5%和6%；焦煤、焦炭、胶合板和纤维板品种涨跌停板幅度和最低交易保证金标准维持不变
2019-3-29	《关于加强2019年清明节放假期间风险管理的通知》	2019年清明节假期（4月5日至4月7日）将至，大商所各品种合约涨跌停板幅度和最低交易保证金标准保持不变
2019-4-22	《关于2019年劳动节期间调整各品种涨跌停板幅度和最低交易保证金标准的通知》	自2019年4月29日（星期一）结算时起，将黄大豆1号、黄大豆2号、豆粕、豆油、棕榈油、玉米、玉米淀粉、聚乙烯、聚丙烯、聚氯乙烯和乙二醇品种涨跌停板幅度和最低交易保证金标准分别调整至5%和7%；将铁矿石品种涨跌停板幅度和最低交易保证金标准分别调整至8%和10%；将鸡蛋、焦炭、焦煤、纤维板和胶合板品种涨跌停板幅度和最低交易保证金标准维持不变

续表

时间	通知名称	调整措施
2019-4-22	《关于2019年劳动节期间调整各品种涨跌停板幅度和最低交易保证金标准的通知》	2019年5月6日（星期一）恢复交易后，自各品种持仓量最大的两个合约未同时出现涨跌停板单边无连续报价的第一个交易日结算时起，各品种涨跌停板幅度和最低交易保证金标准分别恢复至调整前的标准，即：黄大豆1号、黄大豆2号、豆粕、豆油、棕榈油、玉米、玉米淀粉、聚乙烯、聚丙烯和聚氯乙烯品种的涨跌停板幅度和最低交易保证金标准分别恢复至4%和5%；铁矿石品种涨跌停板幅度和最低交易保证金标准分别恢复至6%和8%；乙二醇品种涨跌停板幅度和最低交易保证金标准分别恢复至5%和6%；鸡蛋、焦炭、焦煤、纤维板和胶合板品种涨跌停板幅度和最低交易保证金标准维持不变
2019-5-31	《关于2019年端午节期间调整相关品种最低交易保证金标准的通知》	自2019年6月5日（星期三）结算时起，将黄大豆1号、黄大豆2号、豆粕、豆油和棕榈油品种最低交易保证金标准由现行的5%调整至6%；将铁矿石品种最低交易保证金标准由现行的8%调整至9%；焦炭、焦煤、玉米、玉米淀粉、鸡蛋、聚乙烯、聚丙烯、聚氯乙烯、乙二醇、纤维板和胶合板品种最低交易保证金标准维持不变 2019年6月10日（星期一）恢复交易后，自各品种持仓量最大的两个合约未同时出现涨跌停板单边无连续报价的第一个交易日结算时起，各品种最低交易保证金标准恢复至调整前的标准
2019-9-6	《关于2019年中秋节期间调整各品种涨跌停板幅度和最低交易保证金标准的通知》	自2019年9月11日（星期三）结算时起，将铁矿石品种涨跌停板幅度和最低交易保证金标准分别调整至8%和10%；聚乙烯和玉米淀粉品种涨跌停板幅度和最低交易保证金标准分别调整为6%和8%；将焦炭、焦煤、纤维板、胶合板、鸡蛋、黄大豆1号、黄大豆2号、豆粕、豆油、棕榈油、玉米、粳米、聚丙烯、聚氯乙烯和乙二醇品种涨跌停板幅度和最低交易保证金标准维持不变 2019年9月16日（星期一）恢复交易后，自各品种持仓量最大的两个合约未同时出现涨跌停板单边无连续报价的第一个交易日结算时起，各品种涨跌停板幅度和最低交易保证金标准分别恢复至调整前的标准，即：铁矿石品种涨跌停板幅度和最低交易保证金标准分别恢复至6%和8%；聚乙烯和玉米淀粉品种的涨跌停板幅度和最低交易保证金标准分别恢复至4%和5%；焦炭、焦煤、纤维板、胶合板、鸡蛋、黄大豆1号、黄大豆2号、豆粕、豆油、棕榈油、玉米、粳米、聚丙烯、聚氯乙烯和乙二醇品种涨跌停板幅度和最低交易保证金标准维持不变
2019-9-24	《关于2019年国庆节期间调整涨跌停板幅度和最低交易保证金标准的通知》	自2019年9月27日（星期五）结算时起，将铁矿石品种涨跌停板幅度和最低交易保证金标准分别调整至10%和12%；将棕榈油品种涨跌停板幅度和最低交易保证金标准分别调整为7%和9%；将聚乙烯、聚丙烯、聚氯乙烯、乙二醇和苯乙烯品种涨跌停板幅度和最低交易保证金标准分别调整为6%和8%；将黄大豆1号、黄大豆2号、豆粕、豆油、玉米、玉米淀粉和粳米品种涨跌停板幅度和最低交易保证金标准分别调整为5%和7%；将焦炭、焦煤、鸡蛋、纤维板和胶合板品种涨跌停板幅度和最低交易保证金标准维持不变

续表

时间	通知名称	调整措施
2019-9-24	《关于2019年国庆节期间调整涨跌停板幅度和最低交易保证金标准的通知》	2019年10月8日（星期二）恢复交易后，自各品种持仓量最大的两个合约未同时出现涨跌停板单边无连续报价的第一个交易日结算时起，各品种涨跌停板幅度和最低交易保证金标准分别恢复至调整前的标准，即铁矿石品种涨跌停板幅度和最低交易保证金标准分别恢复至6%和8%；黄大豆1号、黄大豆2号、豆粕、豆油、棕榈油、玉米、玉米淀粉、粳米、聚乙烯、聚丙烯、聚氯乙烯和苯乙烯品种的涨跌停板幅度和最低交易保证金标准分别恢复至4%和5%；乙二醇品种的涨跌停板幅度和最低交易保证金标准分别恢复至5%和6%；焦炭、焦煤、鸡蛋、纤维板和胶合板品种的涨跌停板幅度和最低交易保证金标准维持不变
2019-12-26	《关于加强2020年元旦放假期间风险管理的通知》	2020年元旦假期（2020年1月1日），大商所各品种涨跌停板幅度和最低交易保证金标准保持不变

（二）重要交割制度调整

1. 允许境外个人客户参与大商所铁矿石期货交易

自2019年2月27日起，境外个人客户可以参与大商所铁矿石期货交易。

2. 铁矿石品牌交割制度和焦炭焦煤品种实行滚动交割相关规则

大商所对铁矿石品种实施品牌交割制度，并对《大连商品交易所铁矿石期货合约》《大连商品交易所铁矿石期货业务细则》进行修改，修改后的合约、规则自铁矿石2009合约起实施。大商所在焦炭、焦煤品种上实行滚动交割制度，并相应修改《大连商品交易所焦炭期货业务细则》和《大连商品交易所焦煤期货业务细则》，修改后的规则分别自焦炭2009合约、焦煤2009合约开始施行。

3. 化工品免检品牌制度及厂库制度相关规则修改

增加PVC免检品牌并调整LLDPE品种指定交割仓库。2019年3月6日，大商所增加内蒙古君正能源化工集团股份有限公司、新疆中泰化学股份有限公司、四川金路集团股份有限公司、唐山三友氯碱有限责任公司为PVC免检品牌，设立江苏燕进石化有限公司LLDPE品种的指定基准交割仓库。2019年8月2日，增加中盐吉兰泰盐化集团有限公司的中盐牌、茌平信发聚氯乙烯有限公司的信发牌、内蒙古亿利化学工业有限公司的亿利化学牌为PVC免检品牌。

对线型低密度聚乙烯、聚氯乙烯、聚丙烯实施交割注册品牌制度，并对厂库制度相关规则进行修改。大商所在线型低密度聚乙烯、聚丙烯品种上实行交割注册品牌制度，在线型低密度聚乙烯、聚氯乙烯、聚丙烯品种上实行厂库制度，并相应修改《大连商品交易所标准仓单管理办法》《大连商品交易所线型低密度聚乙烯期货业务细则》《大连商品交易所聚氯乙烯期货业务细则》和《大连商品交易所聚丙烯期货业务细则》。线型低密度聚乙烯、聚丙烯交割注册品牌制度相关规则修改分别自线型低密度聚乙烯2104合约和聚丙烯2104合约开始施行，线型低密度聚乙烯、聚氯乙烯、聚丙烯厂库制度以及其他规则修改自2019年9月6日起施行。

4. 对玉米集团交割实施动态升贴水

大商所前期对玉米集团交割相关规则进行修改，修改后的规则自玉米2001合约实施，非东北地区分库开具的标准仓单可用于玉米2001合约及以后的玉米期货合约交割。相关规则修改后，集团交割仓库的非东北地区分库采用动态升贴水，动态升贴水基于集团交割仓库自报现货价差计算得出。动态升贴水计算方法和发布时间如下：集团交割仓库每周向交易所报送其非东北地区分库与基准交割仓库的现货价差，交易所计算最近5个工作日现货价差的平均值，作为下周动态升贴水。每周第一个交易日开盘前，在交易所网站行情数据—交割统计项目中公布动态升贴水。非东北地区分库货物、经买方客户选择在对应分库提货时会产生相应的地区价差款。地区价差款等于申请变更提货地点当日非东北地区分库动态升贴水与对应东北地区分库固定升贴水之和，由集团交割仓库（或授权分库）与客户自行协商结算并处理相应发票事宜。

5. 启用期权套期保值相关业务和开启期货期权组合保证金业务

2019年4月8日结算后，大商所启用投机保值互换、期权套期保值属性交易业务。自2019年4月8日结算后起，套期保值客户可以通过会员单位从会员服务系统的投保互换管理模块提交申请，将其在该会员下某品种或合约买/卖方向的投机持仓转换为套期保值持仓，但根据相关监管要求，不可申请套期保值持仓转换为投机持仓。自2019年4月9日交易时起，已取得套期保值资格的客户可以在相关期权合约上进行套期保值交易，不需提交申请。客户获批的套期保值持仓额度可在期货或期权合约上使用，客户期货与期权合约上的套期保值持仓量合计不得超过获批的套期保值持仓额度。

大商所于6月6日结算时开启期货期权组合保证金相关业务。业务开启后，交易期间将支持非期货公司会员和客户向交易所申请以对符合条件的持仓进行组合确认的方式建立组合持仓，实时享受组合保证金优惠；同时还将支持套期保值属性持仓参与组合，享受保证金优惠等业务。

四、期货市场运行展望

2020年，在全球经济面临的不确定性加大、我国经济发展质量进一步提升背景下，大商所将认真贯彻中央经济工作会议和证监会系统2020年工作会议精神，坚持以深化金融供给侧结构性改革、增强金融服务实体经济能力、防范化解金融风险为主线，坚决做到"四个必须"，凝聚发挥"一个合力"，按照"巩固、充实、提升"工作方针，以提升市场运行质量、建设铁矿石国际定价中心、拓展丰富产品供给、维护市场安全平稳运行等为重点，全面推进国际一流衍生品交易所建设，向着全球大宗商品定价中心和风险管理中心的目标不断迈进。

报告二
玉米期货品种运行报告（2019）

2019年，受玉米种植面积下降而秋季玉米产量增加，养殖业需求下降而东北玉米深加工需求增加等因素综合影响，我国玉米价格先涨后跌，价格较上年小幅上涨。玉米产业相关企业积极参与期货市场，期现货价格相关性明显提升，玉米期货价格发现功能作用发挥良好。玉米期货成交量、成交额、日均持仓量和持仓额较上年均明显上升。参与玉米交割的客户所属区域数量增加的同时交割数量较上年也有所增加。大商所根据现货市场变化，通过优化交割仓库布局以及调整动态升贴水等规则，促进玉米期货市场功能更好地发挥，进一步助力实体经济稳健发展。

一、玉米期货市场运行情况

（一）市场规模及发展情况

1. 玉米期货成交量和成交额同比大幅增加

2019年，玉米期货全年总成交量和总成交金额大幅上升，总成交量为9 911.88万手，较上年增加3 230.60万手，同比上升48.35%，占大商所总成交量比重为7.45%；总成交金额为18 841.44亿元，较上年增加6 518.24亿元，同比上升52.89%，占大商所总成交金额比重为2.36%。从月度成交情况来看，2019年，玉米期货月均成交量825.99万手，较上年上升269.22万手；月均成交额1 570.12亿元，较上年上升543.19亿元。2019年2月成交量最低为414.62万手，11月份成交量最高为1 218.68万手，波动幅度为193.93%，较上年显著上升。

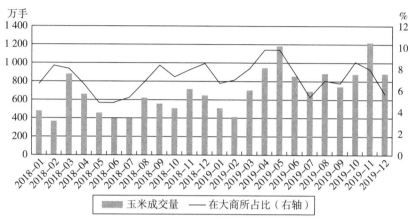

图 2-1　2018—2019 年玉米期货成交量及占比

（数据来源：大连商品交易所）

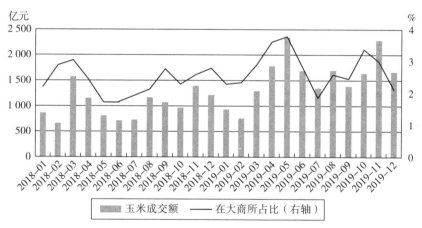

图 2-2　2018—2019 年玉米期货成交额及占比

（数据来源：大连商品交易所）

2. 玉米期货持仓规模上升，日均持仓波动幅度加大

2019年，玉米期货持仓量和持仓金额同比增加。玉米期货日均持仓量[①]为101.23万手，较上年增加28.16万手，同比上升38.54%。从各

---

① 品种日均持仓量计算方式为：先计算月度日均持仓，再进行年度平均，下同。

月情况具体来看，2019年各月日均持仓量均明显高于上年同期。2019年2月日均持仓量最低为77.40万手，11月最高为137.61万手，波动幅度为77.80%，日均持仓量波动幅度较上年同期明显上升。

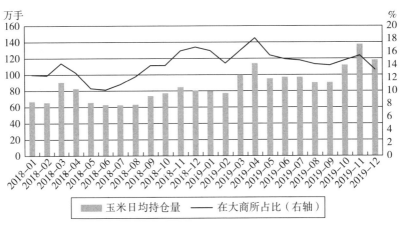

图 2-3　2018—2019 年玉米期货日均持仓量及占比

（数据来源：大连商品交易所）

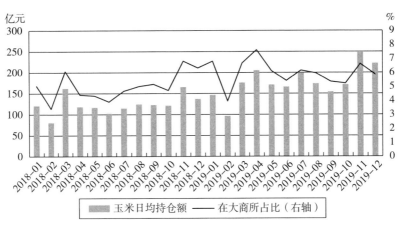

图 2-4　2018—2019 年玉米期货日均持仓额及占比

（数据来源：大连商品交易所）

（二）期现货市场价格变化特点及原因

1. 玉米期现货价格先涨后跌

2019年玉米期现货价格呈现先涨后跌趋势，期货价格较上年小幅上涨，现货价格小幅下跌。玉米期货主力合约结算价由上年末的1864元/吨上涨至本年末的1 911元/吨，涨幅2.52%。2019年玉米期货主力合约最高价为2 007元/吨，最低价为1 785元/吨，波动幅度为12.44%。同期，现货价格（大连平仓价）从1 898元/吨震荡下跌至1 850元/吨，跌幅2.53%。2019年全年现货价格最高为1 958元/吨，最低为1 763元/吨，波动幅度为11.06%。

2. 玉米价格变动的原因分析

2019年玉米市场价格波动的原因如下：一是受种植面积下降、玉米进口政策放开预期的落空和临储玉米拍卖推迟等因素影响，玉米价格在第二季度出现上涨趋势；二是随着玉米临储拍卖启动，且下游养殖业需求受猪瘟疫情影响下降，玉米市场呈现供大于求的格局，玉米价格自高位回落；三是玉米产量形势在第三季度逐步明朗，显示玉米产量较上年小幅增加，根据国家统计局数据，2019/2020年度玉米总产量约为2.61亿吨，同比增长约1.4%，玉米价格进一步下跌；四是玉米深加工需求保持高位，全年开机率在70%左右，对原料玉米的需求量同比增加超过700万吨，秋收后对玉米采购需求较高，玉米价格止跌企稳。

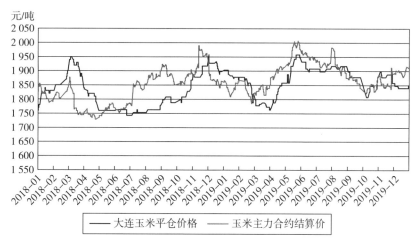

图 2-5 2018—2019 年玉米期货主力合约和现货基准地价格走势

（数据来源：Wind 数据库）

3. 国内玉米现货价格高于国际市场

2019年国内玉米港口现货市场价格整体呈波动态势，略有下降。蛇口港玉米现货价格由上年末的2010元/吨下降至本年末的1 945元/吨，下降幅度为3.23%。受中美贸易摩擦影响，2019年我国对美国进口玉米继续加征25%关税，全年进口玉米价格均值为2 209.80元/吨，较蛇口港玉米现货均价高239.80元/吨。如果不考虑加征关税等因素，2019年蛇口港玉米现货价格均值较进口价格均值高约300元/吨，其中，在5月份临储拍卖之前，国内外价差最高，接近500元/吨。下半年国内外价差有所缩小，12月末，国内外价差降至250元/吨左右，整体来看，国内玉米现货价格整体仍高于国际市场（见图2-6）。

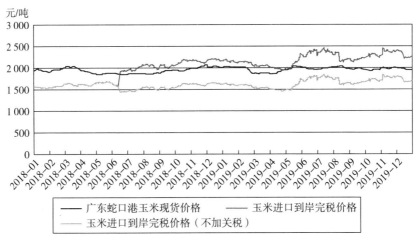

图 2-6　2018—2019 年国内外玉米市场现货价格比较

（数据来源：Wind 数据库，大连商品交易所）

（三）期货交割情况分析

1. 玉米累计交割量和交割金额同比大幅增长

2019年，玉米累计交割量15.24万手，同比增长66.01%；累计交割金额27.78亿元，同比增长68.36%。从月度交割情况来看，玉米交割主要集中在1月、5月、7月和9月。

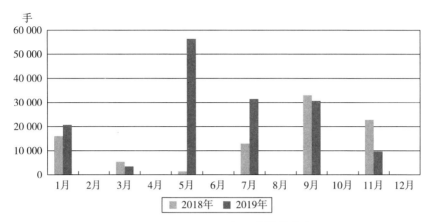

图 2-7 2018—2019 年玉米期货交割量

（数据来源：大连商品交易所）

其中，5月份交割量最大，达到5.64万手，占全年累计交割量的36.97%，同比增长70.91%；交割金额达10.28亿元，占全年累计交割金额的37.02%，同比增长71.33%。

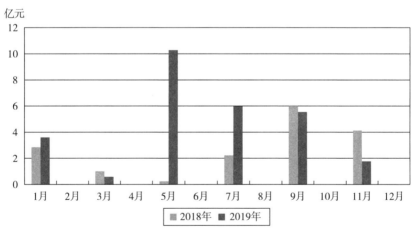

图 2-8 2018—2019 年玉米期货交割金额

（数据来源：大连商品交易所）

2.参与交割客户区域增加，但集中度下降

2019年参与玉米交割的客户区域分布增加。广西壮族自治区、湖北省和江西省均为本年新增的区域。从交割客户区域来看，2019

年北京市的客户参与交割量最多，达到5.54万手；其次是辽宁省，客户参与交割量为4.31万手；广西壮族自治区的客户参与交割量最少为4.5手。从交割集中度来看，前五个省市的客户交割量占比达到78.51%，较2018年89.35%的集中度下降10.84%。其中，客户交割量排名前五位的地区是北京市（36.38%）、辽宁省（28.28%）、吉林省（6.09%）、浙江省（4.61%）和福建省（3.16%）（见图2-9）。

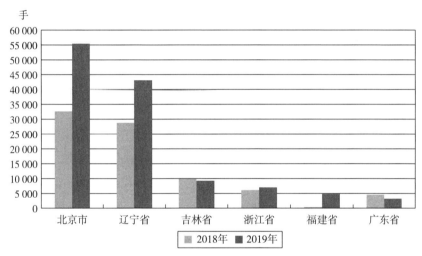

图2-9　2018—2019年玉米期货交割地域分布

（数据来源：大连商品交易所）

（四）期货市场交易主体结构分析

1. 法人客户数和个人客户数均上升，法人客户占比略提高

2019年，参与玉米期货交易的客户数量大幅上升。客户总数为25.48万户[①]，较上年上升30.53%。其中，5月份参与交易的客户数年内最高，为5.60万户，2月份参与交易的客户数最低，为4.04万户。从客户组成结构看，全年月均法人客户数2 349户，较上年增加378户，增幅达19.18%；月均个人客户数6.13万户，较上年增加1.51万

---

① 为本年参与过交易的累计客户数，非每月参与交易客户数加总，下同。

户，增幅为32.55%。从客户占比情况看，2019年参与交易的法人客户占比为2.72%，较上年增加0.1个百分点。2019年2月法人客户占比年内最高，达到4.51%；5月法人客户占比为年内最低，为2.95%（见图2-10）。

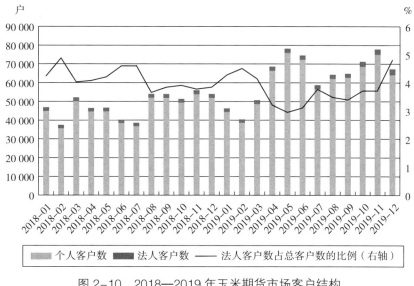

图 2-10 2018—2019 年玉米期货市场客户结构

（数据来源：大连商品交易所）

2. 短线交易客户总数上升，法人短线交易客户数上升幅度较大

2019年，玉米期货短线交易客户总数为18.01万户，同比上升39.44%，其中法人短线交易客户总数为4 669户，同比上升61.67%。玉米期货月均短线交易客户数为3.38万户。5月参与短线交易的客户数量最多，为5.00万户；2月短线交易客户数最低，为1.84万户。月均法人短线客户数量为1 023户。12月法人短线客户数最多，为1 755户；2月法人短线客户数量最低，为641户。2019年法人短线客户数量在短线客户总数中占比为3.03%，基本与上年持平（见图2-11）。

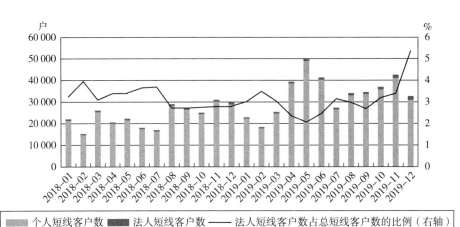

图 2-11 2018—2019 年玉米期货市场短线客户结构

（数据来源：大连商品交易所）

3. 市场成交和持仓集中度均小幅提升

2019年，玉米期货月均成交集中度为51.66%，较上年提高3.64%。其中，第一、第三、第四季度成交集中度上升，第二季度有所下降。11月的玉米客户成交集中度最高，达56.55%；4月的成交集中度最低，为43.92%。其余月份成交集中度均超过45%，其中下半年成交集中度均值高于上半年（见图2-12）。

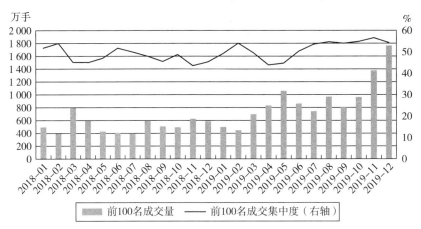

图 2-12 2018—2019 年玉米期货成交集中度

（数据来源：大连商品交易所）

2019年，玉米期货月均持仓集中度为58.88%，较2018年提高4.10%。其中，第一、第二、第三季度持仓集中度同比大幅回升，第四季度相对较为平稳。7月的玉米客户持仓集中度最高，达到63.28%；5月的持仓集中度最低，为47.70%。上半年持仓集中度均值略低于下半年（见图2-13）。

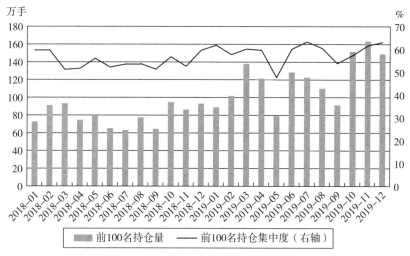

图 2-13　2018—2019 年度玉米期货持仓集中度

（数据来源：大连商品交易所）

二、玉米期货市场功能发挥情况

（一）价格发现功能良好

2019年，玉米期现货价格相关性为0.69，较上年提高125.34%，同时存在期货价格引导现货价格的关系。主要原因是机构客户和个人客户参与期货市场的积极性大幅提升，期货市场参与主体数量和类型的增加，使得期货市场更好地反映现货市场的供需情况，期货市场的价格发现功能作用得到较好的发挥，期货市场价格成为现货市场的重要参考，对现货市场价格起到引导作用。

表 2-1 　 　 　 　 　 2018—2019 年玉米期现价格相关性

检验项 \ 年份		2018	2019
期现价格的相关性	系数	0.31	0.69
	显著性检验	通过检验	通过检验
期现价格引导关系		无引导关系	期货引导

数据来源：大连商品交易所。

（二）套期保值功能发挥情况

1. 玉米基差下降，波动幅度缩小

2019年，玉米现货价格多数时期低于期货价格，基差较上年下降。玉米基差均值为-15元/吨，较上年下降10.43元/吨。玉米基差运行区间为（-107，171），波动幅度明显小于上年。分月来看，2019年1月至3月初，玉米基差为正；3月至8月，玉米基差由正转负；9月至10月，玉米基差由负转正；11月至12月玉米基差再度转负（见图2-14）。玉米基差变化原因主要是市场对2019年玉米产量预期出现较大变化，且养殖业需求预期也不断调整，玉米期货与现货价格波动幅度阶段性不一致，进而影响基差波动。

图 2-14 　 2018—2019 年玉米期现价格及基差变化

（数据来源：Wind 数据库）

2. 套期保值效率有所上升

2019年，玉米期货套期保值效率为69.83%，较上年大幅提高74.71%。主要是因为玉米价格市场化特征进一步显现，产业下游企业面临的不确定性加大，更多法人客户参与期货市场进行套期保值，期现货价格相关性提高，进而提升套期保值效率。

表 2-2　　　　　　　2018—2019 年玉米期货套保有效性

检验项		年份	2018	2019
基差	均值	元 / 吨	−4.57	−15
	标准差	元 / 吨	82.87	41.24
	最大	元 / 吨	191	71
	最小	元 / 吨	−145	−107
到期价格收敛性	到期日基差	元 / 吨	42.68	−42
	期现价差率	%	2.09	2.34
套期保值效率	周（当年）	%	39.97	69.83

数据来源：大连商品交易所。

（三）期货市场功能发挥实践

1. "保险+期货"模式有效保障农民合理收益

2016—2019年，"保险+期货"模式连续四年被写入中央1号文件。为充分发挥期货服务实体的功能，2019年大商所继续开展玉米品种的"保险+期货"模式试点。受灾情影响，我国玉米"黄金带"部分地区产量下降明显，大商所先后在东北三省和内蒙古自治区开展全县域覆盖试点模式，通过与当地政府以及期货公司和保险公司合作，为玉米种植户"保驾护航"。在大商所支持下，2019年黑龙江省桦川县与鲁证期货等合作，在"保险+期货"模式中引入收入险模式，保险范围覆盖全县玉米种植面积32.75万亩，2 555户农户，保险保障金额达到3.12 亿元，在全县域范围内实现了"愿保尽保"。由于2019年度黑龙江地区受到台风影响较为严重，桦川县受灾情况较为严重，而通过"保险+期货"模式，该县32.75万亩玉米得到赔付，赔付率超过

300%。"保险+期货"模式切实保障了种植户收益，在提升农民种粮积极性的同时也发挥了期货市场服务实体的作用。

2. 加工企业通过商品互换有效锁定采购成本

商品互换是国际场外衍生品市场中使用较多的一类非标准化的衍生品。商品互换交易是指根据交易有效约定，交易一方为一定数量的商品或商品指数标的，按照每单位固定价格或结算价格定期向另一方支付款项，另一方也为同等数量的该类商品标的按照每单位结算价格定期向交易一方支付款项的交易。

2019年5月，某加工企业计划采购3 000吨玉米用于小杂粮的加工生产。公司预计玉米原料价格将会上涨，进而影响公司整体收益，因此该加工企业通过商品互换这一新工具对企业的玉米采购成本进行风险管理。该企业主要考虑到商品互换交易以现金交割，不涉及实物交割，不影响企业现货端交易。最重要的是，使用商品互换进行套期保值，交易商与客户可以通过开展信用交易减少企业现金占用，使其套保成本更低。

4月23日，该企业与长江产业金融开展了以玉米1909期货合约为标的的商品互换业务，名义本金576万元，期限1个月。该企业作为互换的买方，按照开仓价1 920元/吨向对方支付固定价格，并收取浮动价格。4月，国内玉米期现市场呈现出普涨迹象，截至4月29日，东北三省一区基层收购价格较上月上涨20~30元/吨；华北部分地区价格较上月上涨10元/吨左右；玉米期货1909合约报1 917元/吨，较前一个月上涨3.96%，并在5月进一步上涨。该笔商品互换业务于5月23日到期结算，该企业最终在互换端盈利18.6万元，有效对冲了在现货端的风险敞口，成功锁定采购成本[①]。

---

① 资料来源：大连商品交易所。

三、玉米期货合约相关规则调整

（一）交割仓库调整

2019年，大商所共调整了13家玉米期货交割仓库。一是先后取消了三家交割仓库和两个延伸库区交割资格；二是分别增设3家集团交割仓库和集团交割仓库分库；三是更名6家交割仓库、交割仓库分库和交割仓库延伸库区（见表2-3）。

表2-3　　2019年大商所对玉米期货交割仓库调整一览

实施时间	设立/取消	仓库名称	仓库性质	升贴水
2019-3-29	设立	北京粮食集团有限责任公司	集团交割仓库	贴水195元/吨
		浙江省粮食集团有限公司辽北直属库	集团交割仓库分库	贴水80元/吨
		维维食品饮料股份有限公司	集团交割仓库非东北地区分库	动态升贴水
	更名	辽宁锦州锦阳粮食储备有限公司（更名后）	交割仓库	—
		中央储备粮白城直属库有限公司（更名后）	集团交割仓库分库	—
		昌图华粮粮食储备库有限公司（更名后）		—
		中央储备粮白城直属库有限公司（更名后）	交割仓库延伸库区	—
		昌图华粮粮食储备库有限公司（更名后）		—
	取消	肇东粮油储备库	集团仓库分库	—
		营口港务集团有限公司延伸库区（1）德惠金信粮油收储有限公司和（2）辽宁益海嘉里地尔乐斯淀粉科技有限公司	玉米交割仓库的2个延伸库区	—
2019-8-9	取消	雏鹰农牧集团股份有限公司	集团交割仓库	—
		营口港务集团有限公司	指定交割仓库	—
2019-11-29	更名	中储粮（辽宁）储运有限公司（更名后）	指定交割仓库	—

注：根据大连商品交易所官网业务通知整理。

（二）其他规则调整

2019年，大商所根据节假日成交量、持仓量变化等情况，对玉米期货的风控参数（涨跌停板幅度、交易保证金标准）和夜盘交易时间进行调整（见表2-4）。

表2-4　　　　　　　　2019年玉米期货其他规则调整

时间	通知名称	调整措施
2019-1-24	《关于2019年春节期间调整各品种涨跌停板幅度和最低交易保证金标准的通知》	自2019年1月31日（星期四）结算时起，将玉米等品种涨跌停板幅度和最低交易保证金标准分别调整至6%和8% 2019年2月11日（星期一）恢复交易后，自玉米品种持仓量最大的两个合约未同时出现涨跌停板单边无连续报价的第一个交易日结算时起，玉米品种涨跌停板幅度和最低交易保证金标准分别恢复至调整前的标准，即玉米品种涨跌停板幅度和最低交易保证金标准分别恢复至4%和5%
2019-3-25	《关于增加夜盘交易品种及调整夜盘交易时间的通知》	3月25日，大商所发布通知，自2019年3月29日21：00起增加夜盘交易品种并调整夜盘交易时间为9点，增加玉米为夜盘交易品种，全部夜盘交易品种交易时间为21：00—23：00
2019-4-22	《关于2019年劳动节期间调整各品种涨跌停板幅度和最低交易保证金标准的通知》	自2019年4月29日（星期一）结算时起，玉米等品种涨跌停板幅度和最低交易保证金标准分别调整至5%和7% 2019年5月6日（星期一）恢复交易后，自各品种持仓量最大的两个合约未同时出现涨跌停板单边无连续报价的第一个交易日结算时起，各品种涨跌停板幅度和最低交易保证金标准分别恢复至调整前的标准，即玉米品种涨跌停板幅度和最低交易保证金标准分别恢复至4%和5%
2019-9-24	《关于2019年国庆节期间调整各品种涨跌停板幅度和最低交易保证金标准的通知》	自2019年9月27日（星期五）结算时起，将玉米等品种涨跌停板幅度和最低交易保证金标准分别调整至5%和7% 2019年10月8日（星期二）恢复交易后，自各品种持仓量最大的两个合约未同时出现涨跌停板单边无连续报价的第一个交易日结算时起，各品种涨跌停板幅度和最低交易保证金标准分别恢复至调整前的标准，玉米品种涨跌停板幅度和最低交易保证金标准分别恢复至4%和5%
2019-11-26	《关于玉米集团交割动态升贴水相关事宜的通知》	集团交割仓库的非东北地区分库采用动态升贴水，动态升贴水基于集团交割仓库自报现货价差计算得出。动态升贴水计算方法和发布时间为：集团交割仓库每周向交易所报送其非东北地区分库与基准交割仓库的现货价差，交易所计算最近5个工作日现货价差的平均值，作为下周动态升贴水。每周第一个交易日开盘前，在交易所网站"行情数据－交割统计"项目中公布动态升贴水 非东北地区分库货物、经买方客户选择在对应分库提货时会产生相应的地区价差款。地区价差款等于申请变更提货地点当日非东北地区分库动态升贴水与对应东北地区分库固定升贴水之和，由集团交割仓库（或授权分库）与客户自行协商结算并处理相应发票事宜

注：根据大连商品交易所官网业务通知整理。

四、玉米期货市场发展前景、问题与发展建议

（一）发展前景

自收储制度改革以来，临储玉米库存不断降低，多元主体入市收购，玉米现货价格波动显著加大。中美贸易协议的签订或将促使玉米市场供应呈现多元化态势。在当前国内外经济环境背景下，越来越多的玉米种植者、贸易商、加工企业和饲料企业等产业主体关注和参与期货市场，期货市场价格发现功能和套期保值功能将不断提升，有效服务玉米产业企业，主要体现在以下几方面：

一是通过发挥玉米期货市场规避风险功能作用，助力企业稳健运营。随着国内外经济形势不断复杂化，中美贸易摩擦可能导致玉米进口环节暂时受阻，而下游非洲猪瘟疫情也降低我国玉米下游饲用需求，玉米产业主体利润因此受到影响。随着玉米产业客户参与期货市场的数量增加，不少玉米产业企业通过期货市场参与套期保值，有效降低企业运营中面临的价格波动冲击。因此预计未来会有更多的产业客户通过参与期货市场降低企业经营风险。随着玉米衍生品工具和利用模式进一步丰富，玉米产业企业将实现完全套期保值，稳定自身利润。

二是通过场外模式尽可能保障种植者合理收益。收储制改革以来，国家虽然通过生产者补贴等方式尽可能保障种植者合理收益，但近年来政策对价格的影响越来越弱，玉米价格市场化特征越发明显。随着临储库存持续下降以及下游需求不断调整，种植户的收益也将出现一定波动，而期货市场作为标准化市场，不能满足部分企业个性化需求，因此还需进一步发展探索"保险+期货"和"粮食银行"等模式，保障农民收益。

（二）当前存在的问题

自收储改革之后，我国玉米期货市场运行质量有了较大提升，但仍存在一些问题，主要表现在以下几个方面：

一是期现价格相关性还需提升。2019年玉米价格的期现相关性从2018年的0.31上涨到0.69，但与油脂油料等成熟品种相比仍偏低。随着玉米价格市场化改革效果进一步显现，玉米产业主体参与利用期货的程度将提升，玉米期货价格对现货市场供需的反映将更加全面，而玉米期现货相关性还有待提升。

二是玉米期货场外市场服务有待加强。随着玉米期货市场价格发现、套期保值功能不断发挥，市场主体参与期货市场的积极性也随之不断提升，但当前玉米期货市场还无法充分满足产业主体的需求。较为灵活的场外模式"保险+期货"等受限于当地财政支持力度，试点规模较为有限，无法充分保障广大农户的合理种植收益；场外期权模式则受限于专业性较高，部分中小企业在实际运用时会遇到困难。

（三）发展建议

一是通过优化厂库制度提升期现货相关性。通过全面推行贸易商厂库制度，扩大港口交割能力，逐渐形成以东北港口为中心，辐射全国的价格体系，进而提高期现价格相关性，增强玉米期货服务实体经济的能力。

二是着力提升玉米期货市场的综合服务能力。通过不断加强与当地政府沟通，争取获得更多的财政支持，进一步扩大"保险+期货"试点范围，尽可能打通期货市场服务"三农"的"最后一公里"。依托产融基地模式，继续加大对中小企业基差贸易等模式的培训和宣传力度，尝试以基差贸易、"保险+期货"模式为抓手，不断提升产业主体对期货市场的认知程度，推动场外市场建设，与玉米期货相互呼应，进一步提升企业抗击风险的能力，更有效发挥期货市场服务实体经济的作用。

专栏

2019年玉米期货大事记

1月12日，我国首次发现草地贪夜蛾。2019年1月，草地贪夜蛾在云南首次被发现并确认后，迅速向全国蔓延。据统计，2019年全国26个省（市、区）均发现草地贪夜蛾总供给，查实发生面积1 688万亩，玉米发生面积占98.1%。

2月2日，农业农村部办公厅发布《2019年种植业工作要点》的通知。从文件内容看，要求稳住粮食生产，将稻谷、小麦作为必保品种，稳定玉米生产，确保谷物基本自给、口粮绝对安全。同时要求完善玉米、大豆生产者补贴政策，更好发挥市场机制作用，在加强重大病虫疫情防控措施的同时优化玉米种植结构，巩固非优势区玉米结构调整成果。

2月20日，2019年中央1号文件公布。其中，强调要稳定玉米生产，同时推进玉米等完全成本保险和收入保险试点，扩大农业打造保险试点和"保险+期货"试点。

4月16日，农业农村部、财政部发布2019年重点强农惠农政策，其中包括玉米、大豆和稻谷生产者补贴，针对东北三省和内蒙古地区实施玉米及大豆生产者补贴以及农机购置补贴。

4月24日，吉林省财政厅、吉林省发改委和吉林省农业农村厅联合下发《关于2019玉米和大豆生产者补贴有关事项的通知》，通知指出，2019年玉米生产者补贴水平为86元/亩，较2018年下调8元/亩。

5月14日，国家粮食交易中心发布公告，2019年临储玉米拍卖将在5月23日举行，临储拍卖底价较上年提高200元/吨。

5月16日，农业农村部种业管理司下发玉米等四个品种的绿色品种指标的通知，旨在四大主粮作物品种审定制度的基础上，每年将根据绿色品种指标体系，遴选出绿色优质品种，推动品种迭代。该指标主要为三项：一是原则上绿色品种近三年通过国家或省级审定；二是目前绿色品种年推广面积大于或等于50万亩；三是要求绿色品种必须环境友好，资源节约。

6月12日，辽宁省农业农村厅办公室发布关于做好2019年生产者补贴政策落实工作的通知，其中，大豆补贴资金比玉米每亩高200元，全省玉米生产者补贴标准为76元/亩。

6月21日，农业农村部印发《全国草地贪夜蛾防控方案》的通知，按照严密监测、全面扑杀、分区施策、防治结合的要求，对害虫适生区特别是玉米主产区，全面准确监测预警，及时有效防控处置，确保草地贪夜蛾不大规模迁飞危害，确保玉米不大面积连片成灾，最大限度减轻灾害损失。

7月19日，黑龙江7个部门联合下发《黑龙江省2019年玉米、大豆和稻谷生产者补贴工作实施方案》，方案明确2019年适当提高玉米生产者补贴标准，大豆比玉米每亩高200元以上。享受粮改饲政策的青贮玉米不得领取玉米生产者补贴。同时，黑龙江地区玉米生产者补贴将于9月15日前发放到位。

8月7日，商务部就修改《农产品进口关税配额管理暂行办法》向社会公开征求意见。其中第三条修改为实施进口关税配额管理的农产品品种包括玉米（包括其粉、粒），第四条修改为玉米等进口关税配额分为国营贸易配额和非国营贸易配额。国营贸易配额须通过国营贸易企业进口；非国营贸易配额须通过有贸易权的企业进口，有贸易权的最终用户也可以自行进口。同时发展改革委委托机构负责受理本地区内小麦、玉米等进口关税配额的申请，每年9月30日前，发展改革委会同商务部将玉米等关税配额再分配量分配到最终用户。

9月30日，国家发展改革委根据《农产品进口关税配额管理暂行办法》，制定了《2020年粮食进口关税配额申请和分配细则》，其中玉米720万吨，60%为国营贸易配额。

10月14日，国务院新闻办发表《中国的粮食安全》白皮书，白皮书表示，我国粮食单产显著提升，2017年玉米每公顷产量达到6 110.3公斤，比1996年每公顷产量增长17.4%，比世界平均水平高6.2%。对内，一是建立玉米等粮食生产功能区6 000万公顷，加强建设东北玉米优势产业带，形成玉米规模生产优势区同时重点发展西南地区玉米种植。二是强化粮食生产科技支撑，深入推进玉米等国家良种重大科研联合攻关，杂交玉米等高效育种技术体系基本建立。三是粮食期货交易品种涵盖玉米等主要粮食品种，不断扩大交易规模。对外，对玉米、小麦、大米等实施进口关税配额管理，将外商投资种业的限制范围缩减为玉米和小麦，同时取消农产品收购、批发的外商投资准入限制。

10月17日，海关总署颁布关于调整进口大宗商品重量鉴定监管方式的公告，将现行由海关对进口大宗商品逐批实施重量鉴定调整为海关依企业申请实施，同时若进口大宗商品收货人或代理人不需要海关出具重量证书的，海关不再实施重量鉴定。

报告三
玉米淀粉期货品种运行报告（2019）

2019年，玉米深加工企业开工率维持高位，玉米淀粉库存充足，同时玉米淀粉价格受原料玉米价格支撑以窄幅波动为主，较上年小幅下跌。玉米淀粉期货市场成交规模同比下降，交割量同比增加。大商所根据市场实际需求不断完善玉米淀粉期货合约和规则，通过调整合约交易手续费和增加夜盘等方式，提升产业企业参与期货市场的积极性，进一步提高企业管理风险的能力，持续发挥期货市场服务实体经济的作用。

一、玉米淀粉期货市场运行情况

（一）市场规模及发展情况

1. 玉米淀粉期货成交规模下降

2019年，玉米淀粉期货成交量和成交额同比均有所下降。玉米淀粉期货全年成交量1 656.36万手，同比下降604.90万手，降幅26.75%。玉米淀粉期货月均成交量138.03万手，同比下降50.41万手。从成交额来看，全年成交额为3 808.21亿元，同比下降1 294.49亿元，降幅25.37%。玉米淀粉期货月均成交金额为317.35亿元，同比下降107.87亿元，降幅25.37%。玉米淀粉期货的成交量和成交额在大商所所有期货品种中占比均下降。玉米淀粉期货成交量在大商所所有期货品种总成交量中的占比为1.24%，同比下降1.09个百分点。玉米淀粉期货成交额在大商所所有期货品种总成交额中占比为0.55%，同比下降0.43个百分点。2019年玉米淀粉期货成交量下降的主要原因是玉米淀粉价格波动较小，交易者参与期货交易的积极性下降。

从年内变化来看，玉米淀粉期货成交量最高的月份为11月，达到163.11万手，3月和12月成交量超过150万手，分别为156.06万手和156.70万手，其余月份成交量均低于150万手。玉米淀粉成交额最高的月份为11月，达到361.03亿元；2月成交额最少，仅为247.05亿元。

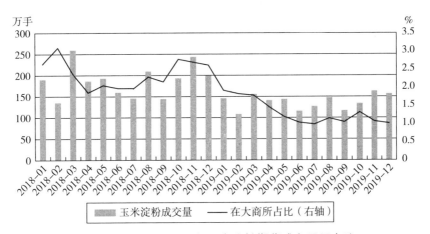

图 3-1　2018—2019 年玉米淀粉期货成交量及占比

（数据来源：大连商品交易所）

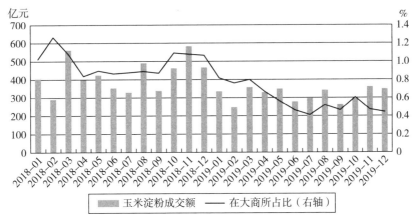

图 3-2　2018—2019 年玉米淀粉期货成交金额及占比

（数据来源：大连商品交易所）

2. 玉米淀粉期货持仓规模下降

2019年，玉米淀粉期货日均持仓量和日均持仓额均有所下降。玉米淀粉期货日均持仓量为10.99万手，同比下降4.69万手，降幅为29.87%。2019年日均持仓额为25.22亿元，同比下降9.87亿元，降幅28.13%。玉米淀粉的日均持仓量和日均持仓额在大商所中占比均有所下降。2019年玉米淀粉日均持仓量和持仓额在大商所日均总持仓量中的占比分别为1.63%和0.84%，分别较上年下降1.14个和0.56个百分点。年内持仓量和持仓额呈现震荡态势，10月日均持仓量为全年最高，达到13.25万手，除5月、6月和8月外其余各月日均持仓量均超过10万手。下半年日均持仓量要高于上半年，7~12月日均持仓量均值为11.45万手，高于1~6月的日均持仓量均值10.53万手。

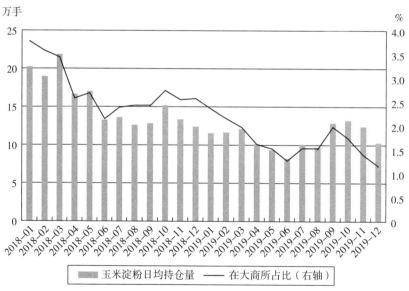

图3-3　2018—2019年玉米淀粉期货日均持仓量及占比

（数据来源：大连商品交易所）

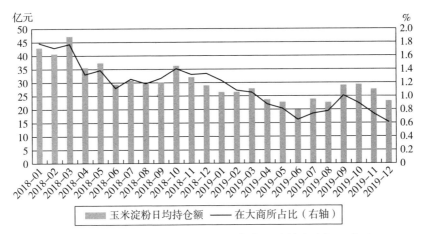

图 3-4　2018—2019 年玉米淀粉期货日均持仓金额及占比

（数据来源：大连商品交易所）

（二）期现货市场价格变化特点及原因

1. 玉米淀粉期现货价格整体以震荡为主

2019年，玉米淀粉期现货价格呈现窄幅波动态势，较上年小幅下跌。大商所玉米淀粉期货主力合约结算价从2018年12月28日的2 326元/吨下降至2019年12月31日的2 273元/吨，下跌53元/吨，跌幅为2.28%。2019年玉米淀粉期货主力合约价格最高值为2 459元/吨，最低值为2184元/吨，波动幅度为12.59%。同期，玉米淀粉现货价格同样呈现震荡下降走势。玉米淀粉现货价从上年末的2 500元/吨下跌到2019年末的2 400元/吨，跌幅为4.00%。全年玉米淀粉现货的最高值为2 530元/吨，最低值为2 370元/吨，波动幅度为6.75%。

2. 玉米淀粉价格变动原因分析

2019年，玉米淀粉价格持续窄幅波动的原因主要有以下几个方面：一是原料玉米价格整体以小幅波动为主。2019年玉米期货价格波动幅度为12.44%，玉米现货价格波动幅度为11.06%，玉米淀粉价格受原料玉米价格震荡影响而小幅波动。二是玉米淀粉行业整体开工率维持高位，企业全年平均开工率接近70%，玉米淀粉企业整体库存略低于上年同期，但仍维持高位，市场供应整体较为充足。三是受中美贸易摩擦影响，玉米淀粉下游需求增速下降，其中造纸等出口量较大行业需求增速下降较为明显。因此，玉米淀粉现货市场供应大于需求，不过玉米淀粉价格主要受原料玉米价格支撑，因此全年运行整体较为平稳，以窄幅震荡为主。

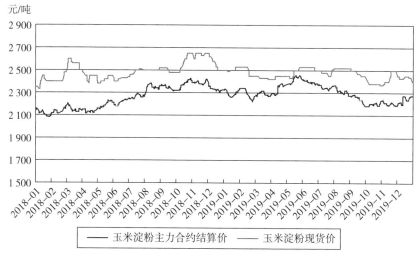

图 3-5　2018—2019 年玉米淀粉期货主力合约和现货价格走势

（数据来源：Wind 数据库）

（三）期货交割情况分析

1. 玉米淀粉期货交割量同比有所增加

2019年，玉米淀粉期货交割6 992手（折合约6.99万吨），较上年增加1 287手（折合约1.29万吨），增幅22.56%；交割金额1.61亿元，较上年增加3 398.44万元，增幅26.73%。从月度交割量变化来看，交割主要集中在1月、5月和9月，其中5月交割量最大，达到3 306手，占全年总交割量的47.28%，但较上年交割量最高值下降122手。1月交割量略低于5月，为3 035手，同比增加935手，占全年总交割量的43.41%。

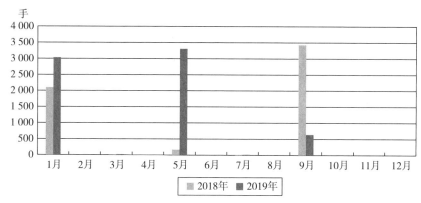

图 3-6　2018—2019 年玉米淀粉期货交割量

（数据来源：大连商品交易所）

2. 玉米淀粉期货交割地域分布

2019年，参与交割客户所在区域排在前五位的是吉林省（31.99%），辽宁省（29.51%），上海市（14.66%），山东省（9.36%）和北京市（7.76%）。这五个省市客户参与交割的量占总交割量的比例共计93.28%，较2018年前五个省市客户参与量占比的81.48%的集中度上升11.8个百分点。辽宁省客户交割量增幅最大，同比上升20.73个百分点，吉林省客户交割量增幅仅次于辽宁省，同比上升12.96个百分点。

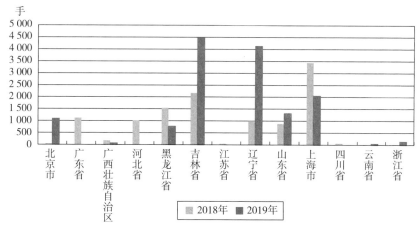

图 3-7　2018—2019 年玉米淀粉期货交割地域分布

（数据来源：大连商品交易所）

（四）期货市场交易主体结构分析

1. 参与客户数下降，法人客户占比有所增加

2019年，玉米淀粉期货参与客户数呈下降趋势。全年累计参与交易客户数为9.32万户，同比下降2.38万户，降幅为20.35%。其中，法人客户数为2 832户，同比下降701户，降幅为19.84%；个人客户数为9.03万户，同比下降2.31万户，降幅为20.37%。全年月均交易客户数量为1.87万户，同比下降0.96万户，降幅为33.92%。从客户结构看，法人客户月均数量为1 220户，同比减少239户，降幅29.75%；个人客户月均数量为1.84万户，同比减少0.85万户，降幅31.60%。2019年12月法人客户占比为6.39%，同比增加1.40%。从各月情况看，2019年客户数量月度分布较为均衡，各月客户数量增减幅度变化不大，但法人客户占比均高于上年同期。2019年各月法人客户数量占比中，全年占比最低为10月的5.64%，全年占比最高为7月的7.06%。

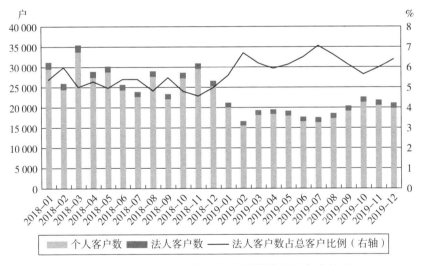

图3-8　2018—2019年玉米淀粉期货市场客户结构

（数据来源：大连商品交易所）

2. 短线交易客户数下降，法人短线交易客户占比提高

2019年，玉米淀粉期货参与短线交易的客户数呈下降趋势。玉米淀粉全年累计短线交易客户数为6.46万户，同比减少1.91万户。其中个人短线交易客户数和法人短线交易客户数下降幅度接近，分别为22.86%和20.52%。全年月均短线交易客户数量为1.12万户，同比减少0.57万户，降幅33.73%。从客户组成结构看，法人短线客户月均数量为494户，较上年减少102户，降幅17.11%；个人短线客户月均数量为1.07万户，较上年减少0.56万户，降幅34.36%。从短线客户占比看，2019年各月法人短线客户数占总短线客户数比例均高于上年同期，且6月、7月、8月、10月和12月均比同比高至少1个百分点，8月占比最高，达到5.08%；5月占比最低，为3.98%。

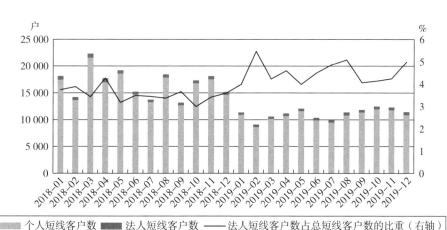

图 3-9 2018—2019 年玉米淀粉期货市场短线客户

（数据来源：大连商品交易所）

3. 市场成交和持仓集中度均小幅回升

2019年，玉米淀粉期货成交集中度月均值为55.41%，较上年的46.84%上升8.57个百分点。

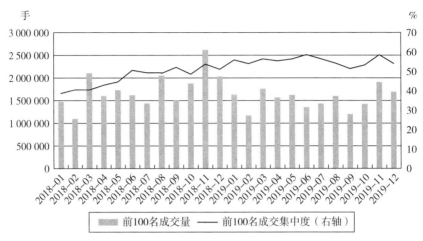

图 3-10　2018—2019 年玉米淀粉期货成交集中度

（数据来源：大连商品交易所）

玉米淀粉期货持仓量集中度月均值为60.28%，较上年的54.40%上升5.88个百分点。从年内变化来看，玉米淀粉持仓集中度总体呈现先降后升走势，其中6月为年内最低点为53.43%，随后开始回升。

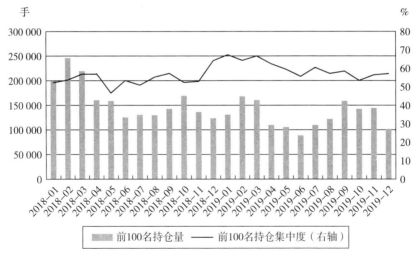

图 3-11　2018—2019 年玉米淀粉期货持仓量集中度

（数据来源：大连商品交易所）

二、玉米淀粉期货市场功能发挥情况

（一）价格发现功能发挥情况

2019年，玉米淀粉期现货价格相关系数为0.57，低于2018年的0.73，期现货价格关系为期货引导现货。由于玉米淀粉价格波动幅度较小，客户参与期货市场的积极性降低，期货市场对现货市场的供需情况反映程度有所下降，导致期现货价格相关性下降。但受下游需求波动影响，产业客户通过期货市场进行套期保值的意愿较强，一定程度上反映出玉米淀粉期货市场对现货市场的引导作用。

表 3-1　　　　　2018—2019 年玉米淀粉期现价格相关性

检验项	年份	2018	2019
期现价格的相关性	系数	0.73	0.57
	显著性检验	通过检验	通过检验
期现价格引导关系		无引导关系	期货引导

数据来源：大连商品交易所。

（二）套期保值功能发挥情况

1.基差上升，波动幅度较上年扩大

2019年，玉米淀粉基差波动幅度较上年显著上升。玉米淀粉基差均值为169元/吨，较上年的27.25元/吨上升141.75元/吨。全年基差最大值为310元/吨，最小值为-29元/吨。4月下旬到9月，玉米淀粉现货价格低于期货价格，其中最小值在5月下旬到6月形成，其绝对值相较于上年同期数值大幅上升，主要因为5月下旬玉米正式开始临储拍卖，且拍卖价格高于上年同期200元/吨。原料玉米价格的大幅上涨，然而下游需求并未有大幅增长，因此玉米淀粉现货价格波动幅度低于期货。随着8、9月"双节"备货及开学季的到来，下游淀粉糖等需求增加，玉米淀粉现货价格波动幅度高于期货，因此基差转为正值。

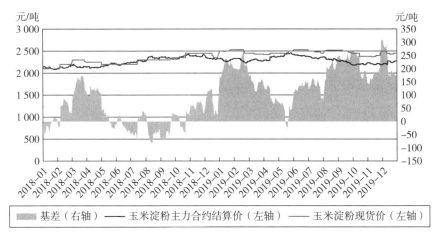

图 3-12　2018—2019 年玉米淀粉期现价格及基差变化

（数据来源：大连商品交易所）

2. 套期保值效率有所上升

2019年，由于期货与现货价格波动存在阶段性不一致，玉米淀粉基差的波动幅度较上年上升，但玉米淀粉套期保值效率有所上升，由上年的41.75%上升到48.65%。

表 3-2　　　　2018—2019 年玉米淀粉期货套保有效性

项目		年份	2018	2019
基差	均值	元／吨	27.25	169
	标准差	元／吨	64.67	64.38
	最大	元／吨	173	310
	最小	元／吨	−83	−29
到期价格收敛性	到期日基差	元／吨	29	−23.17
	期现价差率	%	5.24	7.51
套期保值效率	周（当年）	%	41.75	48.65

数据来源：大连商品交易所。

（三）期货市场功能发挥实践

国内玉米淀粉市场对基差贸易模式接受度有所提升，特别是南方沿海地区对该模式应用较为广泛。该模式是以某月份的期货价格为计价基础，以期货价格加上双方协商同意的基差来确定双方买卖现货商品价格的交易方式。该模式中，由于基差已提前确定，一定程度上可以降低价格波动的风险，基差贸易逐渐成为企业进行利润管理的重要方式。

山东某玉米淀粉加工企业从2014年玉米淀粉期货上市后开始接触期货市场，经过探索后，在2017年确立以玉米淀粉加工利润管理为主线的期货操作思路。由于2018年底和2019年春节后，玉米淀粉市场预期分歧较大，部分交易者认为2019年会延续2017年和2018年的较高利润，而另一部分交易者认为玉米淀粉产能扩张较快，需求方面并无亮点，在此背景下该公司和其下游客户采取基差交易方式提前锁定各自加工利润。该公司销售的产品为淀粉糖浆，交货时间为2019年4月至2020年1月，10个月交货总量为3 000吨。例如4月交货，淀粉糖浆4月现货价格=（CS1905+4月对应基差）×系数，其中不同交货月对应不同期货合约，4、5月交货对应CS1905合约，6、7、8、9月交货对应CS1909合约，10、11、12、1月交货对应CS2001合约；基差（2019年4月至2020年1月每个月都有一个基差）和系数（由于淀粉到糖浆出成率的影响，双方约定一个固定系数）则由企业单独公布。通过基差贸易，该企业提前锁定了加工利润，下游客户提前占领市场，在动荡市场中获得稳定发展的机会。

三、玉米淀粉期货合约相关规则调整

（一）交易制度

1.手续费

2019年10月29日，根据市场需求，大商所对玉米淀粉品种非1/5/9合约的手续费作如下调整。

表 3-3　　　　　 2019 年玉米淀粉品种非 1/5/9 合约手续费调整

时间	通知名称	调整措施
2019-10-29	《关于调整玉米淀粉品种手续费标准的通知》	10 月 29 日，大商所发布调整相关品种交易手续费收取标准的通知，决定自 11 月 1 日交易时（即 10 月 31 日夜盘交易小节时）起，玉米淀粉非 1/5/9 合约月份手续费从调整前的非日内 1.5 元 / 手调整到 0.2 元 / 手，从日内 0.75 元 / 手调整到 0.1 元 / 手

注：根据大连商品交易所官网业务通知整理。

2. 保证金

2019年，根据风险管理需要，大商所在春节、劳动节、中秋节、国庆节休市前后等时间节点对各品种涨跌停板幅度和最低交易保证金标准作如下调整。

表 3-4　　　　　 2019 年节假日玉米淀粉交易保证金调整

时间	通知名称	调整措施
2019-1-24	《关于 2019 年春节期间调整玉米淀粉品种涨跌停板幅度和最低交易保证金标准的通知》	自 2019 年 1 月 31 日（星期四）结算时起，将玉米淀粉品种涨跌停板幅度和最低交易保证金标准分别调整至 6% 和 8% 2019 年 2 月 11 日（星期一）恢复交易后，自玉米淀粉品种持仓量最大的两个合约未同时出现涨跌停板单边无连续报价的第一个交易日结算时起，玉米淀粉品种涨跌停板幅度和最低交易保证金标准分别恢复至调整前的标准，玉米淀粉品种涨跌停板幅度和最低交易保证金标准分别恢复至 4% 和 5%
2019-4-22	《关于 2019 年劳动节期间调整玉米淀粉品种涨跌停板幅度和最低交易保证金标准的通知》	自 2019 年 4 月 29 日（星期一）结算时起，玉米淀粉品种涨跌停板幅度和最低交易保证金标准分别调整至 5% 和 7% 2019 年 5 月 6 日（星期一）恢复交易后，自玉米淀粉品种持仓量最大的两个合约未同时出现涨跌停板单边无连续报价的第一个交易日结算时起，玉米淀粉品种涨跌停板幅度和最低交易保证金标准分别恢复至 4% 和 5%
2019-9-6	《关于 2019 年中秋节期间调整玉米淀粉品种涨跌停板幅度和最低交易保证金标准的通知》	自 2019 年 9 月 11 日（星期三）结算时起，将玉米淀粉品种涨跌停板幅度和最低交易保证金标准分别调整为 6% 和 8% 2019 年 9 月 16 日（星期一）恢复交易后，自玉米淀粉品种持仓量最大的两个合约未同时出现涨跌停板单边无连续报价的第一个交易日结算时起，玉米淀粉品种涨跌停板幅度和最低交易保证金标准分别恢复至调整前的标准，玉米淀粉品种的涨跌停板幅度和最低交易保证金标准分别恢复至 4% 和 5%

续表

时间	通知名称	调整措施
2019-9-24	《关于2019年国庆节期间调整玉米淀粉品种涨跌停板幅度和最低交易保证金标准的通知》	自2019年9月27日（星期五）结算时起，将玉米淀粉品种涨跌停板幅度和最低交易保证金标准分别调整至5%和7% 2019年10月8日（星期二）恢复交易后，自玉米淀粉品种持仓量最大的两个合约未同时出现涨跌停板单边无连续报价的第一个交易日结算时起，玉米淀粉品种涨跌停板幅度和最低交易保证金标准分别恢复至调整前的标准，玉米淀粉品种涨跌停板幅度和最低交易保证金标准分别恢复至4%和5%

注：根据大连商品交易所官网业务通知整理。

（二）交割仓库调整

2019年，大商所共调整了3家玉米淀粉交割库。

表 3-5　　　　2019 年大商所对玉米淀粉期货交割仓库调整一览

实施时间	设立/取消	仓库名称	仓库性质	升贴水
2019-3-29	更名	山东福洋生物科技股份有限公司（更名后）	交割厂库	—
	取消	山东寿光巨能金玉米开发有限公司	交割厂库	—
2019-8-9	取消	营口港务集团有限公司的玉米淀粉	指定交割仓库	—

注：根据大连商品交易所官网业务通知整理。

（三）其他规则调整

2019年3月25日，根据市场实际需求，大商所增加夜盘交易品种并调整全部夜盘交易品种的时间。具体通知如表3-6所示。

表 3-6　　2019 年大商所增加夜盘交易品种及夜盘交易时间调整

时间	通知名称	调整措施
2019-03-25	《关于增加夜盘交易品种及调整夜盘交易时间的通知》	3月25日，大商所发布通知，自2019年3月29日21:00起增加夜盘交易品种并调整夜盘交易时间，其中增加玉米淀粉为夜盘交易品种，交易时间为21:00—23:00

注：根据大连商品交易所官网业务通知整理。

四、玉米淀粉期货市场发展前景、问题与发展建议

（一）发展前景

1. 玉米淀粉消费需求回升，期货市场规模有望扩大

随着玉米市场化改革不断深入，原料玉米价格受市场影响较为明显。2019年下半年新粮上市，玉米市场供应增加，原料玉米价格随之有所回落。随着原料玉米价格的下降，企业采购意愿提升叠加玉米淀粉企业较高的开工率，玉米淀粉市场供应增加，玉米淀粉价格也随之降低，我国玉米淀粉价格在国际市场的竞争力有所增强。2019年玉米淀粉出口量为70万吨，同比增加34.87%，考虑到玉米淀粉价格在国际市场上的竞争优势，2020年我国玉米淀粉出口量或将会继续增加。造纸行业是玉米淀粉的重要消费领域，受2019年中美贸易摩擦的影响，我国造纸行业出口量下降明显，但随着2020年中美贸易摩擦的缓和，预计造纸行业的需求将有所恢复，进一步提升玉米淀粉下游需求。随着现货市场需求回升，期货市场规模还有提高空间。

2. 玉米深加工行业集中度提高，企业对期货市场的需求将提升

2019年，玉米淀粉深加工产能持续增加，接近7 500万吨，同比增加700多万吨，其中黑龙江地区新增产能规模较大，新增玉米深加工能力约500万吨，其次的山东约为100万吨。随着玉米淀粉企业竞争加剧，部分新建的深加工产能项目处于缓建停建状态，玉米深加工利润将下降，在微利经营时代，深加工企业对期货等工具的需求提升，企业通过期货市场提高经营管理水平，加大行业优胜劣汰，玉米深加工行业集中度将提高。

（二）当前存在的问题

玉米淀粉期现货价格相关性有所下降。2019年玉米淀粉期现货

相关性为0.57，低于上年的0.73。主要是受中美贸易摩擦影响，玉米淀粉下游造纸行业等需求下降，深加工企业原料玉米采购速度有所下降，下游报价周期有所延长，且玉米淀粉价格波动性较小，市场主体参与期货的积极性下降，玉米淀粉期货价格对现货市场信息的反映程度降低。

（三）发展建议

进一步完善优化玉米淀粉交割规则。根据国家标准和行业检验标准的变化，以及现货市场区域性供应和消费结构变化等情况，及时完善优化玉米淀粉合约及交割规则，尽可能提高交割的便利度，降低企业客户的交割成本，更好地发挥期货市场服务实体经济的功能。

专栏

2019年玉米淀粉期货大事记

2月6日，商务部向国务院关税税则委员会提出继续实施反倾销措施的建议，国务院关税税则委员会根据商务部的建议作出决定，自2019年2月6日起，对原产于欧盟的进口马铃薯淀粉继续征收反倾销税，实施期限为五年。

3月5日，十三届全国人大第二次会议上宣布，我国增值税基本税率将由目前的制造业等行业现行的16%降至13%，交通运输业、建筑业等行业现行的10%降至9%；保持6%一档的税率不变，但通过采取对生产、生活性服务业增加税收抵扣等配套措施确保税负只减不增。对于玉米深加工企业，其利润将会随着降税而改善。

5月14日，玉米临储拍卖终于落地，2019年临储玉米拍卖在5月23日启动，临储拍卖底价正如市场预期，较上年提高200元/吨。以吉林为例，2015年产二等玉米拍卖价格为1 690元/吨。

6月19日，中国于2017年开始对美国干玉米酒糟实行反倾销和反补贴措施，期限为五年。2019年2月，美国谷物协会向中国商务部提交申请，请求对原产于美国的进口干玉米酒糟所适用的反倾销和反补贴措施进行复审调查，终止征收反倾销税和反补贴税。同年4月15日，商务部决定对原产于美国的进口干玉米酒糟所适用的反倾销和反补贴措施进行复审。商务部19日公布复审裁定，认为有必要继续对原产于美国的进口干玉米酒糟征收反倾销税和反补贴税。

7月，住房和城乡建设部等9部门在46个重点城市先行先试的基础上，印发《关于在全国地级及以上城市全面开展生活垃圾分类工作的通知》，决定自2019年起在全国地级及以上城市全面启动生活垃圾分类工作。在国家一系列环保政策法令颁布驱动下，以绿色生物可降解材料（例如玉米淀粉为主要原料的聚乳酸材料）在垃圾分类领域的新需求将会保持稳定增长趋势。

8月14日，第六届世界淀粉产业大会暨中国工程院绿色生物制造产业论坛在吉林长春盛大举行。大会以"绿色生物制造"为主题，围绕生物技术、绿色制造等相关话题，共同探讨了生物技术的创新及其在产业绿色发展中的应用。

9月30日，国家发改委根据《农产品进口关税配额管理暂行办法》，制定了《2020年粮食进口关税配额申请和分配细则》，在2020年粮食进口关税配额总量中玉米为720万吨，其中60%为国营贸易配额。

11月14日，商务部针对11月6日澳大利亚呼吁中国尽快完成对澳大利亚大麦出口的限制调查做出回应，对澳大利亚大麦进行的反倾销调查将会再延长6个月。商务部声明，一年前开始的反倾销调查将在2020年5月19日完成。

　　11月12日的泰国内阁会议上表示，内阁同意通过2019—2020年木薯收获季种植户收入补贴政策，并下达96.71亿泰铢的总预算。在全国木薯种植区，每公斤补贴2.5泰铢，每户不超过100吨。这也是继棕榈、稻米和橡胶之后的内阁通过的第四项农民收入保险提案。

　　12月23日，国务院关税税则委员会印发通知，自2020年1月1日起，调整部分商品进口关税，针对木薯淀粉，最惠国税率为10%。

报告四
黄大豆1号期货品种运行报告（2019）

2019年，黄大豆1号（以下简称豆一）期货成交量与持仓量均同比下滑，法人客户交易占比与成交集中度同比上升。随着大豆产业振兴计划实施，我国大豆产量持续回升，期货市场将与大豆产业共同促进、共同发展。近几年，大商所"农民收入保障计划"试点项目在大豆市场取得明显效果，未来，在国家政策与市场力量的共同推动下，大豆期货市场将更好地服务实体经济。

一、豆一期货市场运行情况

（一）市场规模及发展情况

1. 豆一成交规模下降

2019年，豆一期货累计成交1 845万手，同比下降16.56%；累计成交额为6 422亿元，同比下降20.51%。大商所上市的19个期货品种中，豆一期货累计成交量、成交额均位列第13位，均较2018年下降一位。2019年，豆一期货累计成交量与成交额占大商所比重分别为1.39%和0.93%，而2018年分别为2.28%和1.55%。

从月度成交情况看，豆一期货成交量呈现前低后高的特点。其中，2月成交量最小，仅为97.16万手；12月成交量最大，达到205.83万手。2019年底，豆一期货成交量上升的主要原因是下半年东北地区降雨明显，给大豆生长带来一定的困难，价格不确定性增强，市场交易需求增加。

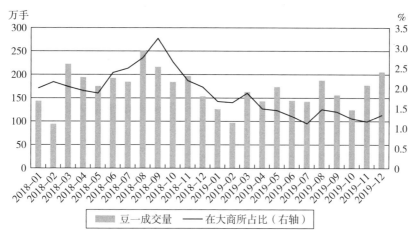

图 4-1　2018—2019 年豆一期货成交量及占比

（数据来源：大连商品交易所）

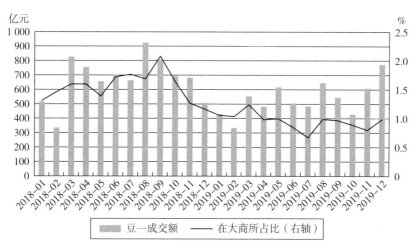

图 4-2　2018—2019 年豆一期货成交额及占比

（数据来源：大连商品交易所）

2. 持仓规模下降

2019年，豆一期货日均持仓量为11.12万手，同比下降19.33%；日均持仓额为38.72亿元，同比下降22.63%，两者在大商所各品种中排名第14位。豆一期货日均持仓量与日均持仓额占大商所比重分别为1.65%和1.30%，而2018年两者为2.39%和1.98%。

　　从月度持仓情况来看，豆一持仓整体呈现出全年波动上升的趋势，持仓占比全年平稳。接近11月东北大豆收获期，天气因素带来的不确定性日益明显，而东北地区9月份的强降水给大豆生长带来不利影响，国产大豆市场不确定性增加，产业各主体使用期货避险需求上升。

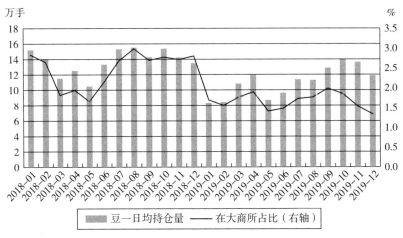

图4-3　2018—2019年豆一期货日均持仓量及占比

（数据来源：大连商品交易所）

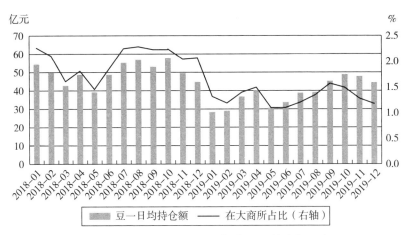

图4-4　2018—2019年豆一期货日均持仓额及占比

（数据来源：大连商品交易所）

（二）期现货市场价格变化特点及原因

1. 豆一期货价格上半年上涨回落，年底显著反弹

2019年12月31日，豆一期货主力合约结算价为3 863元/吨，较2018年12月28日的3 398元/吨上涨13.68%。2019年全年最高价为3 953元/吨，最低价为3 287元/吨，价格波动幅度为20.26%，同比下降12.2%。2019年12月31日，哈尔滨国产食用大豆收购价为3 660元/吨，较2018年12月28日的3 540元/吨上涨3.39%。2019年全年最高价为3 780元/吨，最低价为3 480元/吨，价格波动幅度为8.62%，同比扩大5.8%。

图 4-5　2018—2019 年豆一期货主力合约和现货基准地价格走势

（数据来源：Wind 数据库）

2. 豆一价格变动的原因分析

2019年豆一市场价格波动的原因主要有三个方面：一是年初库存大豆逐步消耗，且南方大豆减产导致贸易商收购困难，推动豆一价格在5月份上涨。二是由于大豆振兴计划顺利实施，市场普遍预期下半年大豆产量同比上升，尽管东北地区过量降水影响大豆生长进而短期内利多价格，但大豆整体还是呈现出"供给上升，需求不变"的状态，

导致豆一期货价格在11月底前持续下跌。三是在12月，由于东北降雪导致道路运输不畅，造成南方大豆供应紧张，叠加春节临近前的豆制品需求旺季，国产大豆短期内供不应求，利多豆一期货价格。此外，A2005合约对应的期货标准加入蛋白含量要求，导致主力合约换月时价格出现上升。

（三）期货交割情况分析

1. 豆一期货交割量下降

2019年，豆一期货共交割2.71万手，同比下降31.73%；交割金额共计8.96亿元，同比下降33.13%。2019年豆一期货交割主要集中在1月、5月、9月，其中1月最多，达到1.14万手，同比下降15.69%，5月和9月次之，同比下降52.44%、11.01%。

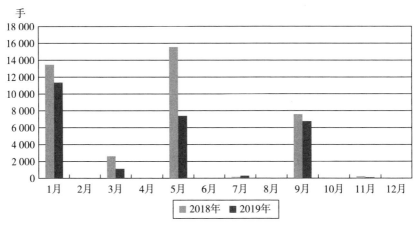

图4-6　2018—2019年豆一期货交割量

（数据来源：大连商品交易所）

2. 豆一期货交割客户主要集中于华东、华北和东北地区

2019年豆一期货交割客户集中在上海市、北京市、福建省、黑龙江省、辽宁省与浙江省。除福建省外，上述各省、直辖市2019年交割量均小于2018年交割量。其中，2019年上海市交割量为1.32万手，处

于各省市之首，但较上年下降24.06%；北京市次之，2019年交割量为9 913手，较上年下降40%。

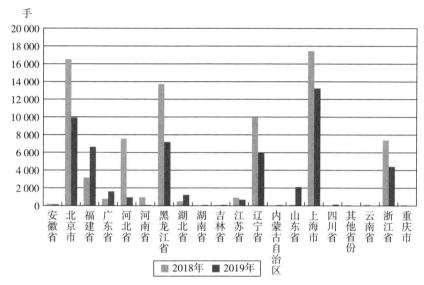

图 4-7　2018—2019 年豆一期货交割地域分布

（数据来源：大连商品交易所）

（四）期货市场交易主体结构分析

1. 法人客户数有所下降，但法人客户交易占比略有上升

2019年，豆一期货参与交易的客户数达到17.63万户，较上年下降11.33%，其中法人客户数与个人客户数分别为3 337户与15.30万户，较上年分别下降3.33%、11.49%。2019年中美经贸关系趋缓，全年国产大豆基本面变动不大，因此，豆一期货价格的不确定性较上年下降，使用期货进行套保或投机的意愿降低，市场参与客户数下降。

2019年，参与交易的法人客户数占总客户数比例为2.14%，高于2018年的1.96%。豆一期货交易主体依旧是个人客户，但个人客户占比较上年略有下降。

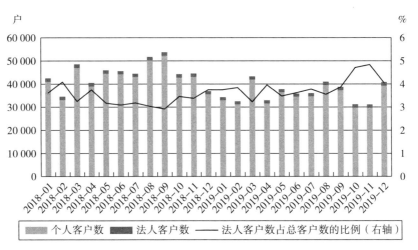

图 4-8   2018—2019 年豆一期货市场客户结构

（数据来源：大连商品交易所）

2. 短线交易的法人客户数下降

2019年，豆一期货短线客户数为12.32万户，较上年下降14.18%，其中法人客户与个人客户分别为2 158户和12.10户，较上年分别下降14.26%、14.18%。

2019年法人短线交易客户数占短线交易客户总数比例约为1.75%，与上年基本持平。

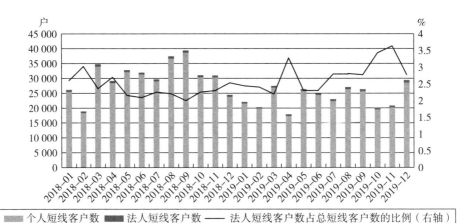

图 4-9   2018—2019 年豆一期货短线客户结构

（数据来源：大连商品交易所）

3. 成交集中度上升，持仓集中度略降

2019年，豆一期货成交集中度为40.48%，较上年的35.44%明显上升。豆一期货持仓集中度为48.58%，较上年的49.87%略有下降。全年来看，成交（持仓）集中度基本保持平稳，说明尽管有中美贸易摩擦、天气因素炒作等事件，市场各方力量对比依旧稳定。

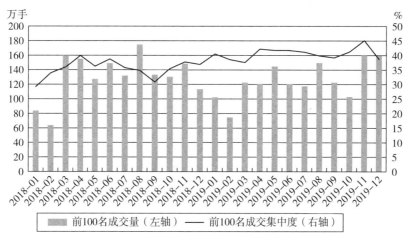

图 4-10　2018—2019 年豆一期货成交量与成交集中度

（数据来源：大连商品交易所）

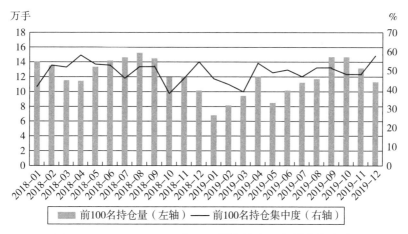

图 4-11　2018—2019 年豆一期货持仓量与持仓集中度

（数据来源：大连商品交易所）

二、期货市场功能发挥情况[①]

（一）期现价格相关性降低

2019年，豆一期现价格相关性为0.25，低于上年的0.72。期现价格相关性下降的主要原因是，豆一期货在A2005合约规则上加入蛋白含量标准，期货合约展期价差（A2005—A2001）大幅扩大，期现货趋势发生明显分化，相关性随之下降。

表 4-1   2018—2019 年豆一期现价格相关性

检验项	年份	2018	2019
期现价格的相关性	系数	0.72	0.25
	显著性检验	通过检验	通过检验
期现价格引导关系		无引导关系	无引导关系

数据来源：大连商品交易所。

（二）套期保值功能发挥情况

1. 全年基差波动较大，基本保持负值

2019年，豆一期货平均基差为-148.79元/吨，年内基差波动幅度682元/吨，2019年12月10日基差偏离程度最大，为-518元/吨。2019年大部分时间内，豆一持续维持负基差状态，这主要由农产品性质决定，大豆期货价格理论上为当前现货价格与库存费之和，因此在大部分情况下基差为负。

---

① 为了与品种评估报告一致，本部分国产大豆现货选取为国产大豆黑龙江收购价（豆一现货黑龙江）。

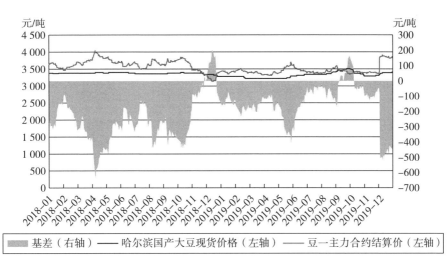

图 4-12　2018—2019 年豆一期现价格及基差变化

（数据来源：大连商品交易所）

2. 套期保值效率下降

2019年，豆一期货套期保值效率为15.19%，低于上年的43.24%。套期保值效率下降的主要原因是，A2005合约加入蛋白含量标准后造成A2005价格远高于A2001合约，主力合约价格出现明显跳跃，期现价格同步性遭到破坏，年度期现相关性、套期保值效率下降。

表 4-2　　　　　　2018—2019 年豆一期货套保有效性

项目		年份	2018	2019
基差	均值	元 / 吨	−250.33	−148.79
	标准差	元 / 吨	155.78	131.36
	最大	元 / 吨	175	164
	最小	元 / 吨	−641	−518
到期价格收敛性	到期日基差	元 / 吨	−175	−31.83
	期现价差率	%	9.49	6.92
套期保值效率	周（当年）	%	43.24	15.19

数据来源：大连商品交易所。

（三）期货市场功能发挥实践

东北大豆贸易商利用期货市场管理风险。东北某贸易商2019年6月份收购国产大豆2万吨，为防范价格下跌对库存大豆货值产生影响，该贸易商在期货市场建立1880手空单。由于国家大豆振兴计划顺利实施，市场普遍预测2019年大豆产量要高于2018年，看空国产大豆期货价格。此后，国产大豆主力合约价格由2019年6月6日的3 538元/吨，跌至同年7月9日的3 385元/吨，下跌幅度4.32%。若该贸易商前期未在期货市场建立套保头寸，则其库存现货在6—7月价格下跌过程中会遭受280余万元的损失。但是，由于该贸易商通过使用衍生工具开展了套期保值，其期货盘面获利280余万元，有效对冲了现货价格下跌带来的亏损，保证后续贸易的顺利进行。

通过"保险+期货"保障铁岭大豆农户收益。2月15日，辽宁铁岭大豆"保险+期货"收入险项目（2018年"农民收入保障计划"备案项目）顺利实施。该项目保障了733户农户的8 000吨大豆，覆盖大豆种植面积50 000亩。其中，约定保障亩单产0.16吨，约定保护价格3 900元/吨，保险责任水平为90%，每亩保值561元。从实施效果看，该项目共赔付127.6万元，有效规避了大豆价格下降及产量下跌的双重风险，提高了农户收入。

三、期货合约相关规则调整

（一）涨跌停板幅度和保证金调整

2019年，根据风险管理需求，大商所对豆一期货的涨跌停板幅度和保证金进行了四次常规性节假日调整。

表 4-3　　　　　　　　　2019 年节假日豆一期货交易保证金调整

时间	通知名称	调整措施
2019-1-24	《关于 2019 年春节期间调整各品种涨跌停板幅度和最低交易保证金标准的通知》	自 2019 年 1 月 31 日（星期四）结算时起，将黄大豆 1 号涨跌停板幅度和最低交易保证金标准分别调整至 6% 和 8%。2019 年 2 月 11 日（星期一）恢复交易后，自各品种持仓量最大的两个合约未同时出现涨跌停板单边无连续报价的第一个交易日结算时起，各品种涨跌停板幅度和最低交易保证金标准分别恢复至调整前的标准，即黄大豆 1 号的涨跌停板幅度和最低交易保证金标准分别恢复至 5% 和 7%
2019-4-22	《关于 2019 年劳动节期间调整各品种涨跌停板幅度和最低交易保证金标准的通知》	自 2019 年 4 月 29 日（星期一）结算时起，将黄大豆 1 号涨跌停板幅度和最低交易保证金标准分别调整至 5% 和 7%。2019 年 5 月 6 日（星期一）恢复交易后，自各品种持仓量最大的两个合约未同时出现涨跌停板单边无连续报价的第一个交易日结算时起，各品种涨跌停板幅度和最低交易保证金标准分别恢复至调整前的标准，即黄大豆 1 号涨跌停板幅度和最低交易保证金标准分别恢复至 6% 和 8%
2019-5-31	《关于 2019 年端午节期间调整相关品种最低交易保证金标准的通知》	自 2019 年 6 月 5 日（星期三）结算时起，将黄大豆 1 号最低交易保证金标准由现行的 5% 调整至 6%。2019 年 6 月 10 日（星期一）恢复交易后，自各品种持仓量最大的两个合约未同时出现涨跌停板单边无连续报价的第一个交易日结算时起，各品种最低交易保证金标准恢复至调整前的标准
2019-9-24	《关于 2019 年国庆节期间调整各品种最低交易保证金标准和涨跌停板幅度的通知》	自 2019 年 9 月 27 日（星期五）结算时起，将黄大豆 1 号涨跌停板幅度和最低交易保证金标准分别调整为 5% 和 7%。2019 年 10 月 8 日（星期二）恢复交易后，自各品种持仓量最大的两个合约未同时出现涨跌停板单边无连续报价的第一个交易日结算时起，各品种涨跌停板幅度和最低交易保证金标准分别恢复至调整前的标准，即黄大豆 1 号的涨跌停板幅度和最低交易保证金标准分别恢复至 4% 和 5%

数据来源：大连商品交易所。

（二）交割制度调整

表 4-4　　　　　　　　　2019 年豆一期货交割制度调整

时间	通知名称	交割制度调整内容
2019-3-29	《关于调整玉米等 9 个品种指定交割仓库及指定质检机构的通知》	设立黑龙江省大兴安岭地区行署粮食局大杨树粮库为黄大豆 1 号非基准交割仓库，初始升贴水为 -200 元/吨，4 月 1 日后升贴水调整为 -55 元/吨 设立桦南县宏安粮油贸易有限公司为黄大豆 1 号非基准交割仓库，升贴水为 -40 元/吨，自 2020 年 4 月 1 日起启用 设立黑龙江孙吴国家粮食储备库为黄大豆 1 号非基准交割仓库，升贴水为 -60 元/吨，自 2020 年 4 月 1 日起启用
2019-8-9	关于调整黄大豆 1 号、玉米、玉米淀粉、豆油品种指定交割仓库的通知	取消中央储备粮北安直属库有限公司的黄大豆 1 号指定交割仓库资格

四、期货市场发展前景、问题与发展建议

（一）发展前景

从现货市场来看，我国国产大豆规模将进一步扩大。在中美经贸摩擦前景尚不明朗的背景下，我国将继续鼓励大豆种植，提高大豆供应的自给率，进一步提升国内大豆种植面积和产量。从期货市场来看，我国大豆期货市场持续完善，服务实体企业的能力提升，将进一步助力大豆产业振兴。

（二）当前存在的问题

1. 除九三、益海等龙头企业外，多数国产大豆加工商使用衍生工具能力不足

国产大豆加工企业规模普遍较小，实力不强，在运用衍生工具平稳整体收益方面还有较大提升空间。在大豆采购方面，除九三、益海嘉里等大型企业使用大商所豆一期货进行套期保值外，其他国产大豆加工商在大豆采购过程中多以即期价格采购大豆，使用衍生工具管理风险的情况并不常见。在大豆加工品销售端，大商所上市的豆粕、豆油期货锚定的是进口转基因大豆，但因为进口豆与国产豆价格之间较强的相关性，九三、益海等大型加工商也采用大商所豆粕、豆油期货来对冲国产大豆压榨产品的价格波动风险。但对于其他企业，由于规模较小，实力不强，且大豆蛋白、豆制品等没有相对应的期货品种，参与期货市场的积极性不强。

2. 豆一期货市场活跃度和法人客户参与率仍偏低

在国家政策大力扶持、国内需求稳步增长的背景下，国产大豆市场存在较大的增长潜力，豆一期货的市场规模与活跃性预计会有较快提升。另外，2019年豆一期货法人交易客户数占交易总客户数比例为3.89%，2018年为3.39%，虽然有增长，但依旧偏低。

（三）发展建议

1. 运用现代供应链管理方式，推动大豆产业化发展

我国国产大豆规模化、组织化经营面临资金、物流、信息和价格等方面的限制，如在生产环节面临生产者信贷能力弱、农产品产量和价格风险大等问题，导致生产者规模难以扩大；在贸易加工环节，市场信息不透明、贸易规模偏低导致物流成本高。建议相关部门和地方政府运用现代供应链管理方式，在大豆生产贸易集中地区打造大豆产业链服务平台，为大豆生产、贸易和消费企业提供产供销有效对接的集中平台。引入衍生品工具，通过透明高效的市场机制来提高产业链主体之间的合作黏性。

2. 加强对农民、新型经营主体和小微企业的风险管理知识培训

借鉴成熟国家经验，由政府相关部门牵头实施风险管理教育培训计划，引导相关机构（比如各级农广校、农民科技教育培训中心、各级农业技术推广机构、期货经营机构等）在农户和小微企业中普及市场风险管理知识。

专栏

2019年豆一期货大事记

2月19日，中共中央、国务院发布的《关于坚持农业农村优先发展做好"三农"工作的若干意见》指出，要大力发展紧缺和绿色优质农产品生产，推进农业由增产导向转向提质导向，深入推进优质粮食工程。实施大豆振兴计划，多途径扩大种植面积。

3月12日，国家粮食和物资储备局公告称，截至2019年3月5日，各类粮食主产区累计收购中晚稻、玉米和大豆15 711万吨，同

比减少686万吨。其中，玉米7 704万吨，同比减少460万吨；大豆280万吨，同比减少57万吨。

3月21日，中企斥资25亿元助俄提高大豆生产和出口能力，项目包括农产品种植、沿阿穆尔河建立专业化粮食港口以及建设农产品仓储设施。

4月16日，农业农村部、财政部发布2019年重点强农惠农政策，包括农机购置补贴，国家现代农业产业园创建，玉米、大豆和稻谷生产者补贴等。

6月6日，俄罗斯经济发展部部长马克西姆·奥列什金称：俄罗斯可持续向中国供应大豆，年出口量将可达到370万吨。

7月30日，中国海关总署在官网发布公告称，根据中国相关法律法规和《中华人民共和国海关总署与俄罗斯联邦兽医和植物检疫监督局关于〈俄罗斯玉米、水稻、大豆和油菜籽输华植物检疫要求议定书〉补充条款》规定，允许进口俄罗斯全境大豆。

8月22日，东北地区近1个月持续降雨，导致部分地块内涝严重，台风"罗莎"又使黑龙江出现大范围强降雨，交易者担忧大豆减产，提振大豆现货价格上涨。

9月10日，在黑龙江农垦第六届北大荒大豆节上，来自全国的大豆加工企业与黑龙江农垦九三管理局各大农场达成12个大豆合作意向，完成9个项目的现场签约。签约项目总金额高达3.93亿元，包括11.8万吨大豆和1.02万吨玉米采购合同，以及8.26万亩的大豆订单合同。

9月26日，农业农村部在对十三届全国人大二次会议第1608号建议的答复中表示，为落实国家大豆振兴计划，促进大豆产业高效发展，国家将继续在东北四省（区）实施玉米和大豆生产者补贴政策，大豆生产者补贴水平为235元/亩，玉米生产者补贴水平为100

元/亩，并要求各省（区）结合实际情况合理确定大豆生产者的补贴标准，充分调动农民种植大豆的积极性。

10月10日，科技部农村中心组织专家，对陕西省杂交油菜研究中心等单位承担的国家重点研发计划"主要经济作物分子设计育种"项目进行了验收。该项目刷新了该项目2018年所创亩产423.77公斤的全国大豆单产纪录。

11月26日，黑龙江省级大豆储备收购启动，大兴安岭库前期已经率先启动收购，国标三等大豆3 420元/吨入库，后续开库的地区可能集中在鹤岗、黑河等地，对周边的豆价形成良好支撑。

报告五
黄大豆2号期货品种运行报告（2019）

2019年，黄大豆2号（以下简称豆二）期货市场运行平稳，成交量同比下降，持仓量同比上升，期现相关性增强，为市场参与者及大豆产业链相关企业提供了更加丰富、有效的投资标的和风险管理工具。这促进了行业健康发展，对提高我国大豆国际话语权，保障国家粮食安全具有重要的现实意义。

一、豆二期货市场运行情况

（一）市场规模及发展情况

1. 成交规模同比下降

2019年，豆二期货累计成交1 779.19万手，同比下降27.31%。累计成交额为5 499.39亿元，同比下降34.04%，均位列大商所各品种第14位，较2018年均下降1位。2019年，豆二期货累计成交量与成交额占大商所比重分别为1.34%、0.80%，2018年两者为2.52%、1.6%。

从月度成交情况看，2019年豆二期货月均成交148.27万手，同比减少27.31%；2019年豆二月均成交额为458.28亿元，同比减少34.04%。从2019年各月成交量来看，4月成交量最小，仅成交111.36万手；8月成交量最大，达到153.97万手。豆二期货成交量同比下降，主要原因是市场已部分消化贸易战带来的冲击，价格运行相对平稳，市场套保和投机需求有所下降。

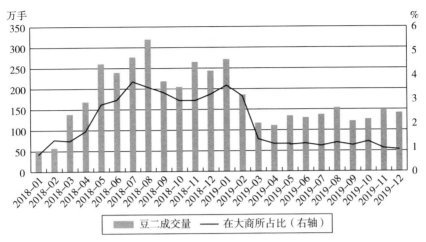

图 5-1　2018—2019 年豆二期货成交量及占比

（数据来源：大连商品交易所）

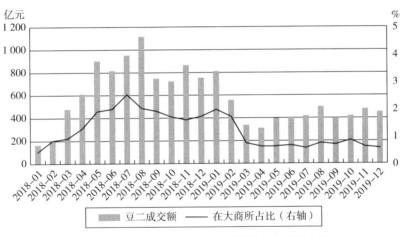

图 5-2　2018—2019 年豆二期货成交额及占比

（数据来源：大连商品交易所）

2. 持仓量同比上升

2019 年，豆二期货日均持仓量为 12.58 万手，同比上升 62.4%；日均持仓额为 38.95 亿元，同比上涨 48.86%。豆二期货日均持仓量与日均持仓额占大商所比重分别为 1.90%、1.31%，2018 年两者为 1.65%、1.30%，日均持仓量占比上升，日均持仓额占比基本持平。2019 年豆二日均持仓量、持仓额在大商所各品种中位列第 12、第 13 位，分别较

2018年上升2位、1位。

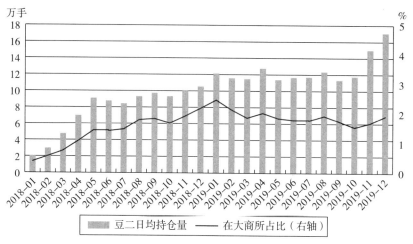

图 5-3　2018—2019 年豆二期货日均持仓量及占比变化

（数据来源：大连商品交易所）

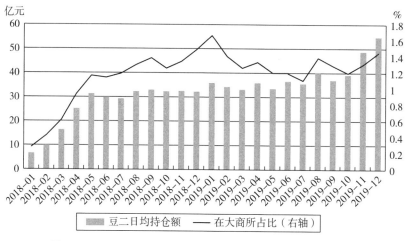

图 5-4　2018—2019 年豆二期货日均持仓额及占比变化

（数据来源：大连商品交易所）

（二）豆二期货价格整体上扬

2019年12月31日，豆二期货主力合约结算价为3 315元/吨，较2018年12月28日的2 936元/吨上涨12.91%。2019年全年，豆二期货最高价为3 486元/吨，最低价为2 691元/吨，价格波动幅度为30%，同比下降2个百分点。2019年12月31日，现货基准价格——进口大豆（南美豆到港成本）价格为3 371.49元/吨，较2018年12月28日的3 029.07元/吨上涨11.3%，基准现货全年最高价为3 479.24元/吨，最低价为2 718.18元/吨，价格波动幅度为28%，同比上升3个百分点。

2019年，豆二期货价格整体上涨，具体呈现"V"形走势。上半年，南美大豆丰产，全球大豆供应充足，而下游豆粕蛋白需求受非洲猪瘟疫情下国内生猪病死率上升存栏降低的拖累，两方面因素共同导致国内豆二期货价格下跌。下半年由于美国天气因素，豆二期货价格上涨。

图 5-5　2018—2019 年豆二期货主力合约和现货基准价格走势

（数据来源：Wind 数据库）

（三）期货交割情况分析

1. 豆二期货交割量上升明显

2019年，豆二期货的交割量与交割金额较上年均增加5倍多。其中，豆二期货2019年交割量8 000手，同比增加6 700手；豆二期货全年交割金额2.45亿元，同比增加2.06亿元。从月度交割情况来看，5月、10月交割量为最高，分别为2 900手与2 500手，11月、12月交割量分别为900手、600手，也处于较高水平。

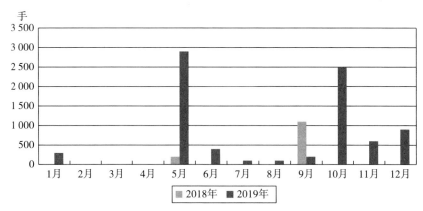

图 5-6　2018—2019 年豆二期货交割量

（数据来源：大连商品交易所）

2. 豆二期货交割客户所属省份增加[①]

2019年有9个省客户参与豆二期货交割，较2018年增加4个省。从地理位置看，交割客户大多位于东部沿海，排名前三的省、直辖市为江苏省（3 100手）、上海市（1 300手）和湖北省（1 000手），分别比2018年增加2 550手、800手和1 000手。

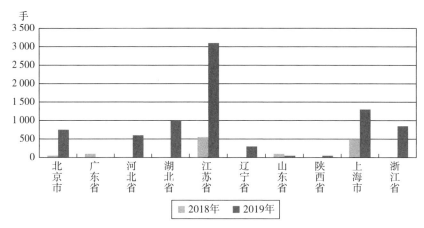

图 5-7　2018—2019 年豆二期货交割地域分布

（数据来源：大连商品交易所）

---

① 此处交割省是指交割客户所属省份。

（四）期货市场交易主体结构分析

1. 交易客户上升，法人客户交易占比下降

2019年，豆二期货市场交易客户数为84 835户，较上年增长45.08%。其中法人客户数为1 721户，较上年增长42.11%；个人客户数为83 114户，较上年增长45.99%。从客户组成结构来看，2019年法人客户占比3.92%，较上年下降0.9个百分点。

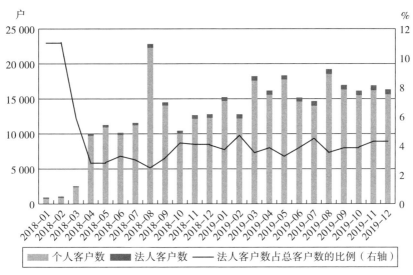

图 5-8　2018—2019 年豆二期货市场交易客户结构

（数据来源：大连商品交易所）

2. 短线交易客户数增加，法人客户数占比下降

2019年，期货市场短线交易客户数为67 238户，较上年增长45.74%。其中，短线交易的法人客户数为1 133户，较上年增长51.67%；个人客户数为66 105户，较上年增长45.64%（见图5-9）。

从客户组成结构来看，2019年短线交易的法人客户数占比为2.74%，较上年下降0.77个百分点。

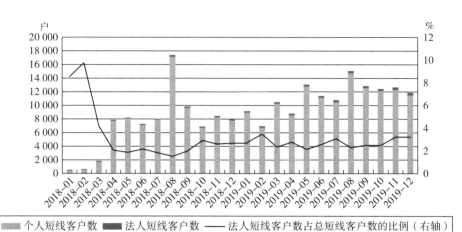

图 5-9　2018—2019 年豆二期货短线客户情况

（数据来源：大连商品交易所）

3. 成交和持仓集中度下降

从前100名客户的成交和持仓集中度来看，2019年豆二期货的成交和持仓集中度同比均有所下滑。具体而言，2019年成交集中度的月均为72.84%，上年为82.54%；持仓集中度月均为74.67%，上年为82.32%。成交和持仓集中度同比下滑，说明豆二期货经过2017年的规则修改之后，期货市场头寸在市场参与者中更加分散化。

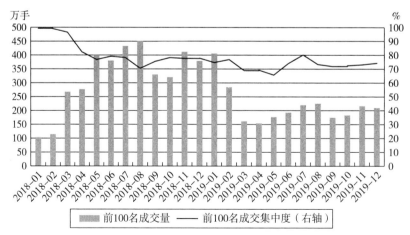

图 5-10　2018—2019 年豆二期货成交集中度

（数据来源：大连商品交易所）

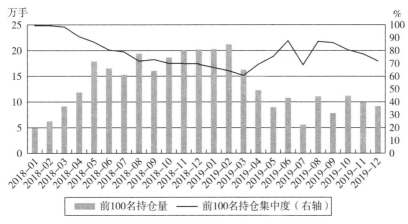

图 5-11　2018—2019 年豆二期货前 100 名持仓集中度

（数据来源：大连商品交易所）

二、期货市场功能发挥情况

（一）豆二期现货相关性上升

2019年，豆二期现价格相关性系数为0.95，较2018年的−0.08大幅上升。主要原因是2019年中美贸易摩擦进入第二年，市场已部分消化该事件所带来的影响，期现价格相关性得到恢复。

表 5-1　　　　　　　　豆二期现价格相关性

检验项	年份	2018	2019
期现价格的相关性	系数	−0.08	0.95
	显著性检验	通过检验	通过检验
期现价格引导关系		无引导关系	期货引导

数据来源：大连商品交易所。

（二）套期保值功能发挥情况

1. 全年基差表现平稳

2019年，豆二基差均值为95.71元/吨，最大值为242.13元/吨，最小值为−130.82元/吨，较上年基差波动范围有所缩小。到期日价差

28.39元/吨，到期后期现收敛情况好于上年。

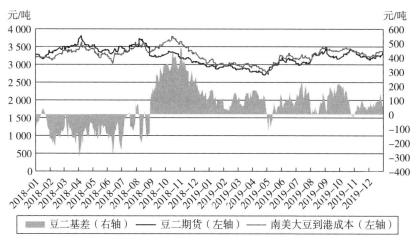

图 5-12　2018—2019 年豆二期现价格及基差变化

（数据来源：大连商品交易所）

2. 套期保值效率上升

2019年，豆二期货套期保值效率上升至91.3%，较上年提升11.38个百分点，说明豆二期货服务实体经济的能力上升。

表 5-2　　　　　　　　　　豆二期货套保有效性

项目	年份		2018	2019
基差	均值	元 / 吨	13.76	95.71
	标准差	元 / 吨	196.65	59.68
	最大	元 / 吨	466.21	242.13
	最小	元 / 吨	-304.55	-130.82
到期价格收敛性	到期日基差	元 / 吨	-89.08	28.39
	期现价差率	%	8.87	6.65
套期保值效率	周（当年）	%	79.92	91.30

数据来源：大连商品交易所。

三、期货合约相关规则调整

2019年，根据风险管理需求，大商所对豆二期货保证金标准先后进行4次常规性节假日调整和1次其他调整。

表 5-3　　　　　　2019 年节假日豆二交易保证金调整

时间	通知名称	调整措施
2019-1-24	《关于 2019 年春节期间调整各品种涨跌停板幅度和最低交易保证金标准的通知》	自 2019 年 1 月 31 日（星期四）结算时起，将黄大豆 2 号涨跌停板幅度和最低交易保证金标准分别调整至 6% 和 8%。2019 年 2 月 11 日（星期一）恢复交易后，自各品种持仓量最大的两个合约未同时出现涨跌停板单边无连续报价的第一个交易日结算时起，各品种涨跌停板幅度和最低交易保证金标准分别恢复至调整前的标准
2019-3-15	《关于调整黄大豆 1 号等 11 个品种涨跌停板幅度和最低交易保证金标准的通知》	将黄大豆 2 号涨跌停板幅度和最低交易保证金标准分别调整为 4% 和 5%，2019 年 3 月 18 日开始实施
2019-4-22	《关于 2019 年劳动节期间调整各品种涨跌停板幅度和最低交易保证金标准的通知》	自 2019 年 4 月 29 日（星期一）结算时起，将黄大豆 2 号涨跌停板幅度和最低交易保证金标准分别调整至 5% 和 7%。2019 年 5 月 6 日（星期一）恢复交易后，自各品种持仓量最大的两个合约未同时出现涨跌停板单边无连续报价的第一个交易日结算时起，各品种涨跌停板幅度和最低交易保证金标准分别恢复至调整前的标准
2019-5-31	《关于 2019 年端午节期间调整相关品种最低交易保证金标准的通知》	自 2019 年 6 月 5 日（星期三）结算时起，将黄大豆 2 号最低交易保证金标准由现行的 5% 调整至 6%。2019 年 6 月 10 日（星期一）恢复交易后，自各品种持仓量最大的两个合约未同时出现涨跌停板单边无连续报价的第一个交易日结算时起，各品种最低交易保证金标准恢复至调整前的标准
2019-9-24	《关于 2019 年国庆期间调整各品种最低交易保证金标准和涨跌停板幅度的通知》	自 2019 年 9 月 27 日（星期五）结算时起，将黄大豆 2 号涨跌停板幅度和最低交易保证金标准分别调整为 5% 和 7%。2019 年 10 月 8 日（星期二）恢复交易后，自各品种持仓量最大的两个合约未同时出现涨跌停板单边无连续报价的第一个交易日结算时起，各品种涨跌停板幅度和最低交易保证金标准分别恢复至调整前的标准

数据来源：大连商品交易所。

四、期货市场发展前景、问题与发展建议

（一）发展前景

从现货市场来看，我国进口大豆对外依存度较高，压榨企业套期保值需求旺盛。根据美国农业部统计，2019年我国大豆全年进口量8 800万吨（2018年为8 254万吨），是我国各类农产品中进口量最大的一个品种。2019年国内大豆进口量与需求量都高于2018年，随着非洲猪瘟疫情得到控制，且中美贸易摩擦阶段性缓和，进口量有望进一步上升。

从期货市场来看，豆二期货以人民币计价，不仅可以有效规避国际市场大豆原料价格变动风险，还可以规避基差、运费、汇率、税费等采购环节的价格风险，同时豆二期货与豆粕、豆油等期货品种形成完整的产业链条，可以满足相关企业的全产业链套保需求。

（二）当前存在的问题

1. 豆二期货品种活跃度较低，期货功能发挥受限

尽管2019年豆二期货持仓量较2018年有大幅提高，但相对于我国进口大豆的总量来看，豆二期货市场仍有较大发展空间。同时，法人客户在豆二期货交易持仓中的占比仍然偏低，豆二期货尚未在产业风险管理中充分发挥作用。

2. 建立国际大豆销区定价中心仍是亟待解决的问题

近年来，全球大豆定价仍以CBOT市场为核心，我国由于进口大豆期货交割仍在一定程度上受到相关政策限制，豆二期货不够活跃，定价影响力较弱。

（三）发展建议

建议继续争取进口大豆期货交割支持政策，进一步顺畅豆二期货

号交割，活跃豆二期货交易。助力我国建成国际大豆销区定价中心，提高我国在国际农产品市场的话语权和竞争力，为我国大豆加工企业利用国内期货市场进行套期保值提供更完善的工具。

专栏

2019年豆二期货大事记

1月7日，商务部表示美国副贸易代表格里什率领美方工作组访华，与中方工作组就落实两国元首阿根廷会晤重要共识进行积极和建设性讨论。

1月25日，Farm Futures对626名农户进行邮件调查后发布的调查结果显示，2019年美国农户播种玉米9 030万英亩，较2018年扩大1.3%；大豆播种面积料较2018年约减少5%至8 460万英亩；小麦播种面积预计在4 660万英亩，低于2018年的4 780万英亩。

2月2日，中粮集团官网称，为落实中美两国元首达成的共识，在前期已分批采购数百万吨美国大豆的基础上又采购上百万吨美国大豆。

2月18日，民间分析机构IEG Vantage（前身为Informa Economics IEG）预计，2019年美国大豆种植面积为8 604.4万英亩，低于此前预测的8 620.4万英亩。报告显示，根据每英亩51.2蒲式耳的单产计算，预计2019年大豆产量为43.68亿蒲式耳。

5月24日，据乌克兰食品出口局（UFEB）称，本年度乌克兰大豆产量将增加5.1%，达到470.3万吨，而葵花籽产量可能达到1 336万吨，比上年减少5.7%。

7月2日，农业农村部办公厅发布《转基因生物新品种培育重大专项任务调增课题申报指南》，此举或意味着国产转基因大豆、玉米种子大规模商业化种植的步伐加快。

8月20日，阿根廷生物技术公司Bioceres上周宣布，他们收到美国农业部的批准，允许Bioceres在美国出售一种新型的抗旱大豆种子。这种新型转基因大豆称为HB4，已经得到巴西的批准，目前正在等待中国的批准。

12月31日，农业农村部12月30日拟批国产转基因玉米、大豆安全证书。这是10年来中国首次在主粮领域拟向国产转基因作物批准颁发安全证书。农业农村部科教司当日在官方网站公示了192个拟颁发"农业转基因生物安全证书"植物品种，其中包括189个棉花品种、2个玉米品种和1个大豆品种。

报告六
豆粕期货品种运行报告（2019）

2019年，豆粕期货市场整体运行平稳有序，价格波动幅度缩小，市场规模较上年有所扩大，是全球农产品期货、期权产品中成交量最大的品种。本年度，豆粕期货成交量在大商所全部期货品种中排名第二、成交额排名第三，日均持仓量排名第一。2019年，猪瘟、中美贸易摩擦等事件对豆粕现货市场产生明显影响，其间豆粕期货市场功能发挥良好，豆粕期货市场客户结构进一步丰富，企业参与豆粕期货市场的程度进一步提升。

一、豆粕期货市场运行情况

（一）市场规模及发展情况

1. 成交规模同比上升

2019年，豆粕期货总体成交量为27 286.97万手，较上年增加14.57%，在大商所全部期货品种中排名第二。总体成交额为7.60万亿元，较上年增加3.44%，在大商所全部期货品种中排名第三。

全年来看，成交量上半年先升后降，下半年先降后升。其中，5月成交量最高，规模为3 137.27万手；2月成交量最低，规模为1 245.52万手。6月成交额最高，规模为8 871.76亿元；2月成交额最低，规模为3 202.90亿元。2019年初以来，非洲猪瘟持续蔓延重挫生猪养殖业，春节后生猪存栏降幅较大，生猪养殖户补栏积极性受挫，豆粕饲用需求疲弱，第一季度豆粕成交量总体较低；4月，伴随豆粕现货价格下行，中下游积极补库，豆粕和杂粕价差较小，饲料厂配方中的豆粕添加比例增加，豆粕需求有所好转，5月，中美再次互相加征关税，贸易紧张局势升级，加上天气状况对大豆产量产生不确定性影响，豆粕价格出现明显上行，波动加大，第二季度豆粕期货成交量明显提升；随着豆粕价格从高位回落以及中美贸易摩擦形势趋于缓和，豆粕买卖双方持观望态度，第三季度豆粕期货成交量有所回落；10月以后，大豆盘面压榨利润良好吸引我国油厂积极买豆，同期禽畜养殖利润改善及各地政府大力恢复养猪生产，饲料产量持续小幅回升，豆粕需求不断改善，第四季度豆粕期货成交量有所提升。

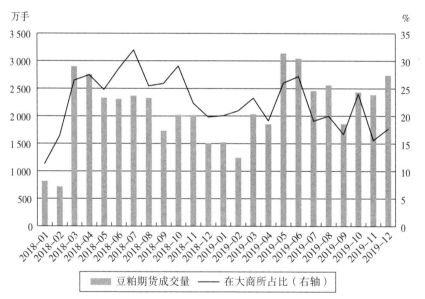

图 6-1　2018—2019 年豆粕期货成交量及占比

（数据来源：大连商品交易所）

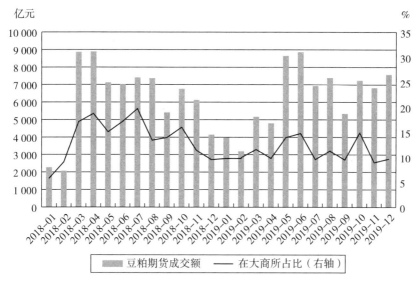

图 6-2　2018—2019 年豆粕期货成交金额及占比

（数据来源：大连商品交易所）

2. 持仓量规模略有下降

2019年，豆粕期货日均持仓量为166.15万手，较上年下降3.08%，在大商所全部期货品种中占比为24.66%；日均持仓金额460.38亿元，较上年下降11.80%，在大商所全部期货品种中占比为15.43%。

全年来看，日均持仓量在波动中呈现稳步升高的总体态势，上半年日均持仓量先升后降，下半年日均持仓量不断升高。其中，12月日均持仓量最高，为272.53万手；1月日均持仓量最低，为117.16万手。日均持仓量不断提高，说明投资者对豆粕期货避险需求的提高。其中，5月份中美贸易摩擦爆发期间，由于市场波动风险较大，市场呈现成交量较高、持仓量较低的局面。

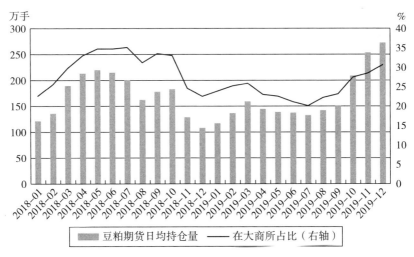

图 6-3　2018—2019 年豆粕期货日均持仓量及占比

（数据来源：大连商品交易所）

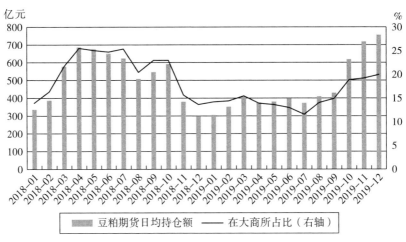

图 6-4　2018—2019 年豆粕期货日均持仓金额及占比

（数据来源：大连商品交易所）

（二）期现货市场价格变化特点及原因

2019年12月31日，豆粕期货主力合约结算价为2 773元/吨，较2018年末的2 620元/吨上涨5.84%。2019年，豆粕期货主力合约最高价为3 060元/吨，最低价为2 482元/吨，波动幅度为23.29%，较上年下降31.14%。豆粕现货价格（江苏张家港）由2018年末的2 950元/吨降至2019年末的2 750元/吨，下跌6.78%。在此期间，现货价格最高为3 160元/吨，最低为2 470元/吨，波动幅度为27.94%，较上年下降6.55%。

全年来看，豆粕期现货价格走势基本一致，上半年先延续2018年末的下行趋势后逐步从底部回升，下半年波动加大并在年末逐步回落。年初，受到非洲猪瘟疫情影响，豆粕需求疲弱，豆粕期货和现货价格都延续2018年末的疲弱态势低位运行；5月，受到中美贸易紧张局势升级和天气因素影响，国内豆粕期货和现货价格明显上涨；6月，随着贸易关系的缓和以及价格走高之后市场的谨慎观望情绪较浓，豆粕价格在波动中小幅回落；10月，受USDA将美豆库存大幅调低、美产区降雪影响产量担忧及中美达成初步协议影响，美豆止跌反弹，国内豆粕价格跟随上涨；11月，南美天气改善及中美贸易谈判不确定性仍存，美豆价格回落，国内豆粕价格跟随外盘下跌；12月，大豆到港量较大，压榨量大幅回升至较高水平，因此豆粕价格下跌。

图6-5 2018—2019年豆粕期货主力合约和现货基准地价格走势

（数据来源：Wind数据库）

（三）期货交割情况分析

1. 交割量下降，交割时间分布更加均匀

2019年，豆粕总交割量为1.50万手，较上年下降22.14%；总体交割金额4.23亿元，较上年下降31.41%。自2017年推出期货做市商制度以来，非主力合约的交易活跃度提升，交割的时间分布也更加均匀。相较于2017年，2018年豆粕的交割往3月、7月、11月等非主力月份延伸，在2018年的基础上，2019年1月、8月和12月的交割量增长明显，9月和11月的交割量减少明显，总体上分布仍比较均匀。

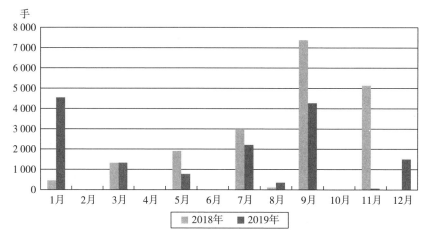

图6-6　2018—2019年豆粕期货交割量

（数据来源：大连商品交易所）

2. 交割客户地区分布更加均匀

从地域上来看，2019年豆粕交割客户区域分布更加均匀。2018年豆粕交割客户集中于上海市、江苏省和浙江省，而2019年长三角地区客户的交割量有了明显下降，广东省、北京市、天津市和辽宁省地区客户的交割量增长明显。

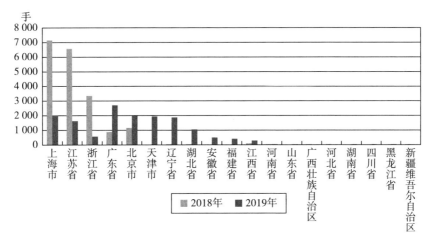

图6-7　2018—2019年豆粕期货交割地域分布

（数据来源：大连商品交易所）

（四）期货市场交易主体结构分析

1. 参与交易客户数明显增加

2019年，参与豆粕期货交易的客户数量有45.89万户，同比增加5.29万户，增幅13.03%。月均交易客户数为14.68万户，较上年上涨11.10%。月均个人客户数为14.34万户，较上年上涨11.33%；月均法人客户数为3 459户，较上年上涨2.18%。

分月度来看，1~2月豆粕期货市场的交易客户数约为12.50万户，3月大幅增长至16.50万户，主要由于个人客户数上升。3~6月，交易客户数一直维持在15万户以上，5月交易客户数达17.38万户为年内最高。下半年，交易客户数先逐步回落后又恢复增长，12月份个人客户数再次出现明显的增长，当月参与交易的客户总数升至16.50万户附近。

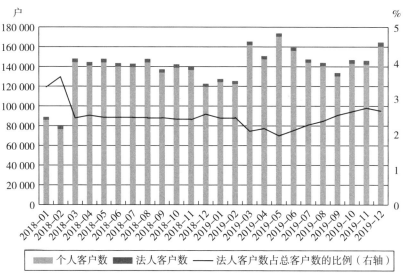

图6-8　2018—2019年豆粕期货市场客户结构

（数据来源：大连商品交易所）

2. 短线交易客户数同比上升

2019年，参与豆粕期货交易的短线客户数量为37.90万户，同比增加3.44万户，增幅9.99%。月均短线交易客户数10.04万户，较上年上涨7.18%。月均个人短线客户数9.86万户，较上年上涨7.24%；月均法人短线客户数为1 846户，较上年上涨3.84%。这说明个人参与期货的程度增强，交易意愿上升。

分月度来看，年初豆粕期货短线客户数约为7.60万户，3月份增至10.40万户，其中主要为个人短线客户数增加。5月和6月短线客户数均约为12.50万户，为年内高位。下半年，各月短线客户数基本维持在10万户左右，12月份伴随全市场投资者参与数的增长，短线交易客户数增加近7 000户至10.53万户水平。

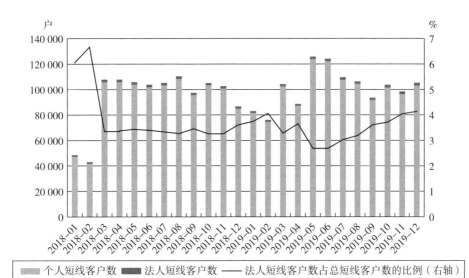

图 6-9　2018—2019 年豆粕期货法人参与客户数

（数据来源：大连商品交易所）

3. 成交和持仓集中度波动较小，贸易摩擦期间上升明显

2019年，豆粕月度成交集中度平均值40.80%，较上年上涨6.45个百分点。月度持仓集中度平均值53.83%，较上年下降4.26个百分点。成交集中度全年波动不大，在10月份出现明显下降，在12月份出现明显上升。持仓集中度呈现逐月提升的态势，2月份最低为45%左右，8月份升至60%以上后逐渐回落至56%附近。

在中美贸易摩擦爆发的5月份，市场避险需求强烈，成交集中度和持仓集中度都较高，随着中美贸易摩擦缓和以及豆粕供求的改善，豆粕期货的成交集中度和持仓集中度均回归稳定值，波动并不大。进入12月，随着现货需求量的增加，豆粕期货前100名投资者的成交和持仓规模都有所扩大，成交集中度有所回升，持仓集中度基本保持稳定。

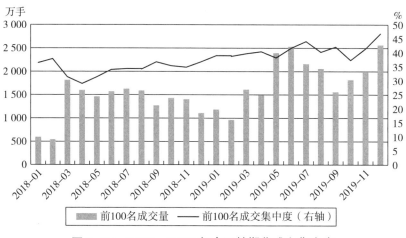

图6-10　2018—2019年度豆粕期货成交集中度

（数据来源：大连商品交易所）

图6-11　2018—2019年度豆粕期货持仓集中度

（数据来源：大连商品交易所）

二、豆粕期货市场功能发挥情况

（一）价格发现功能发挥情况

豆粕期现价格保持高相关性。2019年豆粕期货相关性较2018年提高0.13，二者联动关系进一步提升。随着豆粕基差合同的进一步推广，豆粕基差销售比例提高，多数豆粕报价采用期货加基差的形式，较高的相关性保证了基差贸易的顺利展开。

表 6-1　　　　　　2018—2019 年豆粕期现价格相关性

检验项	年份	2018	2019
期现价格的相关性	系数	0.74	0.87
	显著性检验	通过检验	通过检验
期现价格引导关系		期货引导	现货引导

数据来源：大连商品交易所。

（二）套期保值功能发挥情况

1. 基差进一步下降

2019年，豆粕基差波动区间为（-135，275）元/吨，均值为66.91元/吨，较上年下降40.41%，期现货价格联动良好。上半年，由于豆粕需求端疲弱导致豆粕现货价格下降明显，基差呈下降趋势；3~9月份，基差在窄幅区间内小幅波动；进入10月份，随着贸易局势的缓和以及豆粕供给端的改善，期现货价格均有所下行，基差有所上升。

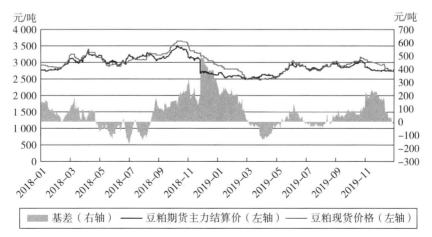

图 6-12　2018—2019 年豆粕期现价格及基差变化

（数据来源：大连商品交易所）

2. 套期保值效率继续保持较高水平

表 6-2　　　　　　　2018—2019 年豆粕期货套保有效性

项目	年份		2018	2019
基差	均值	元 / 吨	112.28	66.91
	标准差	元 / 吨	119.39	108.27
	最大	元 / 吨	498	286
	最小	元 / 吨	−147	−135
到期价格收敛性	到期日基差	元 / 吨	8.38	49.50
	期现价差率	%	2.25	1.97
套期保值效率	周（当年）	%	80.31	73.74

数据来源：大连商品交易所，Wind 数据库。

（三）期货市场功能发挥实践

1. 豆粕期货ETF基金成立，进一步丰富投资者类型

2019年9月25日，对标大商所豆粕期货价格指数的华夏豆粕期货 ETF基金正式成立。作为国内首批商品期货ETF基金，豆粕期货ETF 为投资者提供了更加丰富的资产配置工具，具有里程碑式的意义：一 方面为期货市场注入了新的流动性，有利于实体企业进行套期保值； 另一方面在既有套保产业客户、交易型客户和金融机构对冲型基金客 户的基础上，进一步引入配置型客户，丰富了机构投资者类型，有助 于期货市场长远健康发展。

2. 豆粕期货服务产业发展案例[①]

在市场格局出现较大变化的情况下，如何利用大豆、豆粕、豆油 期货和豆粕期权市场来规避风险、稳定生产，是产业链企业面临的一 项大课题。在新的市场形势下，特别是随着国内大豆、豆粕、豆油期

---

① 参考《中国证券报》2019 年 11 月 4 期相关报道。

现货市场交易日趋活跃和豆粕期权的推出，较多的大豆压榨及饲料加工等企业提高了对期货工具与市场平台的利用程度，帮助企业规避市场价格剧烈波动带来的风险。

某油脂有限公司较好利用期货工具避险。2019年6月，国内豆粕价格上涨，考虑到后市不确定性增多，该公司希望提前卖出豆粕，逢高锁定库存利润，以2 930元/吨价格分批建仓，共建仓2 000手9月豆粕空单，建仓完成时现货价格2 880元/吨，基差为-50元/吨，配合油厂销售量择机平仓；截至7月3日，平仓豆粕期货兑现利润，此时现货价格已跌至2 800元/吨附近，期货平仓均价约在2 830元/吨，此时基差为-30元/吨。基差利润实现转化的同时，锁定了压榨利润，规避了价格下跌风险，取得了较好的套期保值效果。

三、豆粕期货合约相关规则调整

（一）交割制度

2019年豆粕期货交割制度方面的调整如表6-3所示。

表6-3 2019 年豆粕期货交割制度调整

时间	通知名称	调整措施
2019-9-12	《关于开展新一期油粕品种仓单串换试点的通知》	豆粕仓单串换试点企业为中粮四海丰（张家港）贸易有限公司、嘉吉投资（中国）有限公司、中纺粮油进出口有限责任公司、邦吉（上海）管理有限公司、九三粮油工业集团有限公司、益海嘉里投资有限公司、中储粮油脂有限公司和路易达孚（中国）贸易有限责任公司等 8 大集团（以下简称试点集团）。试点集团承诺按照本通知规定在试点期间提供豆粕、豆油和棕榈油仓单串换服务
2019-11-29	《关于调整纤维板等 7 个品种指定交割仓库及指定质检机构的通知》	调整 3 家豆粕指定交割仓库 （一）设立 1 家豆粕指定厂库 设立东莞路易达孚饲料蛋白有限公司为豆粕非基准指定厂库，升贴水为 0 元 / 吨 （二）取消 1 家豆粕指定厂库 取消路易达孚（霸州）饲料蛋白有限公司的豆粕指定厂库资格 （三）更名 1 家豆粕指定厂库 豆粕指定厂库"泰兴市振华油脂有限公司"更名为"邦基（泰兴）粮油有限公司"

（二）做市商制度

2019年豆粕期货做市商制度方面的调整如表6-4所示。

表 6-4　　　　　2019 年豆粕期货做市商制度调整

时间	通知名称	调整措施
2019-2-28	《关于公布豆粕、玉米、铁矿石、豆二品种期货做市商名单的公告》	豆粕品种期货做市商为：格林大华资本管理有限公司、国海良时资本管理有限公司、国投中谷投资有限公司、弘业资本管理有限公司、鲁证经贸有限公司、迈科资源管理（上海）有限公司、上海海通资源管理有限公司、上海际丰投资管理有限责任公司、上海新湖瑞丰金融服务有限公司、上期资本管理有限公司、申银万国智富投资有限公司、银河德睿资本管理有限公司、浙江南华资本管理有限公司、浙江浙期实业有限公司、中粮祈德丰投资服务有限公司

（三）涨跌停板、保证金调整

2019年节假日豆粕期货涨跌停板、保证金调整如表6-5所示。

表 6-5　　　　　2019 年节假日豆粕期货交易保证金调整

时间	通知名称	调整措施
2019-1-24	《关于 2019 年春节期间调整各品种涨跌停板幅度和最低交易保证金标准的通知》	自 2019 年 1 月 31 日（星期四）结算时起，将豆粕品种涨跌停板幅度和最低交易保证金标准分别调整至 6% 和 8%
2019-3-15	《关于调整黄大豆 1 号等 11 个品种涨跌停板幅度和最低交易保证金标准的通知》	自 2019 年 3 月 18 日（星期一）结算时起，将豆粕品种涨跌停板幅度和最低交易保证金标准分别调整为 4% 和 5%
2019-4-22	《关于 2019 年劳动节期间调整各品种涨跌停板幅度和最低交易保证金标准的通知》	自 2019 年 4 月 29 日（星期一）结算时起，将豆粕品种涨跌停板幅度和最低交易保证金标准分别调整至 5% 和 7%
2019-5-31	《关于 2019 年端午节期间调整相关品种最低交易保证金标准的通知》	自 2019 年 6 月 5 日（星期三）结算时起，将豆粕品种最低交易保证金标准由现行的 5% 调整至 6%
2019-9-24	《关于 2019 年国庆节期间调整涨跌停板幅度和最低交易保证金标准的通知》	自 2019 年 9 月 27 口（星期五）结算时起，将豆粕品种涨跌停板幅度和最低交易保证金标准分别调整为 5% 和 7%

四、豆粕期货市场发展前景、问题与发展建议

（一）发展前景

从成交量看，我国豆粕期货市场已经接近美国CBOT成熟市场的

水平。2019年，我国豆粕期货成交27 286.97万手，约合现货量27.29
亿吨；同期ＣＢＯＴ豆粕期货成交2 940.35万手，约合现货量26.76亿
吨。我国豆粕期货市场已经具备充分的流动性基础，随着基差贸易等
贸易方式的完善和推广，期现货市场的联动将更加密切。随着豆粕期
货ETF的发展，豆粕期货市场的投资者将更加多元完善。未来，豆粕
期货市场的流动性将进一步增强，其价格代表性将进一步提升。

（二）当前存在的问题

我国豆粕期货市场的持仓规模与国外市场差距较大，期货1月、5
月、9月合约月份活跃的现象影响企业参与交易。从持仓量来看，我国
豆粕日均持仓约为168.39万手，约合现货量0.17亿吨；CBOT豆粕日均
持仓量为44.51万手，约合现货量0.41亿吨。自2017年12月豆粕期货推
出做市商制度以来，豆粕期货非1月、5月、9月合约月份的成交量有了
明显提升，一定程度上缓解了合约不连续问题，但相比国外近月活跃
的市场结构，我国豆粕期货合约的连续性问题在一定程度上仍制约了
企业客户的参与度。

（三）发展建议

继续推广基差贸易、场外期权等试点项目，将企业生产经营与期
货市场价格紧密联系起来，提高实体企业利用期货市场管理现货价格
波动风险的能力和参与度，通过投资者结构的完善提升期货市场定价
效率。

在继续推行期货做市商制度的同时，加强市场调研，优化期货合
约连续活跃方案，巩固并提升非1月、5月、9月合约月份活跃效果。通
过手续费、保证金管理、系统优化等多种途径降低投资者参与期货市
场的交易成本，提高豆粕期货市场的流动性，使豆粕期货价格更加有
效，为投资者提供更便利的风险管理工具。

2019年豆粕期货大事记

2月27日，国内非洲猪瘟蔓延，部分地区疫情时有出现，生猪存栏量也降至低点，豆粕消费堪忧，在此背景下，国内豆粕库存也再度回升，截至2月22日，国内沿海主要地区油厂豆粕总库存量64.47万吨，较上周的56.56万吨增加7.91万吨，增幅13.99%。

4月12日，黑龙江省农业农村厅发布消息，将在上年基础上适当提高玉米生产者补贴标准，大豆生产者补贴每亩高于玉米生产者补贴200元以上，大豆生产者补贴每亩不超过270元。

4月16日，农业农村部、财政部发布2019年重点强农惠农政策，在辽宁、吉林、黑龙江和内蒙古实施玉米及大豆生产者补贴。中央财政将玉米、大豆生产者补贴拨付到省区，由地方政府制定具体的补贴实施办法，明确补贴标准、补贴对象、补贴依据等，并负责将补贴资金兑付给玉米、大豆生产者。

5月6日凌晨（当地时间5月5日），美国总统特朗普在推特上发文宣布，美国时间周五将会把第二批2 000亿美元自中国进口货物额外加征关税税率从10%提升到25%，并警告会对另外3 250亿美元的中国货物同样开始征收25%的关税。

5月7日，美国大豆协会（American Soybean Association）发布公告，敦促美国行政当局取消对中国产品加征关税的计划，并迅速与中国达成协议。美国大豆协会强调了中美大豆贸易的重要性，并表示随着谈判的拖延和曲折，大豆农民在经济和精神上受到的重创不容忽视，农民们的耐心也即将耗尽。

6月29日，美国农业部发布2019年种植面积报告，同时发布了截至6月1日的主要粮食品种库存报告。预计2019年美国大豆种植面积为8 000万英亩（合4.856亿亩），比上年减少919万英亩，降幅为10%，是2013年以来最低水平。相比上年，31个主产州中有29个种植面积有所减少或保持不变。

7月29日，海关总署发布公告，根据我国相关法律法规和《中华人民共和国海关总署与俄罗斯联邦兽医和植物检疫监督局关于〈俄罗斯玉米、水稻、大豆和油菜籽输华植物检疫要求议定书〉补充条款》规定，允许俄罗斯全境大豆进口。

8月26日，商务部表示将从9月1日起对美国大豆加征5%关税，从12月15日起对美国小麦、玉米和高粱加征10%关税。

9月25日，巴西国家气象局（Inmet）发布的报告显示，本周巴西大豆播种工作开始，气象预报显示未来几周巴西南部大豆主产区天气干燥，如马托格罗索州。分析师和贸易商称，大豆种植需要降雨来补充土壤墒情，为作物生长做准备，而干燥天气可能迫使农户推迟大豆种植几周的时间。大豆播种耽搁可能降低大豆单产潜力，从而降低2019/2020年度（9月到次年8月）大豆整体产量。美国农业部称，2019/2020年度巴西大豆产量预计为1.23亿吨，同比增加5%，前提是天气条件正常。

9月26日，海关总署网站发布公告称，根据我国相关法律和规定，自本公告发布之日起，允许符合相关要求的贝宁大豆进口。根据海关总署公布的进口贝宁大豆植物检疫要求，允许进境商品名称为输华大豆，指产自贝宁共和国全境，输往中国仅用于加工的大豆籽实，不做种植用途。

10月16日，美国农业部发布的全球油籽市场贸易报告显示，2019年阿根廷大豆压榨量继续趋于增长，因为经过上年干旱后，大豆产量恢复正常。目前阿根廷大豆压榨量比上年同期增加24%，在4月到次年3月份的本国市场年度，阿根廷大豆压榨量可能创下历史次高纪录，达到4 310万吨，同比增加18%，而且在2020/21年度，大豆压榨量预计将进一步增加到4 400万吨。

11月11日，美国农业部每周作物生长报告显示，截至11月3日，美豆收割率为75%，与市场预估持平；前一周为62%，上年同期为81%，5年均值为87%。美豆收割加快，供应压力增大，反弹动力不足，或将维持偏弱震荡。人民币升值，叠加美豆近期弱势，使得大豆进口成本下跌，连粕承压。截至11月6日，连粕跌至2 920元/吨附近。

12月6日，中国政府周五宣布将豁免美国大豆和猪肉等部分农产品的加征关税。

12月7日，广东省财政安排2亿元，用于支持畜禽养殖废物资源利用和规模猪场贷款贴息等。升级农业供给侧结构性改革基金拟出资21亿元，联合企业建立子基金，撬动社会资本投入生猪产业。

12月18日，巴西植物油行业协会（ABIOVE）主席André Nassar称，巴西和中国政府落实一项协议，为巴西国内加工商制定卫生标准，以便向中国出口豆粕。该卫生指导方针的落实将使巴西公司得以对中国出口豆粕，并最终与中国大豆加工商进行竞争。巴西国内加工商需要提高大豆压榨来生产更多的生物柴油，满足国内生物柴油掺混增长的需求，同时也要为增产的豆粕寻找新买家。

报告七
豆油期货品种运行报告（2019）

2019年，在国内豆油库存下降、全球棕榈油减产和马来西亚及印度尼西亚生物柴油B20、B30政策出台等因素的影响下，大商所豆油期货价格上涨。全年成交量和成交金额较上年明显上升，持仓量相对平稳，交割量则较上年有所上升。企业参与程度增强，期货市场套期保值功能得到进一步发挥，服务实体经济能力有效提升。

一、豆油期货市场运行情况

（一）市场规模及发展情况

1. 豆油期货成交规模整体上升

2019年，大商所豆油期货累积成交8 754.32万手，同比增加61.71%；豆油期货总成交额为5.25万亿元，同比增加69.28%。豆油期货交易规模出现显著提升，主要原因是豆油期货价格在全球植物油供需转紧和国内豆油库存下降等因素影响下上涨，价格波动幅度扩大，吸引套保与投机者参与交易。在大商所期货品种中，豆油期货成交量排名第六位，较2018年下降一位，主要原因是棕榈油成交量增长高于豆油。豆油期货成交额排名第五位，与2018年持平。

从年内来看，豆油期货成交量和成交额均呈现前低后高的变动态势。2月，受春节因素影响，豆油成交规模处于年内最低水平；3月，豆油成交规模回升，但随着价格波动幅度收缩，成交规模在4~6月下降；7月，豆油价格在东南亚棕榈油产区遭遇干旱天气的影响下开始上涨，成交规模出现明显增长；11月，东南亚棕榈油减产兑现，且马来西亚和印度尼西亚相继出台生物柴油B20和B30政策，市场对棕榈油供应转紧的预期升温，国内豆油库存也出现明显下降，因此植物油价格再次上涨，豆油交易规模创年内新高。

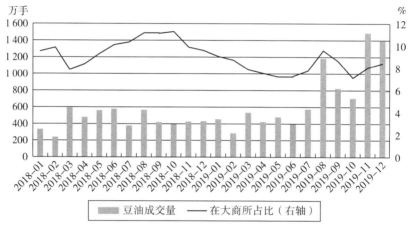

图 7-1　2018—2019 年豆油期货成交量及占比

（数据来源：大连商品交易所）

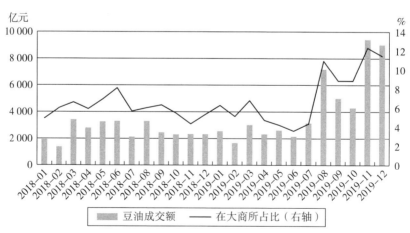

图 7-2　2018—2019 年豆油期货成交金额及占比

（数据来源：大连商品交易所）

2. 豆油期货年度持仓规模相对平稳

2019年，豆油期货日均持仓量54.38万手，同比减少1.92%，在大商所排名第四，与上年持平。日均持仓金额为318.25亿元，同比增加0.21%。豆油期货持仓量小幅减少的原因主要是2019年上半年豆油价格波动幅度较小，导致市场交易规模下降。而豆油期货持仓额较上年小幅增加，主要由于豆油价格在下半年显著上涨。

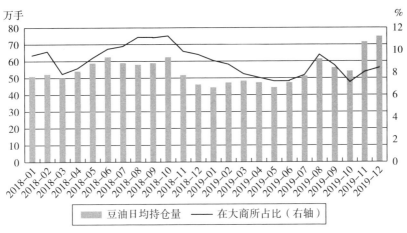

图 7-3　2018—2019 年豆油期货日均持仓量及占比

（数据来源：大连商品交易所）

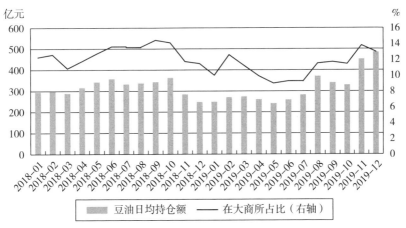

图 7-4　2018—2019 年豆油期货日均持仓金额及占比

（数据来源：大连商品交易所）

从年内来看，豆油期货持仓量和持仓额均呈现前低后高的特点。2019年上半年，由于豆油价格波动幅度逐月缩小，投资者交易规模缩小，豆油持仓量也随之下降，1~6月，日均持仓量仅46.58万手，较上年同期下降15.07%。下半年，随着豆油价格波动幅度加大，豆油持仓量增加，12月份的日均持仓达到74.85万手。

（二）期现货市场价格变化特点及原因

1. 豆油期现货价格呈现先跌后涨的趋势

2019年，豆油期现货价格均较上年上涨，年内呈现先跌后涨的走势。其中，上半年呈现震荡下跌态势，下半年则显著上涨。大商所豆油期货主力合约结算价自上年末的5 374元/吨上涨至本年末的6 808元/吨，累计上涨1 434元/吨，涨幅为26.68%，最高价6 808/元吨，最低价5 328元/吨，波动幅度27.78%，较上年扩大近一倍；张家港四级豆油价格从上年末的5 080元/吨上涨至本年末的7 070元/吨，累计

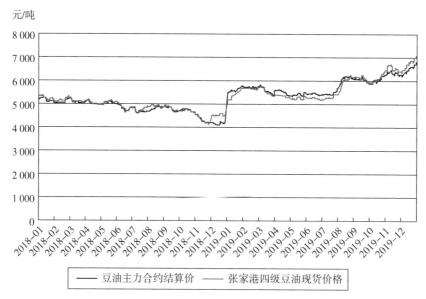

图 7-5　2018—2019 年豆油期货主力合约和现货基准地价格走势

（数据来源：Wind 数据库）

上涨1 990元/吨，涨幅为39.17%，最高价7 070元/吨，最低价5 080元/吨，波动幅度39.17%，较上年扩大一倍多。从国外豆油期货价格来看，CBOT豆油期货连续合约结算价从年初的28.18美分/磅上涨至年底的34.77美分/磅，累计上涨5.70美分/磅，上涨幅度为23.39%，最高价35.45美分/磅，最低价26.61美分/磅，波动幅度33.22%，较上年提高8.54个百分点。

2. 豆油价格变动的原因分析

2019年豆油价格先跌后涨的原因主要是全球植物油供应逐步减少。具体如下：一是2019年上半年马来西亚棕榈油库存和我国豆油库存均处于高位，给植物油价格带来下行压力。2019年初，马来西亚棕榈油库存达到321.5万吨的历史高位，较上年同期提高17.68%，国际棕榈油价格持续处于低位；国内豆油商业库存基本保持在140万吨以上的高位，因此压制国内豆油价格。二是2019年下半年植物油供需基本面出现转变。首先，在美国大豆种植期间，受天气因素影响，大豆种植进度慢于往年同期，因此CBOT大豆和豆油价格从5月份开始结束下跌。其次，国内大豆压榨量出现下滑而需求保持稳定增长，豆油等植物油快速去库存，根据Wind数据库，我国豆油商业库存由7月份最高的145万吨下降至年底的91.67万吨，降幅达到36.78%，较上年同期下降44.30%。最后，2019年夏季东南亚遭受干旱天气，并对棕榈油产量带来实质性影响，且马来西亚和印度尼西亚将在2020年开始实施B20、B30生物柴油政策，提升市场对未来棕榈油需求预期，因此棕榈油价格上涨，并带动豆油价格上涨。

3. 豆油期货内外盘关联性增强

2019年，大商所豆油期货和CBOT豆油期货相关系数为0.81，比2018年提高0.43，内外盘相关性显著提高。原因有两个方面：一是我国豆油进口量增加，国内豆油与国际豆油价格之间的联动性提高，

2019年，我国累计进口豆油83万吨，较上年增加50.90%；二是2019年全球第一大植物油棕榈油价格对植物油整体价格的影响加大，国际国内豆油价格均跟随国际棕榈油价格上涨，趋势一致性增强。

（三）期货交割情况分析

1. 豆油期货交割量较上年增加

2019年，豆油期货交割量较上年增加，交割量为6.03万手，折合60.30万吨，同比增加18.11%。从年内交割特点来看，交割主要在1月、5月、9月三个月份。1月份交割2.12万手，较上年同期增加142.5%，主要是由于年初国内豆油库存高，卖方企业交割积极性提高；5月份交割1.52万手，较上年同期下降30.9%；9月份交割量最大，为2.38万手，较上年同期增加17.7%，主要是因为2019年下半年植物油供应整体趋紧，价格显著上涨，买方参与交割的积极性提高。除此之外，3月、7月、11月、12月有少量交割。

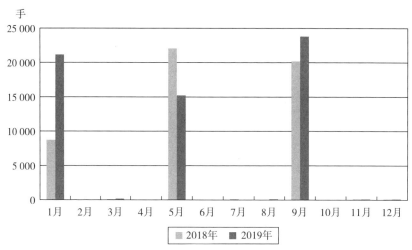

图7-6 2018—2019年度豆油期货交割量

（数据来源：大连商品交易所）

2019年，豆油期货交割金额较上年增加。交割金额为32.96亿元，同比增加15.65%。分月份来看，1月份交割金额为10.7亿元，较上年同期增加127.46%；5月份交割金额为7.96亿元，较上年同期下降34.88%；9月份交割金额为14.24亿元，较上年同期增加23.39%。

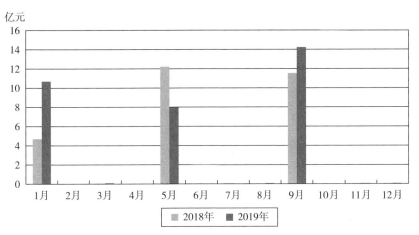

图7-7 2018—2019年度豆油期货交割金额

（数据来源：大连商品交易所）

2. 豆油期货交割客户分布以华东为主

华东地区客户豆油期货交割量居首，华北地区次之。华东地区豆油期货交割主要为上海市、江苏省和浙江省，其中上海市客户交割4.18万手，同比减少9 118手，降幅为17.89%；江苏省客户交割2.0万手，同比增加3 749手，增幅为23.09%。华北地区以天津市交割为首，天津市客户交割1.43万手，同比增加8 786手，增幅160.51%。此外，安徽省、江西省、湖北省客户交割增长显著，反映这些区域客户对风险管理认识的提升，参与期货交易的积极性提高。其中，江西省客户交割1 700手，同比增加1697手，增长565.67倍；安徽省客户交割1 660手，同比增加1 656手，增长414.00倍；湖北省客户交割2 187手，同比增加552.84%。

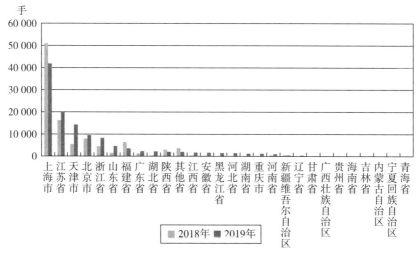

图 7-8 　 2018—2019 年豆油期货交割地域分布

（数据来源：大连商品交易所）

（四）期货市场交易主体结构分析

1. 参与交易客户数增加

2019年，参与豆油期货交易的客户总数同比增加，个人和法人客户数均增加。参与交易的客户数为26.78万户，同比增加17.82%。其中，法人客户数为6 012户，同比增加2.42%，法人客户数占总客户比重为2.24%，同比下降0.34个百分点；个人客户数为26.18万户，同比增加18.23%。参与交易的客户月均数量为7.27万户，同比增加9.02%。其中，法人客户月均数量为2 608户，同比增加4.90%，法人客户占比为3.75%，较上年小幅下降0.02个百分点；参与交易的个人客户月均数量为7.01万户，同比增加9.17%。参与交易客户数增加的主要原因是2019年下半年豆油期货和现货价格均出现显著上涨，企业风险管理需求增加，个人交易积极性提高。

2019年，参与豆油期货交易客户数量最多的为8月、11月、12

月。以上三个月份参与交易的法人客户数均超过3 000户，个人客户数均超过9万户。主要原因是豆油期货价格上涨幅度提高，其中，8月和12月，豆油期货主力合约涨幅分别达到9.04%和8.07%。

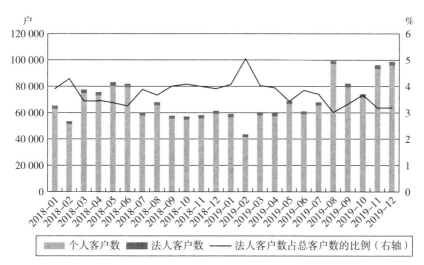

图 7-9　2018—2019 年豆油期货市场客户结构

（数据来源：大连商品交易所）

2. 短线交易客户数量增加

2019年，豆油期货短线交易客户数量总体增加，法人和个人短线交易客户数均增加。短线客户数量为22.21万户，同比增加25.27%。其中，法人短线客户数量为4 254户，同比增加12.99%，法人短线客户数占总客户比重为1.92%，同比下降0.20个百分点；个人短线客户数为21.78万户，同比增加25.52%。月均短线客户数量为5万户，同比增加23.77%。其中，月均法人短线客户数量为1 285户，同比增加15.23%；月均个人短线客户数量为4.87万户，同比增加24.01%。从年内变化来看，法人和个人短线交易客户数均在下半年明显增加，尤其是8月、11月和12月名列前三。

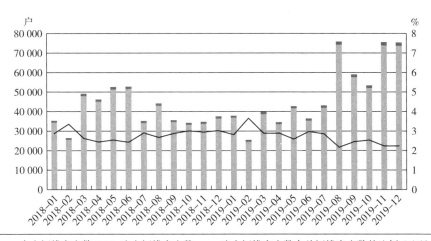

图 7-10　2018—2019 年豆油期货短线交易客户数

（数据来源：大连商品交易所）

3. 成交集中度提高而持仓集中度下降

2019年，豆油期货前100名客户成交集中度在41.45%至50.19%之间波动，月均成交集中度为47.36%，同比提高4.59个百分点。从月度数据来看，成交集中度在8月出现较为明显下滑，主要是由于8月豆油价格显著上涨吸引新的投资者进入交易。

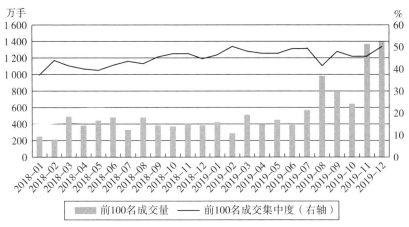

图 7-11　2018—2019 年豆油期货成交集中度

（数据来源：大连商品交易所）

2019年，豆油期货前100名客户持仓集中度在50.15%和62.92%之间波动，平均集中度为57.93%，同比小幅下降2.55个百分点。从年内变化来看，豆油期货持仓集中度呈现先降后升的趋势。其中，持仓集中度在3、4月下降至年内低点，随后开始回升。

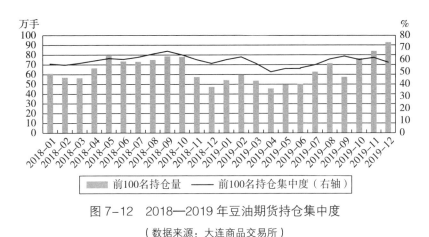

图 7-12　2018—2019 年豆油期货持仓集中度

（数据来源：大连商品交易所）

二、豆油期货市场功能发挥情况

（一）价格发现功能发挥情况

豆油期现价格相关性保持在较高水平。2019年豆油期现货价格相关性为0.99，较上年提高8.00%。期现货价格引导关系表现为现货引导期货，表明2019年现货市场供需偏紧，现货对期货价格的影响力提高。

表 7-1　　　　　　　2018—2019 年豆油期现价格相关性

检验项	年份	2018	2019
期现价格的相关性	系数	0.91[①]	0.99
	显著性检验	通过检验	通过检验
期现价格引导关系		期货引导	现货引导

数据来源：大连商品交易所。

---

① 2018 年白皮书数据为 0.8，2019 年对数据进行修正。

（二）套期保值功能发挥情况

1. 基差持续上升，由负值转为正值

2019年，豆油期现货基差的均值为-45.74元/吨，运行区间为（-416，322）元/吨。基差上半年基本为负值，从8月末开始转为正值，即现货价格高于期货价格。主要原因是上半年国内豆油库存处于高位，豆油现货价格压力较大，因此现货价格低于期货价格，基差保持负值；下半年以后，豆油价格在国际棕榈油减产预期、印度尼西亚和马来西亚生物柴油政策，以及国内豆油库存持续下降等因素影响下开始上涨，现货价格涨幅高于期货价格，因此基差转为正值。

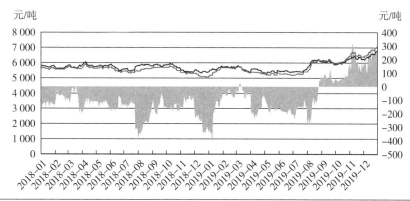

图7-13　2018—2019年豆油期现价格及基差变化

（数据来源：大连商品交易所）

2. 套期保值效率较上年提升

2019年，豆油期货套期保值效率进一步提高，基差波动范围扩大，到期价格收敛性有所下降。具体来看，套期保值效率为96.72%，同比提高4.79个百分点。基差均值为-45.74元/吨，同比提高127.68元/吨，到期日基差回归效果同比有所下降，主要是因为豆油下半年库存快速下降，现货供应紧张，基差由负值转为正值，波动范围扩大。

表7-2　　　　　　　　2018—2019年豆油期货套保有效性

年份 项目			2018	2019
基差	均值	元/吨	−173.42	−45.74
	标准差	元/吨	68.30	158.72
	最大	元/吨	−44	322
	最小	元/吨	−360	−416
到期价格收敛性	到期日基差	元/吨	37.75	330
	期现价差率	%	3.4	4.24
套期保值效率	周（当年）	%	91.93	96.72

数据来源：大连商品交易所。

（三）期货市场功能发挥实践

1. 豆油期货市场服务实体经济经验成熟

我国大豆压榨企业在多年的积累中，形成了成熟的风险管理模式，并不断优化套保效率和探索利用新的管理工具。在初始阶段，我国大豆压榨企业通过在CBOT买入大豆同时在DCE卖出豆油豆粕的方式，锁定远期加工利润，有效规避市场波动风险。2013年以来，"期货+基差"的定价模式在压榨行业广泛推广，有效提高套保效率，大豆压榨企业实现对压榨利润的精细化管理。下游贸易商通过基差定价的方式，可以获得远期的货权，并根据市场变化灵活掌握点价时机。近几年，场内、场外期权等工具的推出，给大豆压榨企业提供更多灵活的套期保值方式，企业将基差贸易与期货、期权操作灵活结合，取得较好的成绩。

2. 企业利用豆油期货案例

2019年上半年我国豆油库存持续攀升，加大价格下跌风险。不过，我国大豆压榨企业提前通过压榨利润套期保值，成功锁定利润。某大豆压榨企业在2019年春节前对已经确定进口成本的一船大豆

（6万吨）进行保值，企业按照相应出油率和出粕率在大商所分次卖出1万吨豆油和4.7万吨豆粕期货，并向下游企业卖出豆油和豆粕基差，将压榨利润锁定为50元/吨。2019年3~5月，受国际棕榈油增产以及国内豆油库存增加影响，国内豆油期货与现货价格均出现下跌，该压榨企业由于在春节前持有豆油期货空单，并以基差方式卖出豆油现货，因此豆油价格下跌并未影响该企业利润。

三、豆油期货合约相关规则调整

（一）交易制度

1. 手续费收取标准修改

为增强豆油非主力合约流动性，大商所对豆油非主力合约手续费进行调降。

表 7-3　　　　　　　2019 年豆油手续费调整

时间	通知名称	调整措施
2019-10-29	《关于调整相关品种手续费标准的通知》	自2019年11月1日交易时（即10月31日夜盘交易小节时）起，对相关品种非1/5/9合约月份的手续费标准进行调整，将豆油非日内和日内手续费由2.5元/手和1.25元/手调整为0.2元/手和0.1元/手

2. 风控参数调整

2019年，大商所根据节假日、成交量变化、持仓量变化等情况，对豆油期货的风控参数（涨跌停板、交易保证金幅度）进行了调整。

表 7-4　　　　　　　2019 年节假日豆油交易保证金调整

时间	通知名称	调整措施
2019-3-15	《关于调整黄大豆1号等11个品种涨跌停板幅度和最低交易保证金标准的通知》	自2019年3月18日（星期一）结算时起，将豆油品种涨跌停板幅度和最低交易保证金标准分别调整至4%和5%；调整前标准分别为4%和6%

续表

时间	通知名称	调整措施
2019-4-22	《关于 2019 年劳动节期间调整各品种涨跌停板幅度和最低交易保证金标准的通知》	自 2019 年 4 月 29 日（星期一）结算时起，将豆油品种涨跌停板幅度和最低交易保证金标准分别调整至 5% 和 7%；2019 年 5 月 6 日（星期一）恢复交易后，自各品种持仓量最大的两个合约未同时出现涨跌停板单边无连续报价的第一个交易日结算时起，各品种涨跌停板幅度和最低交易保证金标准分别恢复至调整前的标准，即豆油品种的涨跌停板幅度和最低交易保证金标准分别恢复至 4% 和 5%
2019-5-31	《关于 2019 年端午节期间调整相关品种最低交易保证金标准的通知》	自 2019 年 6 月 5 日（星期三）结算时起，将豆油品种最低交易保证金标准由现行的 5% 调整至 6%；2019 年 6 月 10 日（星期一）恢复交易后，自各品种持仓量最大的两个合约未同时出现涨跌停板单边无连续报价的第一个交易日结算时起，各品种最低交易保证金标准恢复至调整前的标准，即豆油品种的涨跌停板幅度和最低交易保证金标准分别恢复至 4% 和 5%
2019-9-24	《关于 2019 年国庆节期间调整涨跌停板幅度和最低交易保证金标准的通知》	自 2019 年 9 月 27 日（星期五）结算时起，将豆油品种涨跌停板幅度和最低交易保证金标准分别调整为 5% 和 7%；2019 年 10 月 8 日（星期二）恢复交易后，自各品种持仓量最大的两个合约未同时出现涨跌停板单边无连续报价的第一个交易日结算时起，各品种涨跌停板幅度和最低交易保证金标准分别恢复至调整前的标准，即豆油品种的涨跌停板幅度和最低交易保证金标准分别恢复至 4% 和 5%

（二）豆油交割库调整

根据豆油现货市场情况，大商所及时对豆油交割库进行调整。

表 7-5　　　　　　　　　　2019 年豆油交割库调整

时间	通知名称	调整措施
2019-3-29	《关于调整玉米等 9 个品种指定交割仓库及指定质检机构的通知》	设立京粮（天津）粮油工业有限公司为豆油非基准交割仓库，升贴水为 0 元 / 吨，取消天津龙威粮油工业有限公司豆油交割厂库资格，取消中粮农业谷物蛋白南通有限公司豆油交割厂库资格
2019-8-9	《关于调整黄大豆 1 号、玉米、玉米淀粉、豆油品种指定交割仓库的通知》	设立仪征益江粮油工业有限公司为豆油基准指定交割仓库。2019 年 11 月 29 日，大连商品交易所发布《关于调整纤维板等 7 个品种指定交割仓库及指定质检机构的通知》，取消路易达孚（霸州）饲料蛋白有限公司的豆油指定厂库资格

四、豆油期货市场发展前景、问题与发展建议

（一）发展前景

豆油是我国重要的油脂品种，未来豆油期货将继续为豆油相关现货企业提供风险管理服务。豆油是我国第一大油脂，我国豆油年消费量超过1 500万吨，价值近1 000亿元，豆油价格的稳定对人民生活水平平稳起到重要作用。我国豆油供应基本来源于进口，受国际市场因素影响大，因此大商所相继在2000年和2006年上市豆粕和豆油期货，为企业进行套期保值提供了有效的工具。在多年的运行过程中，大商所不断完善豆油期货制度规则，开展豆油仓单串换，为企业提供更加便利的交割服务。2018年，大商所为解决华南地区交割问题，在该区域推出动态升贴水制度。未来，大商所将根据豆油现货市场规模和格局的不断变化，进一步完善和创新豆油期货，更好地服务实体企业。

（二）当前存在的问题

为保障交割货物质量检验报告的规范性，需要对交割质量标准中引用的标准及部分指标表述进行更新。随着产业的发展，豆油压榨和精炼水平持续提高，与豆油相关的标准也在不断调整，原有的豆油国家推荐性标准也根据行业发展进行了修改。同时，随着国内对中国计量认证（CMA）监督管理的加强，对检测机构出具的CMA检验报告所引用的标准要求更为严格。

（三）发展建议

一是继续完善相关制度规则。根据新推荐性国标和现货市场情况推进豆油交割质量标准的修订工作，修订内容包括更新部分检测标准，修改部分表述，使交割质量标准更为规范。

二是继续加强市场培育工作。近几年来，场内场外期权、互换等

衍生工具上市，实体企业对新工具的认识和利用还存在局限性，部分中小型油脂企业在利用场外期权过程中，由于不熟悉期权策略而出现亏损。建议通过产融培育基地、期货学院、场外期权试点等项目，进一步加强对中小企业的培育，促进企业灵活运用期货、期权等工具进行风险管理。

专栏

2019年豆油期货大事记

3月5日，美国政府正式确认，将美中贸易"停战期"无限期延长。"直到进一步通告"之前，美国对2 000亿美元中国产品所加征的10%惩罚性关税税率不会提高，也不会扩大加征关税的范围。

3月21日，据商务部消息，美国贸易代表团于3月28日至29日访华进行第八轮中美经贸高级别磋商，中方代表团于4月初赴美进行第九轮中美经贸高级别磋商。

6月29日，中美元首会晤中，国家主席习近平和美国总统特朗普同意，中美双方在平等和相互尊重的基础上重启经贸磋商。美方表示不再对中国出口产品加征新的关税。

8月15日，美国政府宣布，对从中国进口的约3 000亿美元商品加征10%关税，分两批自2019年9月1日、12月15日起实施。

8月24日，国务院关税税则委员会关于对原产于美国的部分进口商品（第三批）加征关税，分两批自2019年9月1日、12月15日起实施。

9月25日，彭博社报道称，中国已经向几家国企以及私营企业提供了采购大豆的加征关税排除。报道称，此次对美国大豆提供加征关税排除的数量将达到200万~300万吨。

11月1日，中美经贸高级别磋商双方牵头人通话，取得原则共识。中共中央政治局委员、国务院副总理、中美全面经济对话中方牵头人刘鹤应约与美国贸易代表莱特希泽、财政部长姆努钦通话。双方就妥善解决各自核心关切进行了认真、建设性的讨论，并取得原则共识。双方讨论了下一步磋商安排。

11月7日，大连商品交易所与马来西亚衍生产品交易所在广州香格里拉大酒店联合主办"第十四届国际油脂油料大会"。

12月14日，阿根廷证实新政府提高对大豆、小麦和玉米的出口税。阿根廷新总统阿尔贝托·费尔南德斯将大豆、豆油和豆粕的税率从约25%提高至30%。

12月19日，中美贸易协议达成后中国首次采购美国大豆。中国进口商周二购买至少两艘美国大豆船货。

12月20日，特朗普同意并签署生物柴油税收抵免政策，将对每加仑生物柴油进行1美元税收抵免。政策将追溯至2018年，并延长至2022年。

12月24日，印度尼西亚推出B30生物柴油，以降低成本并提高棕榈油消费量。

报告八
棕榈油期货品种运行报告（2019）

2019年，受全球棕榈油减产、棕榈油主产国生物柴油政策、印度和马来西亚外交摩擦因素以及国内豆油溢出效应影响，棕榈油价格显著上涨。期货价格波动率加大，棕榈油期货成交量和持仓量较上年大幅增加。2019年大商所继续优化棕榈油期货制度，发展棕榈油场外仓单串换业务，棕榈油期货功能发挥良好，棕榈油期货与现货价格相关性较上年进一步提高，套期保值效率较高。棕榈油期货在服务实体经济方面继续发挥作用，在2019年市场价格持续上涨的背景下，现货企业利用棕榈油期货与现货结合的方式，获得稳定进口收益。

一、棕榈油期货市场运行情况

（一）市场规模及发展情况

1. 棕榈油成交规模显著上升

2019年，棕榈油期货总成交量为13 550.42万手，较上年增加205.57%，棕榈油期货成交量在大商所期货品种中排名第3位，较上年上升5名。棕榈油期货总成交额为7.13万亿元，较上年增加229.55%，棕榈油期货成交额在大商所期货品种中排名第4名，较上年上升3名。

从月度成交情况来看，2019年棕榈油月度成交量较上年明显增加，月均成交量为1 129.20万手，较上年增加205.57%。其中3月份同比增加幅度最小为17.24%，12月份成交量同比增加幅度最大为

831.79%，其次11月份为727.47%，这主要与棕榈油价格波动幅度变化有关。2019年棕榈油月度成交额较上年也明显提升，月均成交额为5 941.52亿元，较上年增加29.55%。其中3月份同比增长幅度最小为4.14%，12月份成交额同比增加幅度最大为1 138.89%，其次11月份为935.56%。棕榈油成交额占大商所比重较上年显著提高，12月占比达28.57%。

棕榈油期货成交量和成交额均较上年增加，主要原因：一是2019年受中美贸易摩擦和非洲猪瘟影响，豆油库存持续下降，由年初的163.00万吨降至年末的91.67万吨，棕榈油对豆油的替代需求增加；二是主产国马来西亚和印度尼西亚提出的B20、B30生物柴油政策拉动了棕榈油消费需求，现货价格上涨，同时欧盟将逐步禁用棕榈油生物燃料的决议，以及印度与主产国之间关系的不确定性加大了棕榈油价格的波动性。2019年棕榈油期货主力合约月度平均波动幅度为7.76%，高于上年的5.55%，月度最大波动幅度为14.55%，高于上年的12.31%，企业对棕榈油的套保需求不断增加。

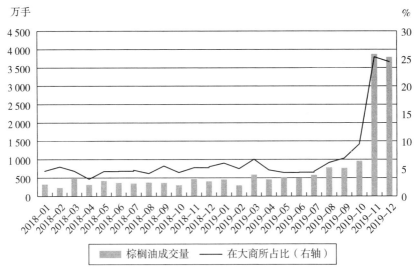

图 8-1　2018—2019 年棕榈油成交量及在大商所占比

（数据来源：大连商品交易所）

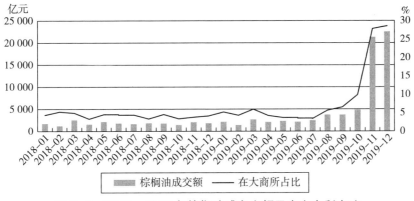

图 8-2　2018—2019 年棕榈油成交金额及在大商所占比

（数据来源：大连商品交易所）

2. 棕榈油持仓规模上升

2019年，棕榈油日均持仓量为41.34万手，较上年上升32.4%，在大商所品种中排名第5位，与上年持平（见图8-3）。日均持仓金额为204.69亿元，较上年增加33.75%，在大商所品种中排名第5名，较上年上升2名（见图8-4）。

从月度持仓特点来看，2019年棕榈油日均持仓量较上年明显增加，年内主要在11月和12月持仓水平较高，持仓量占大商所比重也呈现上升趋势。棕榈油日均持仓额也较上年显著增加，尤其在11月和12月上升趋势明显，主要是由于棕榈油价格上涨所致。

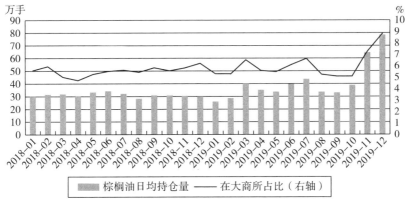

图 8-3　2018—2019 年棕榈油日均持仓量及在大商所占比

（数据来源：大连商品交易所）

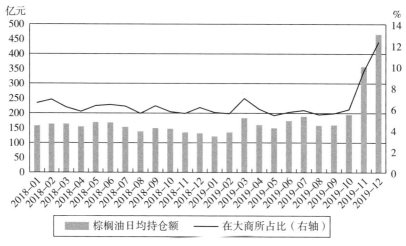

图 8-4　2018—2019 年棕榈油日均持仓金额及在大商所占比

（数据来源：大连商品交易所）

（二）期现货市场价格变化特点及原因

1. 期现货价格均呈现上涨趋势

2019年棕榈油价格止跌上涨，主力合约结算价由2018年12月28日的4 486元/吨上升至2019年12月31日的6 352元/吨，涨幅41.60%。本年度棕榈油期货主力合约最高价6 352元/吨，最低价4 182元/吨，波动幅度为51.89%。棕榈油现货价格（广州，24度棕榈油）由2018年12月28日的4 180元/吨上涨到2019年12月31日的6 580元/吨，涨幅57.42%。在此期间，现货价格最高为6 580元/吨，最低为4 220元/吨，波动幅度55.92%。

棕榈油价格季度具体走势及原因如下：1~2月价格上涨，主要是因为产量下降及出口量增加，外盘棕榈油价格上涨传导至内盘。3~7月震荡下跌，一是从3月份后棕榈油进入季节性增产周期，供应增加，但随着斋月的到来，棕榈油消费增加，价格在4月中旬迎来了一个小高峰；二是5月底欧盟宣布从6月10日起开始限制混合棕榈油的生物燃料类型，引来市场对棕榈油需求端的担忧；三是马来西亚6月份棕榈油出口量环比下降约20%，致使库存维持在高位，库存压力一直持续到7

月底。8~12月价格震荡上涨，一是由于中美贸易战的升级，棕榈油对豆油的替代需求增加，加上中秋节临近，油脂消费旺盛；二是国际棕榈油需求预期增加，两大主产国印度尼西亚和马来西亚宣布生物柴油B30和B20政策，提高棕榈油掺混比例；三是11月份后东南亚产地进入季节性减产周期，使得供应减少。

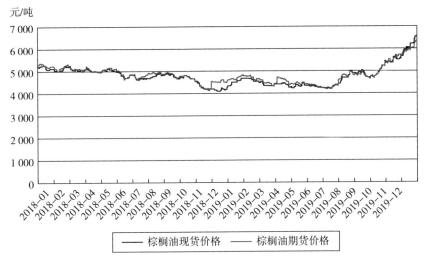

图8-5　2018—2019年棕榈油期货主力合约和现货基准地价格走势

（数据来源：Wind数据库）

2. 与国际棕榈油价格相关性上升

2019年，大商所棕榈油期货与马来西亚衍生品交易所毛棕榈油期货价格相关性提高。两者相关性系数从2018年的0.95提高至0.99。我国棕榈油完全依赖进口，国内棕榈油销售价格基本取决于进口成本。我国棕榈油进口与期货市场紧密结合，棕榈油进口企业通常对比国内棕榈油期货价格与进口成本，当期货价格高于进口成本，产生进口利润时才会进口棕榈油，并在期货市场卖出棕榈油将进口利润锁定。由于棕榈油现货贸易与期货市场衔接日益紧密，因此国内棕榈油期货价格与国际棕榈油期货价格相关性增强。

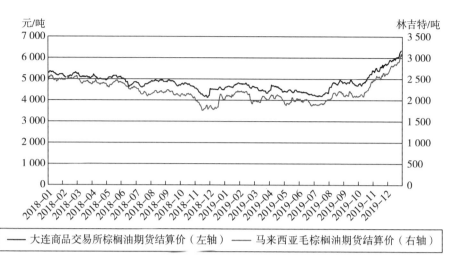

图 8-6　2018—2019 年棕榈油期货主力合约与国际棕榈油期货价格走势

（数据来源：Wind 数据库）

（三）期货交割情况分析

1. 棕榈油期货交割量增加

2019年，棕榈油期货累计交割量为16 256手（折合16.26万吨），较上年增加123.14%。棕榈油累计交割金额为7.15亿元，较上年增加98.94%。2019年棕榈油期货交割量增加，主要是因为2019年下半年植

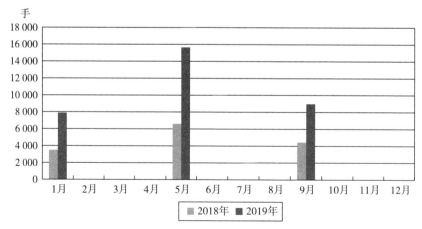

图 8-7　2018—2019 年棕榈油期货交割量

（数据来源：大连商品交易所）

物油供应整体趋紧，价格显著上涨，买方参与交割的积极性提高。

2019年棕榈油期货交割依然集中在1月、5月和9月，其中5月份交割量高于其余月份。主要原因在于5月份天气转热，正值棕榈油消费旺季，因此对棕榈油的交割需求相对较高。

2. 棕榈油期货交割客户分布于华东华南地区

棕榈油期货交割客户主要集中在江苏、广东和上海地区，这些地区是棕榈油主要消费区域，其中江苏地区客户棕榈油交割数量较上年明显上升，由2018年的3 627手升至2019年的10 769手。

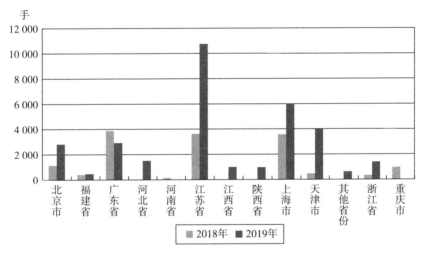

图 8-8　2018—2019 年棕榈油期货交割客户分布

（数据来源：大连商品交易所）

（四）期货市场交易主体结构分析

1. 棕榈油交易客户数增加

2019年，棕榈油期货交易客户数较上年有所增长，交易客户以个人为主。2019年交易客户总数为32.74万户，较上年增加42.49%。其中，法人客户数为6 185户，较上年增加13.28%；个人客户数为32.12万户，较上年增加43.20%。法人客户占比1.89%，较上年下降20.50%。从月度来看，月均交易客户数为9.06万户，较上年增加35.01%。其中，月均交易个人客户数为8.81万户，较上年增加35.85%；月均交易法人客户数为2 527户，较上年增加10.91%。法人交易客户月均占比为2.97%，较上年下降13.16%。交易总客户数量和法人交易客户数量均较上年上升的原因：一是棕榈油期货月度波动幅度加大；二是棕榈油现货贸易受豆油供应下降影响而增加。

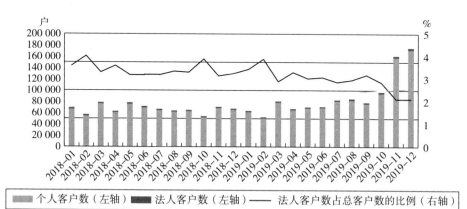

图8-9　2018—2019年棕榈油期货市场客户结构

（数据来源：大连商品交易所）

2. 棕榈油短线交易户数增加

2019年，棕榈油期货月均短线交易户数较上年增加，棕榈油法人短线交易户数占比有所下降。2019年短线交易客户总数为27.87万户，较上年增加52.58%。其中，法人短线客户数为4 488户，较上年增加27.97%；个人短线客户数为27.42万户，较上年增加53.06%。法人短线客户数占总短线客户比例1.61%，较上年下降16.13%。从月度来看，棕榈油期货月均短线交易户数为6.47万户，较上年增加51.92%。其中，月均短线个人交易户数为6.34万户，较上年增加52.63%；月均法人短线交易户数为1 271户，较上年增加23.51%。主要原因在于棕榈油期货价格月度内波动幅度较上年上升，短线交易机会增多。

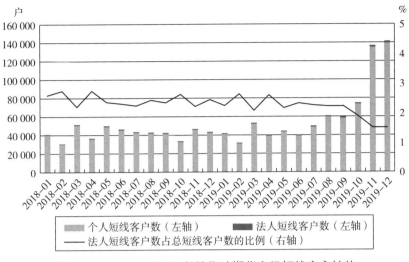

图 8-10　2018—2019 年棕榈油期货市场短线客户结构

（数据来源：大连商品交易所）

3. 棕榈油成交和持仓集中度提高

2019年，棕榈油期货成交集中度较上年明显提高。棕榈油前100名客户月均成交量为1 056万手，较上年上升226.60%。月均成交集中度为49.06%，较上年提高11.93%。成交集中度总体运行区间在43.10%~55.91%，2018年运行区间为38.34%~47.01%。从趋势上看，成交集中度呈现震荡下降趋势，主要原因是价格波动上升，国内期货交易者投机散户增加。

2019年，棕榈油期货持仓集中度较上年降低。棕榈油前100名客户月均持仓量为44.44万手，较上年增加24.12%。月均持仓集中度为53.72%，较上年降低7.19%。持仓集中度总体运行区间在40.78%~66.86%，2018年运行区间为49.73%~63.67%。从趋势上看，持仓集中度在1~4月下降，4~6月震荡回调，6~9月逐步上升，9~12月大幅下降，在12月份降至最低。

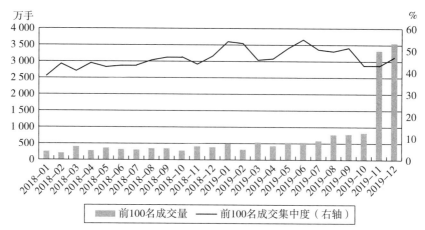

图 8-11 2018—2019 年度棕榈油期货成交集中度

（数据来源：大连商品交易所）

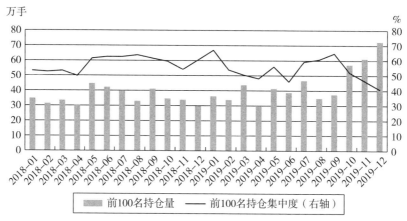

图 8-12 2018—2019 年度棕榈油期货持仓集中度

（数据来源：大连商品交易所）

二、棕榈油期货市场功能发挥情况

（一）价格发现功能发挥情况

2019年，我国棕榈油期现价格相关性为0.99，较上年提高4.21%。我国棕榈油供应完全依赖进口，经过多年的发展，棕榈油进口定价和国内贸易定价都以大商所棕榈油期货为基准，因此期货价格与现货价格之间的关系日益紧密，棕榈油期货与现货之间的相关性不断提高。

表8-1　　　　　　　　2018—2019年棕榈油期现价格相关性

检验项	年份	2018	2019
期现价格的相关性	系数	0.95	0.99
	显著性检验	通过检验	通过检验
期现价格引导关系		现货引导	无引导关系

数据来源：大连商品交易所。

（二）套期保值功能发挥情况

1. 到期基差收敛情况

2019年，棕榈油期货基差走势呈现阶梯式上升，运行重心上移，波动范围较上年扩大，到期基差收敛情况良好。棕榈油基差均值为−53.43元/吨，上年为−68.80元/吨，基差波动范围为（−310，242）元/吨，上年为（−442，170）元/吨。到期日基差为176.33元/吨，上年为−141.50元/吨（见图8-13）。

棕榈油期货基差重心上移的主要原因是：棕榈油现货供需总体偏紧。2019年，东南亚棕榈油增产幅度减小，根据USDA预估，2019年全球棕榈油产量73.99百万吨，同比增加仅0.09百万吨，而2018年较2017年增长3.27百万吨。同时，出口需求加大，根据Wind数据库显示，2019年全球棕榈油出口量为52.48百万吨，较上年增加0.82百万吨。此外，国内消费也增加，由2018年的701.20万吨增加到2019年的722.00万吨。由于国际棕榈油供应下降，且我国豆油库存持续下降，对棕榈油产生溢出效应，因此棕榈油现货价格强于期货价格，基差上升。

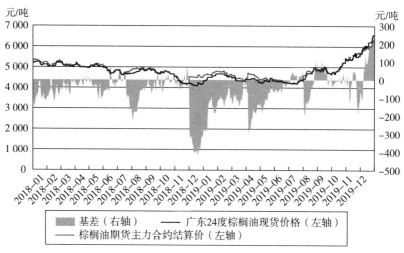

图 8-13　2018—2019 年棕榈油期现价格及基差变化

（数据来源：大连商品交易所，Wind 数据库）

2. 套期保值效率变化

2019年，棕榈油期货的套期保值效率提高。棕榈油期货套期保值效率为99.16%，较上年的76.24%增加22.92个百分点。由于2019年棕榈油期货与现货相关性进一步提高，期现货价格走势一致性加强，企业进行套保时，期货与现货之间的盈亏互补性增强，因此棕榈油期货套期保值效率提高。

表 8-2　　　　　　2018—2019 年棕榈油期货套保有效性

项目	年份		2018	2019
基差	均值	元/吨	−70.83	−53.43
	标准差	元/吨	101.90	100.87
	最大	元/吨	86	242
	最小	元/吨	−416	−310
到期价格收敛性	到期日基差	元/吨	−154.83	176.33
	期现价差率	%	3.73	4.16
套期保值效率	周（当年）	%	76.24	99.16

数据来源：大连商品交易所。

（三）期货市场功能发挥实践

1. 企业利用期货模式

我国现货企业利用棕榈油期货的方式主要有三种。

一是利用棕榈油期货进行定价。棕榈油现货企业在进口环节和销售环节均利用期货进行定价，期货价格是棕榈油企业进口的主要参考依据，企业通常计算棕榈油进口成本与棕榈油期货价格之间的差值，当棕榈油期货价格高于进口成本，进口出现利润时，企业再选择时机进口棕榈油。在棕榈油销售中，棕榈油企业在进行套期保值后，利用期货价格加基差方式进行定价，对外进行基差报价，下游企业可在一定时间范围内根据期货价格波动情况选择结价。

二是利用棕榈油期货进行套期保值，并在远期平仓赚取利润。棕榈油进口企业在期货盘面出现进口利润时，可以在现货市场买入棕榈油，此时担心价格下跌的风险，可在期货市场卖出棕榈油，对进口棕榈油进行保值，将利润区间锁定，未来销售时，将期货平仓并卖出现货，赚取基差波动的利润。此外，棕榈油企业还可以将套期保值头寸在不同月份转移，根据现货销售节奏对套保头寸进行展期，提高套期保值效果。

三是利用棕榈油期货进行套利。企业通常进行棕榈油期现货套利、棕榈油跨期套利、豆油与棕榈油跨品种套利。当期货与现货价格之间的价差偏离过大时，企业可以利用现货库存或者现货渠道，买入期货卖出现货或者卖出期货买入现货进行套利，获取相对稳定的套利收益。当期货不同合约月份价差偏离过大时，企业可以通过买入近月合约卖出远月合约或者卖出近月合约买入远月合约，赚取利润。豆油与棕榈油之间具有一定程度的替代性，当预计豆油与棕榈油的价差将扩大时，企业可以通过买豆油抛棕榈油进行套利，而预计两者价差将会减小时，可以进行反向套利。

2. 棕榈油期货应用案例

2019年，国内棕榈油期货价格基本以上涨为主，如果企业在现货市场进行单边操作，将付出高额购买成本，若企业结合期货市场进行购销，可以赚取相对稳定的利润。例如某企业在10月15日计划于未来12月底购入棕榈油，为避免棕榈油价格上行风险，企业决定此时买入棕榈油期货合约。此日，现货价格为4 670元/吨，棕榈油期货价格为4 682元/吨，基差为−12元/吨。待到12月25日该企业决定购入棕榈油，棕榈油期货价格为6 050元/吨，此时现货价格为6 250元/吨，基差为200元/吨，通过将棕榈油期货合约平仓，企业可赚取利润212元/吨。如果企业在10月份没有在期货市场买入棕榈油期货合约，直接在12月底买入棕榈油现货，则需承担上涨的1 580元/吨的购入成本，企业很可能面临巨大亏损。

三、棕榈油期货合约相关规则调整

为了防范棕榈油期货市场风险，使棕榈油期货更好为实体企业服务，2019年大商所对棕榈油期货合约进行相应修改，主要包括手续费、保证金、涨跌停板、交易时间等交易制度调整，交割仓库设置调整。

（一）交易制度

1. 手续费

为增强棕榈油非主力合约流动性，大商所对棕榈油非主力合约手续费进行调整。

表 8-3   2019 年棕榈油期货手续费调整

时间	通知名称	调整措施
2019-11-1	《关于调整相关品种手续费标准的通知》	对棕榈油期货非 1/5/9 合约日内交易手续费标准由 1.25 元/手调整为 0.1 元/手，非日内交易手续费标准由 2.5 元/手调整为 0.2 元/手

2. 风控参数调整

2019年，大商所根据节假日、成交量变化、持仓量变化等情况，对棕榈油期货的风控参数（涨跌停板幅度、最低交易保证金标准、夜盘时间）进行了调整。

表8-4 2019年节假日棕榈油期货涨跌停板和最低交易保证金调整

时间	通知名称	调整措施
2019-1-24	《关于2019年春节期间调整各品种涨跌停板幅度和最低交易保证金标准的通知》	自2019年1月31日（星期四）结算时起，将棕榈油品种涨跌停板幅度和最低交易保证金标准分别调整至8%和10%；2019年2月11日（星期一）恢复交易后，自棕榈油持仓量最大的两个合约未同时出现涨跌停板单边无连续报价的第一个交易日结算时起，将其涨跌停板幅度和最低交易保证金标准分别恢复至4%和6%
2019-3-15	《关于调整黄大豆1号等11个品种涨跌停板幅度和最低交易保证金标准的通知》	自2019年3月18日（星期一）结算时起，将棕榈油品种期货合约涨跌停板幅度和最低交易保证金标准分别调整为4%和5%
2019-4-22	《关于2019年劳动节期间调整各品种涨跌停板幅度和最低交易保证金标准的通知》	自2019年4月29日（星期一）结算时起，将棕榈油品种涨跌停板幅度和最低交易保证金标准分别调整至5%和7%。2019年5月6日（星期一）恢复交易后，自棕榈油持仓量最大的两个合约未同时出现涨跌停板单边无连续报价的第一个交易日结算时起，将其涨跌停板幅度和最低交易保证金标准分别恢复至4%和5%
2019-5-31	《关于2019年端午节期间调整相关品种最低交易保证金标准的通知》	自2019年6月5日（星期三）结算时起，将棕榈油最低交易保证金标准由现行的5%调整至6%。2019年6月10日（星期一）恢复交易后，自棕榈油持仓量最大的两个合约未同时出现涨跌停板单边无连续报价的第一个交易日结算时起，将最低交易保证金标准恢复至调整前的标准
2019-9-24	《关于2019年国庆节期间调整各品种涨跌停板幅度和最低交易保证金标准的通知》	自2019年9月27日（星期五）结算时起，将棕榈油涨跌停板幅度和最低交易保证金标准分别调整至7%和9%。2019年10月8日（星期二）恢复交易后，自棕榈油持仓量最大的两个合约未同时出现涨跌停板单边无连续报价的第一个交易日结算时起，将其涨跌停板幅度和最低交易保证金标准分别恢复至4%和5%

表 8-5   2019 年棕榈油夜盘交易时间调整

时间	通知名称	调整措施
2019-1-25	《关于 2019 年春节期间夜盘交易时间提示的通知》	2019 年 2 月 1 日（星期五）当晚不进行夜盘交易；2019 年 2 月 11 日（星期一）所有合约集合竞价时间为 08：55—09：00；2 月 11 日（星期一）当晚恢复夜盘交易
2019-4-2	《关于 2019 年清明节期间夜盘交易时间提示的通知》	4 月 4 日（星期四）当晚不进行夜盘交易，4 月 8 日（星期一）所有合约集合竞价时间为 08：55—09：00，4 月 8 日（星期一）当晚恢复夜盘交易
2019-6-4	《关于 2019 年端午节期间夜盘交易时间提示的通知》	6 月 6 日（星期四）当晚不进行夜盘交易，6 月 10 日（星期一）所有合约集合竞价时间为 08：55—09：00，6 月 10 口（星期一）当晚恢复夜盘交易
2019-9-11	《关于 2019 年中秋节期间夜盘交易时间提示的通知》	2019 年 9 月 12 日（星期四）当晚不进行夜盘交易；2019 年 9 月 16 日（星期一）所有合约集合竞价时间为 08：55—09：00；9 月 16 日（星期一）当晚恢复夜盘交易
2019-9-27	《关于 2019 年国庆节期间夜盘交易时间提示的通知》	2019 年 9 月 30 日（星期一）当晚不进行夜盘交易；2019 年 10 月 8 日（星期二）所有合约集合竞价时间为 08：55—09：00；10 月 8 日（星期二）当晚恢复夜盘交易

（二）棕榈油交割库调整

根据棕榈油现货市场情况，大商所及时对棕榈油交割库、仓单串换试点进行调整。

表 8-6   2019 年棕榈油交割仓库、仓单串换试点调整

时间	通知名称	调整措施
2019-3-29	《关于调整玉米等 9 个品种指定交割仓库及指定质检机构的通知》	取消天津龙威粮油工业有限公司棕榈油交割厂库资格
2019-9-12	《关于开展新一期油粕品种仓单串换试点的通知》	棕榈油仓单串换企业为中粮四海丰（张家港）贸易有限公司、嘉吉投资（中国）有限公司、中储粮油脂有限公司和益海嘉里投资有限公司等 4 大集团
2019-11-29	《关于调整纤维板等 7 个品种指定交割仓库及指定质检机构的通知》	取消华东油脂工业（泰兴）有限公司的棕榈油指定厂库资格

四、棕榈油期货市场发展前景、问题与发展建议

（一）发展前景

棕榈油是全球生产消费量最大的植物油，全球棕榈油产量保持增加趋势，棕榈油期货市场发展空间较大。2019/2020年度，全球棕榈油产量为7 519万吨，占植物油产量比重近38%。全球棕榈油进口量为5 157万吨，占植物油进口量比重约58%，是全球第一大贸易植物油。随着现货体量和贸易量的不断增长，棕榈油期货市场规模有望继续增长。国内棕榈油期货市场在多年的运行过程中，大商所不断完善其制度规则，开展棕榈油仓单串换，为企业提供了更加便利的交割服务。

（二）当前存在的问题

我国棕榈油期货国际化程度有待提高。我国是全球棕榈油进口大国，棕榈油期货上市十余年来运行稳健，市场规模位居全球前列，影响力日益提升，已经成为我国现货贸易定价基准。棕榈油品种期现货市场与国际市场联动性较好，但产业对国际化需求强烈，国际化程度还有提升空间。

（三）发展建议

通过引入境外投资者和丰富棕榈油衍生品类型，促进我国棕榈油期货市场国际化。建议将棕榈油设定为特定品种，引入境外投资者参与棕榈油期货交易，完善棕榈油期货投资者结构；推动棕榈油期权上市吸引境外投资者，活跃我国棕榈油期货市场；通过产业链基金方式，将产业和金融市场进一步结合，为境内外产业企业提供多方位的风险管理工具，扩大国内棕榈油期货价格的国际影响力。

2019年棕榈油期货大事记

1月1日，印度政府发布通知，将毛棕榈油进口税从44%调降至40%；精炼棕榈油进口税从54%下调至50%。在另一份通知中称，马来西亚精炼棕榈油进口关税将从54%下调到45%。

1月26日，欧盟决定于2030年全面禁用棕榈油，棕榈油是马来西亚很重要的原产品，而马来西亚棕榈油的第二大出口地正是欧盟。

2月14日，马来西亚计划2020年将棕榈油-生物燃料掺混率从10%提高到20%。马来西亚政府还计划2020年将工业的生物燃料掺混率从7%提高到10%。

4月18日，新加坡亚太交易所（Asia Pacific Exchange，APEX）正式推出毛棕榈油期货。至此，包括精炼棕榈油期货、美元兑人民币期货和燃料油期货在内，交易所上市品种已增加到4个。

5月1日，马来西亚原产业部部长在一份报告中称，该国对毛棕榈油暂不征收出口关税的政策将持续至12月31日。

6月13日，印度尼西亚能源部称，印度尼西亚开始检测使用B30生物燃料的汽车上路性能，印度尼西亚是全球头号棕榈油出口国。印度尼西亚计划从2020年开始实施B30生物燃料，高于目前的20%。

7月5日，印度财政部宣布对44度精炼棕榈油征收7.5%关税，之前印度没有对这种棕榈油征收关税，此举旨在振兴国内精炼行业。

8月13日，欧盟委员会宣布，即日起对印度尼西亚输欧生物柴油开征8%至18%的临时反补贴税，并于2020年12月中旬终裁是否长期对印尼输欧生物柴油征收反补贴税。

9月4日，印度将马来西亚精炼棕榈油的进口关税从45%调高到50%，有效期为六个月，对精炼棕榈油征收50%进口税将持续到2020年3月2日。

9月24日，印度尼西亚首席经济部长表示到2020年1月1日以前，印度尼西亚将不征收棕榈油出口税。政府目前的规定是，当棕榈油参考价格高于570美元时，每吨征收10~25美元的出口关税，当棕榈油参考价高于619美元时征收更高的关税。

10月11日，印度考虑限制从马来西亚进口包括棕榈油在内的部分产品。印度是世界上最大的食用油进口国，该国正计划用他国的食用油来替代马来西亚棕榈油。

11月20日，印度尼西亚能源部批准追加7.2万千升脂肪酸甲酯（简称FAME，以棕榈油为原料），用于B30综合试用项目。印度尼西亚生物燃料生产商协会（APROBI）预计，新的B30项目将使得印度尼西亚每年多消费25万千升到40万千升的生物柴油。

12月9日，欧盟将对印度尼西亚生物柴油征收进口关税，对印度尼西亚生物柴油加征的关税定在8%到18%，这一关税通常维持五年，和本年8月份欧盟提议的临时税率相同，以抵销其认为印度尼西亚实施的不公平补贴。

12月13日，马来西亚棕榈油局（MPOB）周五宣布，马来西亚上调1月毛棕榈油出口关税至5%，为一年半以来首次。

12月23日，印度尼西亚周一推出的生物柴油棕榈油含量为30%，这是全世界最高的强制性混合比例，并于1月1日起将强制使用B30。

12月26日，印度尼西亚贸易部消息称，因当前棕榈油价已经高于729.72美元/吨的基准价，印度尼西亚将于2020年1月起征收50美元/吨棕榈油出口关税。

报告九
鸡蛋期货品种运行报告（2019）

2019年，鸡蛋期现货市场整体运行平稳，鸡蛋期货功能发挥良好，期货与现货价格相关性较上年进一步提高，套期保值效率保持较高水平。数据显示，2019年鸡蛋期货成交量、持仓量同比大幅增长，鸡蛋期货持仓、成交集中度较高，参与交易的法人客户数量增加。总体来看，鸡蛋期货市场功能得到有效发挥，服务实体经济能力继续增强。

一、鸡蛋期货市场运行情况

（一）市场规模及发展情况

1. 成交规模大幅增长

2019年，鸡蛋期货成交规模大幅度上升。鸡蛋期货的全年成交量和成交金额分别达到3 713.00万手和15 673.15亿元，同比分别增加86.41%和99.75%，在大商所所有品种中分别排名第10位和第9位。由于2019年鸡蛋期货行情波动幅度比2018年大幅度增加，市场资金关注度有所上升，鸡蛋期货成交量在大商所期货总成交量中的占比增加，由2018年的2.05%上升至2019年的2.79%。

从2019年鸡蛋期货成交情况来看，月度成交量较上年显著上升。其中，2019年4月、12月的鸡蛋期货成交量较大，月度成交量均在500万手以上；1月、2月份成交量较小，在400万手以下。其中，12月成交量最高，达到611万手；2月成交量最低，为250万手，2月鸡蛋期货成交量为12月份成交量的40.91%。2019年，鸡蛋期货的成交金额与成交量变化趋势大致相同，10月、11月及12月成交金额较大，月度成交金额均在1 306亿元以上。其中，12月成交金额最高，为2 510.07亿元；2月成交金额最低，为342.31亿元，仅为12月的14%。

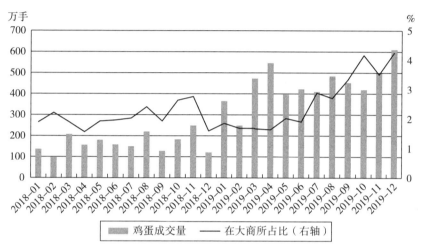

图 9-1　2018—2019 年鸡蛋期货成交量及占比

（数据来源：大连商品交易所）

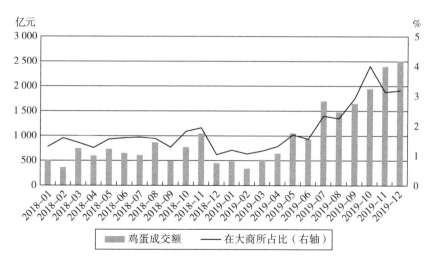

图 9-2　2018—2019 年鸡蛋期货成交额及占比

（数据来源：大连商品交易所）

2. 持仓规模大幅度增长

2019年，鸡蛋期货合约的持仓量和持仓金额明显上升。鸡蛋期货合约日均持仓量为17.01万手，比上年增长39.54%；日均持仓金额为70.23亿元，比上年增长48.32%。从月度来看，日均持仓大致呈现逐月递增的趋势，10月、11月及12月的日均持仓量和日均持仓金额最高。由于2019年鸡蛋期货波动幅度较2018年大幅提高，市场资金关注程度和参与程度上升，持仓规模呈现出与成交规模基本一致的变化。

从鸡蛋期货合约的日均持仓规模在大商所全部品种总持仓规模中的排名看，市场参与者对鸡蛋期货合约的持仓意愿较好。2019年，鸡蛋期货合约的日均持仓量在大商所全部品种日均总持仓量中排第7位，鸡蛋期货合约的持仓金额在大商所所有期货品种的日均持仓金额中排第8位。

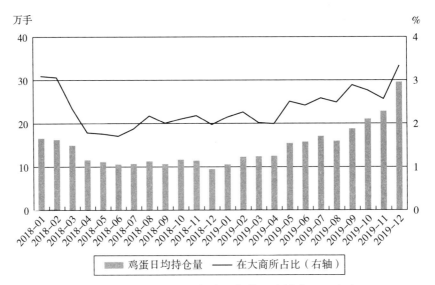

图9-3　2018—2019年鸡蛋期货日均持仓量及占比

（数据来源：大连商品交易所）

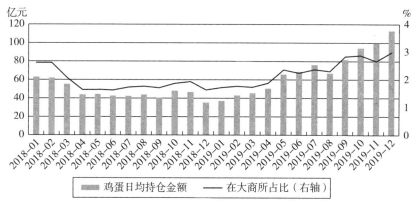

图 9-4　2018—2019 年鸡蛋期货日均持仓金额及占比

（数据来源：大连商品交易所）

（二）期现货市场价格变化特点及原因

2019年末，鸡蛋期货主力合约的结算价为3 586元/500kg，较上年末上升3.25%；鸡蛋主力合约年内最高价为4 749元/500kg，最低价为3 260元/500kg，波动幅度为45.67%，较上年提高12.19%。2019年末，河北邯郸鸡蛋现货价格为3 690元/500kg，较上年末下降14.19%。2019年内，鸡蛋现货最高价为4 730元/500kg，最低价为2 840元/500kg，波动幅度为66.55%，较上年下降50.81%。

2019年初，鸡蛋价格相比上年有所下降，直到5月受端午节备货因素影响，开产蛋需求量上升，且4月养殖场蛋鸡大批被淘汰，供应产生缺口，鸡蛋价格开始大幅上涨。6月受梅雨天气影响，贸易商出货情绪浓厚，鸡蛋价格有所调整。到7月、8月、9月，天气炎热导致蛋鸡产蛋率下滑，同时鸡价上涨也使一些养殖户将蛋鸡提前淘汰以获得利润，这使10月时蛋价再次上涨。随着蛋鸡产蛋率恢复、养殖户延迟淘汰蛋鸡，叠加5月和8月新进蛋鸡开产量较大，蛋价于11月大幅回落。

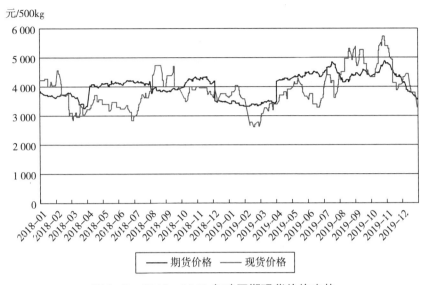

图 9-5　2018—2019 年鸡蛋期现货价格走势

（数据来源：Wind 数据库）

（三）期货交割情况分析

1. 交割量大幅增长

2019年，鸡蛋期货全年共交割802手，同比增长55.13%；交割金额总计0.33亿元，同比上升59.74%。自大商所在鸡蛋期货的交割制度中引入车板交割和全月每日选择交割等制度以来，鸡蛋期货的交割量持续增长，2019年大商所新设立1家鸡蛋车板交割场所，取消2家鸡蛋交割厂库，调整的3家交割仓库对鸡蛋交割量变化影响显著。从交割月份看，6月和9月交割量居前两位，分别达到127手和135手；4月和5月交割量居后两位，分别为7手和1手。2018年，7月交割量最大，为131手；4月和5月同样是交割量最小的月份。整体来看，鸡蛋期货交割量占大商所总交割量比重仍有限。2019年，在大商所活跃期货品种中，鸡蛋期货的交割量最小，仅占总交割量的0.23%。

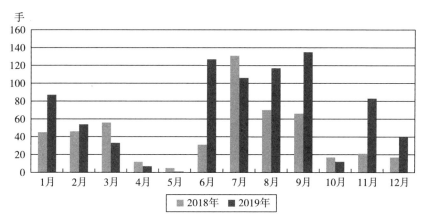

图 9-6　2018—2019 年鸡蛋期货交割量

（数据来源：大连商品交易所）

2. 交割客户地区数量减少

从交割客户的地理分布看，参与鸡蛋交割客户的地区数量有所减少。2019年，有16个省市的客户参与鸡蛋期货的交割，而2018年有19个省市的客户参与交割。参与鸡蛋交割的客户多集中于鸡蛋主产和主销区，2019年客户交割量前三位的省份分别是湖北、辽宁和河北，而2018年前三位的省份分别是湖北、山西和四川。

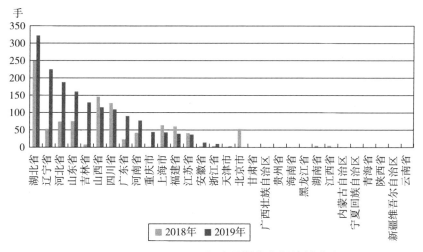

图 9-7　2018—2019 年鸡蛋期货交割地域分布

（数据来源：大连商品交易所）

（四）期货市场交易主体结构分析

1. 法人客户参与数量增加

2019年，参与鸡蛋期货交易的法人客户数有所增长。全年交易客户总数为30.09万户，较上年度的22.51万户增加了41.37%。从月度情况来看，全年月均交易客户数为8.69万户，较上年度的5.97万户增加了45.56%。其中，月均法人交易客户数为1 924户，较上年度的1 592户增加了20.85%；月均个人交易客户数为7.88万户，较上年度的5.81万户增加了35.63%。分月来看，法人和个人交易客户数的变化趋势基本相同，均呈现前低后高形态。个人交易客户数量在12月达到年内最高点，法人交易客户数量在12月达到下半年最高点。

总体来看，参与鸡蛋期货交易的主体以个人客户为主。2019年，个人客户在鸡蛋期货交易客户数中的占比为97.54%，与2018年的97.33%相比略有上升。2019年，月均个人交易客户数量的变动幅度要高于法人交易客户。月均个人交易客户数量最高的月份为12.42万户，最低的月份为5.01万户，前者是后者的2.48倍；月均法人交易客户数量最高的月份为2 590户，最低的月份为1 431户，前者是后者的1.81倍。

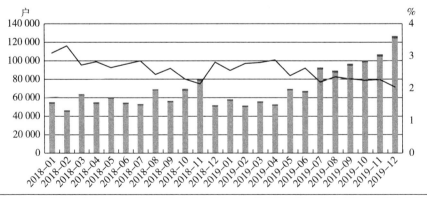

图9-8　2018—2019年鸡蛋期货市场客户结构

（数据来源：大连商品交易所）

2. 短线客户数量增加

2019年，鸡蛋期货的短线客户参与数量有所提高。全年交易客户总数为24.64万户，较上年的17.75万户增加了38.82%。从月度情况来看，全年月均短线交易客户数为5.68万户，较上年的3.92万户增加了44.90%。其中，月均法人短线交易客户数为893户，较上年的740户增加了20.68%；月均个人短线交易客户数为5.59万户，较上年的3.85万户增加了45.19%。

分月来看，法人和个人短线交易客户数的变化趋势基本相同。1~2月，短线交易客户数量下降，法人短线交易客户数量在2月达到年内最低点，个人短线交易客户数量同样达到年内最低点，随后短线交易客户数量有所上升，法人短线交易客户数量在12月达到年内最高点，个人短线交易客户数量在12月同样达到年内最高点。

2019年，个人短线交易客户数量的月度变动幅度高于法人短线交易客户。个人短线交易客户数量最高的月份为8.85万户，最低的月份为2.94万户，前者是后者的3.01倍；法人短线交易客户数量最高的月份为1 303户，最低的月份为546户，前者是后者的2.38倍。个人短线交易客户数量的高波动性，表明个人客户在鸡蛋期货交易中具有更强的投机性。

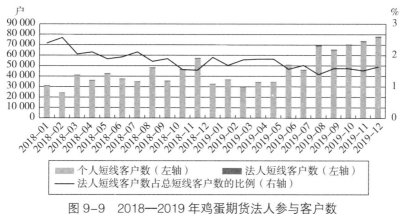

图9-9　2018—2019年鸡蛋期货法人参与客户数

（数据来源：大连商品交易所）

参与鸡蛋期货短线交易的主体以个人客户为主，法人客户参与率偏低。2019年，个人客户在鸡蛋期货短线交易客户数中的占比为98.19%，与2018年的98.11%相比变化很小。这说明个人客户在鸡蛋期货短线交易客户中占据主导地位，客户结构总体稳定。

3. 成交集中度上升

2019年，鸡蛋期货前100名客户的成交量占比出现上升。2019年成交集中度的月度均值为20.29%，较上年上升1.61个百分点。从成交集中度的月度变化来看，各月成交集中度相对稳定，运行区间为17%~24%，呈前低后高的波动态势，高点出现在11月，为23.37%。从2019年全年来看，鸡蛋期货的成交集中度和持仓集中度较2018年均有所上升，市场参与结构更加集中。

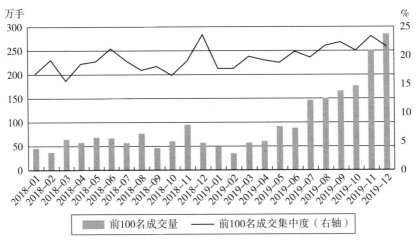

图9-10　2018—2019年度鸡蛋期货成交集中度

（数据来源：大连商品交易所）

4. 持仓集中度上升

2019年，鸡蛋期货前100名客户持仓集中度较上年有所上升。2019年前100名客户持仓量月度均值为21.82%，较上年上升1.42个百分点，全年持仓集中度运行区间为16%~26%。2019年持仓集中度呈现前高后低的走势，1~9月，持仓集中度呈窄幅区间波动态势；9月以后，持仓集中度呈下降趋势。

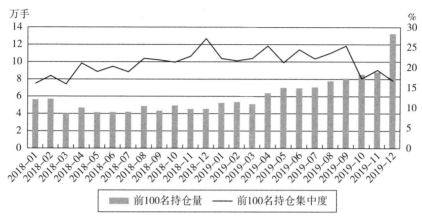

图 9-11　2018—2019 年度鸡蛋期货持仓集中度

（数据来源：大连商品交易所）

二、鸡蛋期货市场功能发挥情况

（一）价格发现功能发挥情况

期现货市场的相关性一定程度上反映了期货市场价格发现功能的有效程度。2019年，鸡蛋期货的期现价格相关性较上年显著提高，同时期现价格引导关系依然不显著。2019年鸡蛋期现价格相关性为0.87，较2018年0.48同比大幅上升80.96%。说明随着鸡蛋期货流动性的提升和参与交易客户数量的增加，期现货价格的联动性有所增强，期货市场的价格发现功能逐步发挥。

表 9-1　　　　　　2018—2019 年鸡蛋期现价格相关性

检验项	年份	2018	2019
期现价格的相关性	系数	0.48	0.87
	显著性检验	通过检验	通过检验
期现价格引导关系		无引导关系	无引导关系

数据来源：大连商品交易所。

（二）套期保值功能发挥情况

1. 基差波动加大

2019年，鸡蛋的基差波幅仍然较大。2019年鸡蛋基差波动区间为（－1 207，1 110）元/500kg，基差波幅高达2 317元/500kg，较上年有所上升。2019年，临近交割日时鸡蛋期现基差回归情况与2018年相比变化不大。

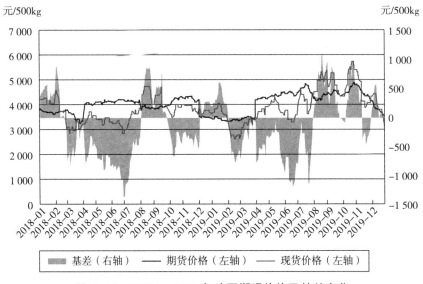

图 9-12   2018—2019 年鸡蛋期现价格及基差变化

（数据来源：大连商品交易所）

2. 套期保值效率上升

套期保值效率反映市场以最优套保比率参与套保交易后风险的降低程度。2019年，当年期现价差率为－8.36%，较2018年同比增长9.52%。鸡蛋期货全年套期保值效率为78.38%，较2018年的54.01%有所上升，同比增长45.12%。套期保值效率出现上升的主要原因是期现价格相关性较上年有所上升，套期保值面临的基差风险下降。

表 9-2　　　　　　　　　2018—2019 年鸡蛋期货套保有效性

项目	年份		2018	2019
基差	均值	元 /500kg	−203.87	−199.97
	标准差	元 /500kg	546.2	610.7
	最大	元 /500kg	898	921
	最小	元 /500kg	−1 353	−2 346.27
到期价格收敛性	到期日基差	元 /500kg	−214.75	−241.57
	期现价差率	%	−9.24[①]	−8.36
套期保值效率	周（当年）	%	54.01	78.38

数据来源：大连商品交易所。

三、鸡蛋期货合约相关规则调整

（一）交易制度

保证金

2019年大商所鸡蛋期货交易保证金调整如表9-3所示。

表 9-3　　　　　　　　2019 年节假日鸡蛋期货交易保证金调整

时间	通知名称	调整措施
2019-1-24	《关于 2019 年春节期间调整各品种涨跌停板幅度和最低交易保证金标准的通知》	自 2019 年 1 月 31 日（星期四）结算时起，将鸡蛋品种涨跌停板幅度和最低交易保证金标准分别调整至 6% 和 8%；2019 年 2 月 11 日（星期一）恢复交易后，鸡蛋品种涨跌停板幅度和最低交易保证金标准分别恢复至 5% 和 7%
2019-4-22	《关于 2019 年劳动节期间调整各品种涨跌停板幅度和最低交易保证金标准的通知》	自 2019 年 5 月 6 日（星期三）结算时起，鸡蛋品种涨跌停板幅度和最低交易保证金标准维持不变

① 2018 年鸡蛋白皮书报告中期现价差率为 8.83，而 2019 年鸡蛋品种评估数据中计算的 2018 年鸡蛋期现价差率为 −9.24，与 2018 年数据相比差距较大，因此表格中 2018 年鸡蛋期现价差率以 2019 年计算出的评估数据为准。

时间	通知名称	调整措施
2019-5-31	《关于 2019 年端午节期间调整相关品种最低交易保证金标准的通知》	自 2019 年 6 月 5 日（星期三）结算时起，鸡蛋品种涨跌停板幅度和最低交易保证金标准维持不变
2019-9-6	《关于 2019 年中秋节期间调整各品种涨跌停板幅度和最低交易保证金标准的通知》	自 2019 年 9 月 11 日（星期三）结算时起，鸡蛋品种涨跌停板幅度和最低交易保证金标准维持不变
2019-9-24	《关于 2019 年国庆节期间调整各品种涨跌停板幅度和最低交易保证金标准的通知》	自 2019 年 9 月 27 日（星期五）结算时起，鸡蛋品种涨跌停板幅度和最低交易保证金标准维持不变

（二）交割制度

2019年大商所鸡蛋期货交割制度调整如表9-4所示。

表 9-4　　　　　　　　2019 年鸡蛋期货交割制度调整

时间	通知名称	调整措施
2019-3-29	《关于调整玉米等 9 个品种指定交割仓库及指定质检机构的通知》	2019 年 3 月 29 日，大商所发布关于调整玉米等 9 个品种指定交割仓库及指定质检机构的通知，调整 3 家鸡蛋指定交割仓库（车板交割场所、厂库），设立 1 家鸡蛋车板交割场所，设立北京顺鑫石门国际农产品批发市场集团有限公司为鸡蛋车板交割场所，升水为 50 元 /500kg 取消 2 家鸡蛋交割厂库，包括河南省惠民禽业有限公司鸡蛋交割厂库和湖北神地农业科贸有限公司鸡蛋交割厂库资格。以上鸡蛋交割仓库(车板交割场所、厂库)调整事项自通知发布之日起执行
2019-5-20	《关于修改〈大连商品交易所指定交割仓库管理办法〉的通知》	5 月 20 日，大商所发布《关于修改〈大连商品交易所指定交割仓库管理办法〉的通知》，为加强大商所指定交割仓库的管理，规范交割行为，保证交割正常进行，根据《中华人民共和国合同法》和《大连商品交易所交易规则》的有关规定，制定本办法。本办法自公布之日起实施
2019-11-29	《关于调整纤维板等 7 个品种指定交割仓库及指定质检机构的通知》	2019 年 11 月 29 日，大商所发布关于调整纤维板等 7 个品种指定交割仓库及指定质检机构的通知。其中对鸡蛋品种的指定质检机构进行调整，设立大连诚泽检测有限公司为鸡蛋指定质检机构

（三）其他规则调整

2019年大商所鸡蛋期货其他规则调整如表9-5所示。

表 9-5　　　　　　　　2019 年鸡蛋期货其他规则调整

时间	通知名称	调整措施
2019-4-3	《关于修改套期保值管理等相关规则通知》	2019 年 4 月 3 日，大商所发布通知，修改套期保值管理等相关规则。此次修改涉及《大连商品交易所套期保值管理办法》和《大连商品交易所风险管理办法》，主要修订内容包括新增投机持仓转为套期保值持仓方式，新增部分品种不再适用交割月份自动转化套保额度的规定，以及修改交易限额、风险警示等制度。此次规则修改后，鸡蛋品种自 1905 合约起，不再适用于上述规定，但产业客户交割月份的套保需求，仍可以通过现行的交割月份套期保值额度申请方式来满足。修改后的规则自 2019 年 4 月 8 日结算后起施行
2019-5-20	《关于加强〈大连商品交易所指定交割仓库管理办法〉的通知》	5 月 20 日，为加强大商所指定交割仓库的管理，规范交割行为，保证交割正常进行，根据《中华人民共和国合同法》和《大连商品交易所交易规则》的有关规定，指定交割仓库在贮存鸡蛋时，应与中药等有气味的物品分开存放。指定交割仓库在贮存鸡蛋时，应将不同客户、不同批次的鸡蛋分开存放

四、鸡蛋期货市场发展前景、问题与发展建议

（一）发展前景

我国是世界上最大的鸡蛋生产和消费国。2019年国内禽蛋产量达到3 309万吨，同比增长5.8%。我国蛋鸡养殖市场体量巨大，产业主体数量众多，但受限于生鲜品鸡蛋的保质期短且难以长期保存的特征，其价格具有较高的波动性。整体来看，国内本年度蛋鸡养殖量较上年大幅增加，但对价格并未形成实质性的压制，蛋鸡养殖端存栏偏高且补栏积极的情况在年内蔓延，因此，国内鸡蛋产业客户使用鸡蛋期货进行风险管理的需求十分巨大。自大连商品交易所推出鸡蛋期货后，鸡蛋期货的成交量、持仓量和客户参与数量稳步上升。随着鸡蛋期货各项制度不断健全，市场效率不断提高，鸡蛋期货价格发现和套期保值功能进一步完善，市场培育工作进一步深入，未来我国鸡蛋期货市

场仍将较快发展。

（二）当前存在的问题

鸡蛋期货7、8月交割难度较大。鸡蛋季节性规律明显，产业链具有季节性规律明显、鸡蛋存储时间短等特点，尤其夏季的高温和雨水增多会对7、8月鸡蛋交割商品质量产生影响，容易造成交割风险。受天气影响，该期间鸡蛋期货交割易存在相关质量风险，一是温度较高易引起鸡蛋新鲜度下降，提高鸡蛋货品中的霉变比例；二是在夏季高温的作用下长途运输中造成的质量问题；三是高温湿热天气使鸡蛋包装纸箱和蛋托受潮变软，引发相关质量问题。通过对交割环节进行风险预判，针对性管理，交割环节运行平稳，风险可控。

（三）发展建议

1. 加强鸡蛋期货的市场培育力度

针对交易客户参与度低的问题，继续加大期货市场培育力度。一方面以龙头企业为抓手，加大对企业管理人员的培训力度，提升企业管理人员对期货市场的认识和理解水平；另一方面利用好期货公司这个平台，有针对性地进行一些项目推广，以试点的形式推动交易客户参与期货交易。另外，要充分发挥龙头企业和合作社的带动作用。大型鸡蛋龙头企业和合作社的专业人才相对充裕，使用鸡蛋期货的能力较强；中小蛋鸡养殖户可以通过与龙头企业和合作社合作的方式间接参与期货市场。

2. 继续完善鸡蛋期货交割制度与规则

鸡蛋现货市场产业集中度增强，为更好地服务实体企业，建议选择合适的企业作为厂库交割试点，增加期货合约交易、交割的流动性。为适应鸡蛋现货市场发展需要，仍需继续健全和完善鸡蛋期货市场管理制度，进一步优化交割质量标准和相关流程，优化交割库地区分布，继续增加交割厂库数量，调整相关规则，推动市场健康平稳发展。

专栏

2019年鸡蛋期货大事记

1月9日，中信建投期货联合人保财险重庆市分公司在重庆市长寿区成功开展鸡蛋"保险+期货"试点，为6 000吨鸡蛋提供价格险保障。该项目为大连商品交易所2018年"农民收入保障计划"备案项目，试点参保养殖户共37户，保费合计129万元，由地方财政和中信建投期货共同补贴90.6万元，占比70%，养殖户自筹38.4万元，占比30%，该项目最终实现赔付83.6万元，有力保障了养殖户的养殖利润。

2月11日，大商所发布《大连商品交易所2018年自律监管工作报告》，报告指出为适应国际一流衍生品交易所转型发展需要，按"业务办法—品种细则"的架构对大商所规则体系进行了优化，对风险管理办法等6项制度共53个条款进行修订；统一新老品种强制减仓模式，取消过去"逢三必减"相关规定；放宽鸡蛋、豆粕期权、铁矿石等8个品种限仓标准，满足产业客户套保需求，促进市场功能发挥；并发布了《大连商品交易所实际控制关系账户管理办法》；加快推进套期保值管理办法、风险警示制度修改。

3月11日，湖南省郴州市鸡蛋价格"场外期权"试点项目完成赔付，大有期货联合中华联合财产保险股份有限公司在湖南省郴州市进行鸡蛋价格"场外期权"试点项目完成赔付，该项目为大商所2018年"农民收入保障计划"备案项目。试点参保主体为当地养殖合作社，参保规模约160万羽，鸡蛋6 000吨。保费合计75万元，养殖合作社自筹36万元，占比48%。最终实现赔付总额94.308万元，赔付比例达到260%以上。

3月29日，大商所发布《关于调整玉米等9个品种指定交割仓库及指定质检机构的通知》，调整3家鸡蛋指定交割仓库（车板交割场所、厂库），设立1家鸡蛋车板交割场所，设立北京顺鑫石门国际农产品批发市场集团有限公司为鸡蛋车板交割场所，升水为50元/500kg。取消2家鸡蛋交割厂库，包括河南省惠民禽业有限公司鸡蛋交割厂库和湖北神地农业科贸有限公司鸡蛋交割厂库资格。以上鸡蛋交割仓库（车板交割场所、厂库）调整事项自通知发布之日起执行。

6月3日，为贯彻中央1号文件精神，落实国务院及证监会有关工作部署，引导期货市场更好地服务"乡村振兴战略"，大商所决定2019年继续开展基于期货市场的"农民收入保障计划"试点。养殖类"保险+期货"和场外期权试点，涉及鸡蛋的单个项目鸡蛋现货量原则上不少于0.4万吨。

7月1日，大商所发布《大连商品交易所鸡蛋期货业务细则》。为规范大商所鸡蛋期货合约交易行为，根据《大连商品交易所交易规则》和《大连商品交易所鸡蛋期货合约》，制定本细则。本细则自2019年7月1日起实施。

10月10日，为贯彻中央1号文件精神，引导期货市场更好服务"乡村振兴战略"，大商所2019年继续开展"农民收入保障计划"试点。中信期货有限公司大庆市肇州县鸡蛋"农民收入保障计划"项目顺利落地。据了解，该项目为黑龙江大庆市首个鸡蛋类"农民收入保障计划"项目，也是2019年大连商品交易所"农民收入保障计划"60多个正在运行的分散试点备案项目之一。

10月29日，大连商品交易所农产品期货价格综合指数进行临时权重调整，调权期为1日，鸡蛋由原来的4.88 428%调为6.70 788%

　　11月18日，由北京市蛋品加工销售行业协会主办，大商所特别支持的首届中国鸡蛋产业大会暨第四届中国蛋品流通大会在山东青岛召开。来自全国各地养殖企业、贸易商、鸡蛋期货和期权相关机构的300余人参加了此次会议。浙江热联中邦总经理劳洪波分享了他对于期货衍生品如何与鸡蛋产业链结合的观点。首创京都期货有限公司机构业务总部总经理李永生以首创京都期货开展的项目为例，对"保险+期货"模式进行了介绍。

报告十
胶合板期货品种运行报告（2019）

2019年，胶合板期货市场整体运行平稳。数据显示，2019年胶合板期货交易规模及市场份额较低，市场活跃度低迷。成交、持仓高度集中，期货市场短线交易参与者较少。期现货相关性不明显，套期保值效率有所下降。

一、胶合板期货市场运行情况

（一）市场规模及发展情况

1. 成交和持仓萎缩

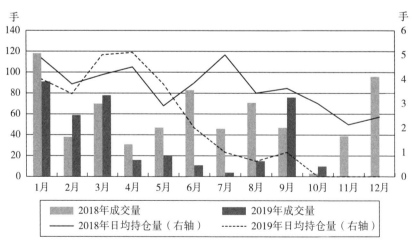

图 10-1　2018—2019 年胶合板期货成交量持仓量情况

（数据来源：大连商品交易所）

2019年，胶合板期货全年累计成交量为380手，同比下降44.85%，总成交金额为2 883.58万元，同比下降39.97%。2019年全年成交寥淡，1月成交量为全年最高，共91手，11月、12月无成交，其他月份均成交较少。

2019年与2018年类似，胶合板期货持仓较低，2019年胶合板期货日均持仓量为2.16手，同比减少40.74%。全年最高日均持仓量出现在4月，仅5.10手。

2. 期货市场份额较上年略有下降

2019年胶合板期货成交量在2018年的基础上略有下滑。 2018年，胶合板期货累计成交量占大商所总成交规模的0.000 029%，低于2018年的0.000 071%。

（二）期现货市场价格走势

1. 胶合板期货价格呈现上涨走势

2019年，胶合板期货价格总体呈现上涨走势。胶合板期货主力合约结算价格由1月2日的134.75元/张上涨至年末的165.60元/张，累计涨幅为22.89%，其间最高价为169.20元/张，最低价为134.75元/张，波动幅度为25.57%。

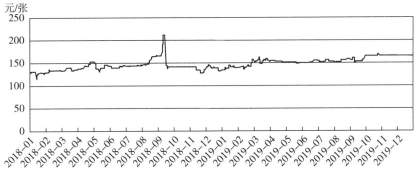

图 10-2　2018—2019年胶合板期货主力合约价格走势

（数据来源：Wind 数据库）

2. 现货市场价格窄幅运行

现货市场运行较期货市场相对平稳，整体波动区间较小。2019年，胶合板现货（鱼珠）价格在91元/张上下震荡波动，最高价为94元/张，最低价为88元/张，波动幅度为6.82%。

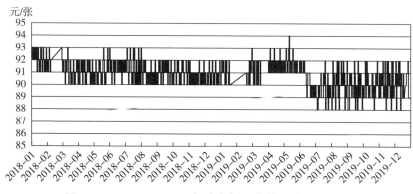

图 10-3　2018—2019 年胶合板现货基准地价格走势

（数据来源：Wind 数据库）

（三）期货交割情况分析

2019年胶合板期货没有交割。与之相对，2018年总计交割5手，合计2 500张细木工板，全年总交割量集中在第四季度，以9月和10月为主，交割量均为2手，11月交割1手，其他月份均无交割。

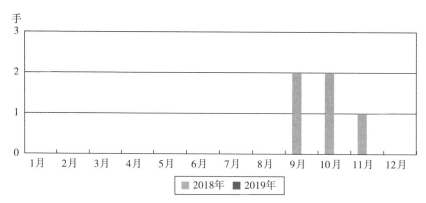

图 10-4　2018—2019 年度胶合板期货交割量统计

（数据来源：大连商品交易所）

（四）期货市场交易主体结构分析

1.参与交易客户减少

2019年，参与胶合板交易的客户总数同比减少，个人和法人客户数均减少。参与交易的客户数为123户，同比减少44.59%，法人客户数为9户，同比减少30.77%。参与交易的客户月均数量为14.67户，同比减少46.99%，其中，法人客户月均数量为1.83户，同比减少42.11%。参与交易的个人客户月均数量为12.83万户，同比减少47.62%。

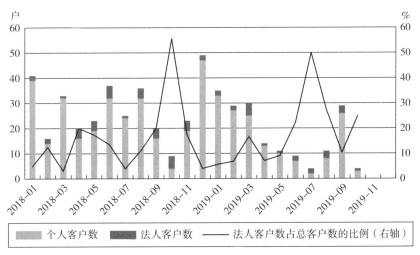

图 10-5　2018—2019 年胶合板期货市场客户结构

（数据来源：大连商品交易所）

2.短线交易情况

2019年，胶合板期货短线交易客户数量总体减少，法人短线交易客户数增加，个人短线交易客户数均减少。短线客户总数为79户，同比减少47.68%；法人短线客户数量为7户，同比增加40.00%，个人短线客户数量为72户，同比减少50.68%。月均法人短线客户数量为0.83户，同比减少33.33%，月均个人短线客户数量为8户，同比减少47.83%。

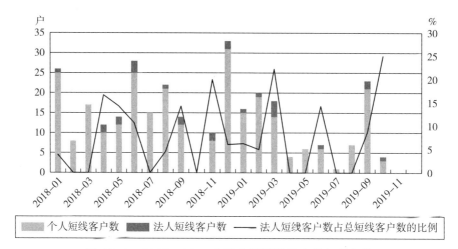

图 10-6　2018—2019 年胶合板期货法人参与客户数

（数据来源：大连商品交易所）

3. 成交、持仓高度集中

胶合板期货的客户成交、持仓高度集中。2019年前10名交易客户全年月均成交量为52.42手，市场月均成交量为63.33手，平均市场成交集中度达到90.75%；前10名交易客户全年月均持仓量为3.50手，平均市场持仓集中度达到100%。

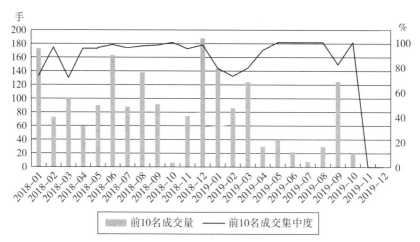

图 10-7　2018—2019 年胶合板期货成交集中度

（数据来源：大连商品交易所）

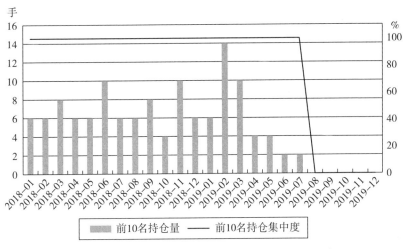

图 10-8　2018—2019 年胶合板期货持仓集中度

（数据来源：大连商品交易所）

二、胶合板期货市场功能发挥情况

（一）价格发现功能发挥情况

期现货市场的相关性一定程度上反映了期货市场价格发现功能是否有效。根据实证分析，选取大商所胶合板活跃合约结算价和鱼珠市场细木工板现货价格计算发现：2019年胶合板期货和现货价格存在弱势正相关，相关系数为0.18；2018年胶合板期货和现货价格存在极弱的负相关，相关系数为-0.12，说明二者相关程度较上年有所好转。此外，胶合板期现货价格无明显引导关系。计算结果如表10-1所示。

表 10-1　　　　　　　2018—2019 年胶合板期现价格相关性

检验项	年份	2018	2019
期现价格的相关性	系数	-0.12	0.18
	显著性检验	通过检验	通过检验
期现价格引导关系		无引导关系	无引导关系

数据来源：大连商品交易所。

（二）套期保值功能发挥情况

1. 现货持续贴水格局

2019年，胶合板期现结构全年维持现货贴水格局，盘面价格运行相对较为平稳，基差跟随期货价格波动。基差绝对值在10月15日达到80.2元/张的全年峰值，绝大多数时段维持在（10，50）元/张的区间波动。

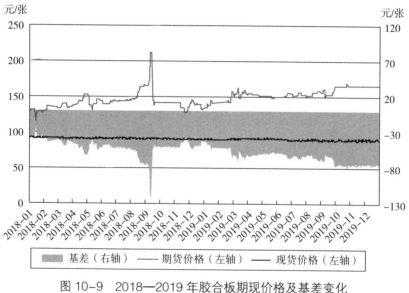

图 10-9　2018—2019 年胶合板期现价格及基差变化

（数据来源：Wind 数据库）

2. 套期保值有效性降低

套期保值效率反映市场以最优套保比率参与套保交易后风险的降低程度，套期保值效率越高，说明期货市场套期保值功能发挥越好。从测算数据发现，2019年套期保值效率为9.9%，较2018年有所降低（见表10-2）。

表 10-2　　　　　　2018—2019 年胶合板期货套保有效性

项目	年份		2018	2019
基差	均值	元/张	−27.68	−65.11
	标准差	元/张	12.52	7.84
	最大	元/张	−1.15	−42.75
	最小	元/张	−98	−80.20
到期价格收敛性	到期日基差	元/张	−29.63	−76.80
	期现价差率	%	26.78	24.9
套期保值效率	周（当年）	%	15.82	9.9

数据来源：大连商品交易所。

三、胶合板期货合约相关规则调整

表 10-3　　　　　　2019 年胶合板期货合约相关规则调整

时间	通知名称	调整措施
2019-3-29	《关于调整玉米等 9 个品种指定交割仓库及指定质检机构的通知》	取消广东国储物流股份有限公司胶合板交割仓库资格，取消中储发展股份有限公司天津南仓分公司胶合板交割存货地点资格

四、胶合板期货市场发展前景、问题与发展建议

（一）发展前景

随着国家对胶合板环保问题的关注，对人造板行业实行供给侧结构性改革，关闭一批低质量、不达标产品作坊，市场上流通的胶合板质量有所提高，产品向中高端方向发展，行业内原有的产能结构进一步优化。随着国家监管力度的逐渐增大，胶合板行业集中度逐渐向龙头企业聚集，未来我国胶合板行业将会向高质量、严标准的方向发展。

随着产业的不断整合优化，能够控制好日常经营风险的企业将具有更强的竞争力。期货作为重要的金融工具，其主要功能是价格发现与套期保值，伴随着我国商品期货市场不断完善，期货的套期保值功能将在国民经济的诸多领域里发挥重要作用。

（二）当前存在的问题

1. 生产企业数量多、规模小，产品技术含量和附加值较低

我国人造板产品中，胶合板起步最早，发展速度也最快，是我国人造板中的主导产品，被广泛应用于建筑、家具、交通运输及包装等领域。但胶合板行业存在企业数量多、规模小，产品技术含量和附加值较低等问题。

2. 期货市场功能尚没有完全发挥

2019年，胶合板期货市场交投清淡，期现价格联动性不强，成交持仓活跃度低，期货市场的价格发现及套期保值功能有待进一步提升。

（三）发展建议

1. 提升行业集中度，提高产品附加值

胶合板行业应进一步深化供给侧结构性改革，加大行业监管力度，关闭低质量、不达标的产品作坊，加速落后产能淘汰进度，让行业集中度逐渐向龙头企业聚集，不断提升行业集中度。同时，随着国家对胶合板环保问题的关注，消费者对绿色、健康的产品属性及生态消费需求越发重视，胶合板行业需要不断加大研发力度，增加产品附加值，提升品牌价值，引领行业向高质量、严标准的方向发展。

2. 研究优化胶合板期货合约规则，培育产业客户

摸清胶合板现货市场情况，研究完善胶合板期货合约及规则，防范市场风险，培育产业客户，进一步维护和提升市场功能发挥效率，进而推动林业资源优化配置和相关产业结构升级，促进林产工业平稳健康发展。

2019年胶合板期货大事记

2月18日，中国和利比里亚开始建造利比里亚的第一个胶合板制造厂。该项目的投资方中国橡胶木家具制造商尚友木业发展有限公司表示，该工厂将在2020年前投产，并将雇用5 000名利比里亚人。

6月份，亨斯迈集团联合包括国家林业和草原局林产工业规划设计院在内的多方本土及国际机构，共同发布了一条突破技术瓶颈的聚氨酯"无醛添加"胶合板连续压机自动生产线，这是继亨斯迈推出四大可持续创新方案后的又一重大举措。

8月13日，中欧国际木材峰会暨第五届中俄木材贸易投资高峰论坛在河北省石家庄市隆重召开，来自中国、俄罗斯、芬兰、拉脱维亚、日本、新西兰等国政府部门、行业组织、企业的人士出席本大会，共同探讨中欧、中俄木材贸易投资发展之道。

9月9日，由中国木材与木制品流通协会和中国林业机械协会联合主办的2019中国木业园区及口岸产业发展大会在上海隆重召开，来自木业园区及木业口岸、行业组织、企业的二百余人出席大会，共同探讨我国木业园区及口岸的发展道路。

10月30日至31日，广西胶合板市场信息交流暨胶合板分会年会在港南召开，来自全区各地林产业企业负责人300多人相聚一堂，共同交流探讨林产业发展大计。

12月23日，国家林业和草原局林产工业规划设计院和北京林业大学在京签订战略合作协议，双方将在人才培养、科学研究、成果转化、项目合作、创新平台建设、产业政策研究等领域深入开展全面战略合作。

报告十一
纤维板期货品种运行报告（2019）

2019年，纤维板期货的成交和持仓规模同比大幅上升，市场关注程度和流动性显著提高，但纤维板期货成交量在大商所总成交量中所占的份额依旧较低。同时，纤维板期货的成交和持仓集中度同比有所降低，参与交易的客户数同比明显增加，但法人客户占比同比有所下降。2019年纤维板期现货价格的相关性不强、功能发挥有限，未来交易所将通过继续完善相关规则和加大对市场尤其是对产业客户的培育力度等进一步促进纤维板期货参与者结构的完善和功能的逐步发挥。

一、纤维板期货市场运行情况

（一）市场规模及发展情况

1. 成交规模同比大幅增长

2019年，市场投资者对纤维板期货合约的关注度大幅提升，成交量和成交金额同比均显著增长。2019年纤维板期货合约成交量达到117.18万手，约为上年的39.55倍；2019年纤维板期货合约累计成交金额234.56亿元，约为上年的18.01倍。具体而言，2019年，纤维板期货合约月度成交量和成交金额均值分别约为97 653手和19.55亿元。1~11月成交量和成交金额呈现先增加后减少的趋势，12月在重新挂牌后，合约单位由"张"变更为"立方米"，成交规模显著上升，达到年度单月最大成交量84.50万手和最大成交金额124.66亿元，分别占全年成交量的72.11%和全年成交金额的53.15%。而单月最小成交规模则出现在11月份，成交量和成交金额仅为604手和2 876.12万元，主要由于该月份处于新旧合约转换时期，挂牌交易的合约数量较少导致。

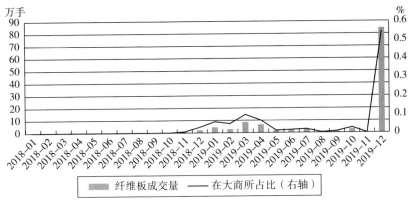

图 11-1　2018—2019 年纤维板期货成交量及占比

（数据来源：大连商品交易所）

从纤维板期货在大商所全部商品期货品种成交规模中的占比看，2019年，纤维板期货的成交量和成交金额占比仍然十分有限，成交量和成交金额在大商所19个商品期货品种中均位列第17名，仅高于胶合板和8月份新上市的粳米，说明纤维板期货的流动性仍有较大的提升空间。

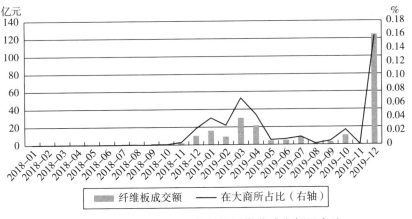

图 11-2　2018—2019 年纤维板期货成交额及占比

（数据来源：大连商品交易所）

2. 持仓规模同比大幅增长

与成交规模类似，2019年，纤维板期货合约的持仓规模较上年明显增长。2019年，纤维板期货日均持仓量1 343.22手，约是上年的17倍；日均持仓金额3 109.53万元，约是上年的9倍。具体而言，2019年1~11月份，持仓规模呈现缩小态势，日均持仓量从1月的1454手降至11月的53手，日均持仓金额从1月的5 121.34万元降至11月的266.65万元，其中11月份正值新旧合约转换，持仓规模为全年最低值。12月新合约上市后，持仓规模大幅上升，日均持仓量和持仓金额分别达到7 862手和1.16亿元的年度最高值。

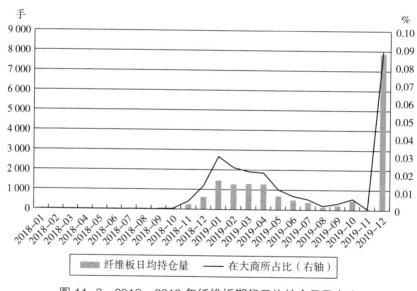

图 11-3　2018—2019 年纤维板期货日均持仓量及占比

（数据来源：大连商品交易所）

从占比看，2019年，纤维板期货合约的持仓规模在大商所全部品种总持仓规模中的占比仍然较小，其日均持仓量及持仓金额在大商所19个商品期货品种中仅高于胶合板品种，均位列第18名，说明市场参与者对纤维板期货合约的持仓意愿仍然十分有限。

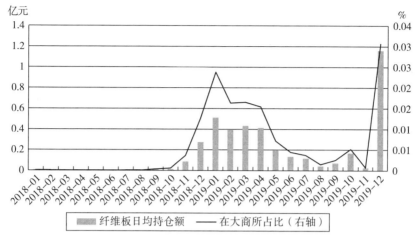

图 11-4 2018—2019 年纤维板期货日均持仓金额及占比

（数据来源：大连商品交易所）

（二）期现货市场价格变化特点及原因

1. 期货市场价格宽幅震荡

2019年，纤维板期货合约价格整体呈现上涨走势，主力合约11月末[①]结算价96.50元/张，较年初的76.70元/张上涨25.81%。最高价为11月11日的109.4元/张；最低价为3月5日的41.25元/张[②]。全年波动幅度165.21%，同比增大，主要原因之一是2019年成交量和持仓量显著增长，市场交投热情提升。

---

① 由于12月份纤维板合约单位由"张"变更为"立方米"，此处关于价格走势的描述选取的周期为2019年1月至11月。

② 合约单位修改后的12月最高价为1 531.5元/立方米，最低价为1 366.5元/立方米，波动幅度为12.07%。

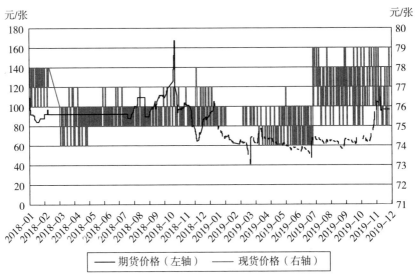

图 11-5　2018—2019 年纤维板期现货价格走势

（数据来源：Wind 资讯）

2. 现货市场价格窄幅运行

2019年，纤维板现货价格（鱼珠市场15mm中纤板）相对平稳，整体呈现窄幅震荡走势。年底价格为79元/张，较年初的76元/张上涨3.95%。全年最高价为79元/张，最低价为74元/张，波动幅度为6.76%，同比小幅下降。

（三）期货交割情况分析

2019年，纤维板期货合约交割量为1 033手，而上年无交割。具体而言，本年度纤维板期货在1~11月共发生11次交割，其中3月的交割量最大，达到197手，10月的交割量最少，为17手。

从纤维板期货的交割客户区域看，2019年纤维板期货交割客户所在区域共涉及13个省市，与主产区和主销区的分布基本一致。其中排名前三的是安徽省、湖北省和上海市，交割量分别为300手、262手和207手。内蒙古自治区和山东省的交割量最低，分别仅为4手和5手。

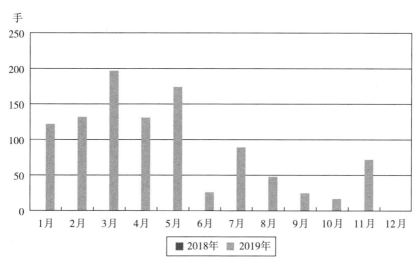

图 11-6　2018—2019 年度纤维板期货交割量

（数据来源：大连商品交易所）

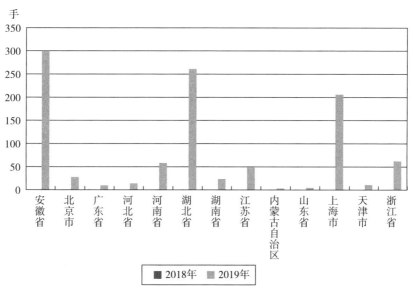

图 11-7　2018—2019 年纤维板期货交割地域分布

（数据来源：大连商品交易所）

（四）期货市场交易主体结构分析

1. 参与交易客户数显著增加

2019年，纤维板期货合约参与交易的客户数量较上年大幅增加，达到2.26万户，约为上年的8.3倍，其中12月份参与交易的客户最多，达到1.34万户，11月最少，为200户，与成交量和持仓量的变化趋势基本相一致。从参与者结构看，2019年参与纤维板期货交易的个人客户数量增长较为明显，从2018年的月均368户增加至2019年的月均3 073户。而法人客户虽然从2018年的月均8户增加至55户，但数量仍然较少，且占比有所下降，仅占全部客户数量的3%左右，反映出法人客户，尤其是产业客户对于纤维板期货的认可度有限、参与热情不高等问题。

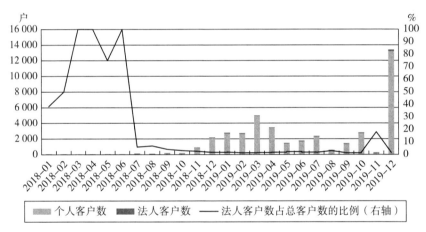

图 11-8　2018—2019 年纤维板期货市场客户结构

（数据来源：大连商品交易所）

2. 短线交易客户数明显增加

2019年，参与纤维板期货短线交易的客户数量为1.89万户。分月度看，短线客户数在1~11月呈现先增长后减少的趋势，11月受部分合约终止挂牌影响，短线客户数降至全年最低值，仅为4户，且全部为法人客户。12月，新合约挂牌后，短线客户数量迅速增长，达到全年最高值1.14万户，其中法人短线客户88户，个人短线客户1.13万户（占比77%），说明修改后的合约一定程度提升了短线客户的参与热情。

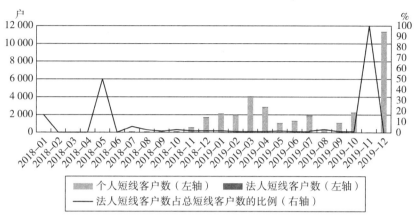

图 11-9　2018—2019 年纤维板期货短线交易客户结构

（数据来源：大连商品交易所）

3. 成交和持仓集中度同比下降

2019年，纤维板期货的成交和持仓集中度同比均有所下降，其中前10名客户的月度成交集中度未再出现100%的情况，基本处于17%~45%区间，平均为25.47%，而上年第一季度持续为100%，均值高达63.90%。持仓集中度的情况与之类似，2018年纤维板期货前10名客户的持仓集中度均处于100%的水平，而2019年最高值为8月份的72.35%，最低值为12月份的43.22%，全年均值为53.99%，同比下降，说明随着纤维板期货流动性的提升，成交和持仓量趋于分散、结构有所改善。

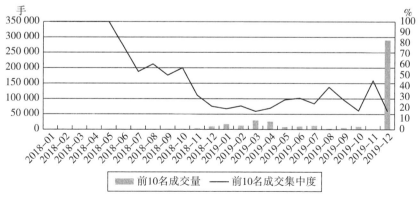

图 11-10　2018—2019 年度纤维板期货成交集中度

（数据来源：大连商品交易所）

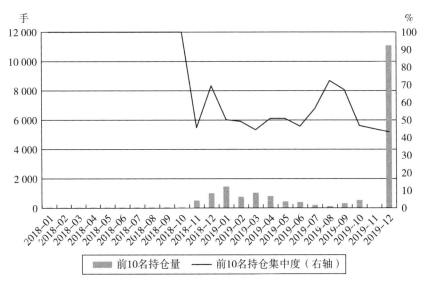

图 11-11　2018—2019 年度纤维板期货持仓集中度

（数据来源：大连商品交易所）

二、纤维板期货市场功能发挥情况

（一）价格发现功能发挥情况

2019年，纤维板期现价格相关性上升。通过选取大商所纤维板主力合约结算价和鱼珠市场15mm中纤板现货价格，计算纤维板期现价格相关性，发现2019年纤维板期现货价格的相关系数是0.20，同比明显增加，说明随着纤维板期货流动性的提升和参与者数量的增加，期现货价格的联动性有所增强。

表 11-1　　2018—2019 年纤维板期现价格相关性

检验项	年份	2018	2019
期现价格的相关性	系数	-0.07	0.20
	显著性检验	通过检验	通过检验
期现价格引导关系		无引导关系	无引导关系

数据来源：大连商品交易所、Wind 数据库。

（二）套期保值功能发挥情况

1. 基差波动加大

不同于2018年，2019年纤维板期货与现货价格之间的基差不再局限于在负值区间运行，波动明显加大。具体而言，基差均值为8.77元/张，最大值为34.75元/张，最小值为－33.40元/张[①]。2019年，纤维板期现基差临近交割日前后回归情况与2018年相比变化不大。

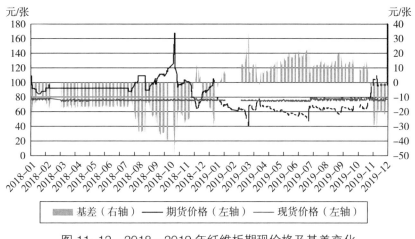

图 11-12　2018—2019 年纤维板期现价格及基差变化

（数据来源：大连商品交易所）

2. 套期保值效率下降

套期保值效率反映市场以最优套保比率参与套保交易后价格风险的降低程度。套期保值效率越高意味着期货市场套期保值功能发挥越好。2019年，纤维板期货合约套期保值效率为6.48%，处于较低水平，且较2018年有所下降，说明纤维板期货功能发挥有限等问题依然突出。到期日基差为5.39元/张，期现价差率为23.91%，同比变化不大。

---

① 12月合约单位修改后，基差均值为 1 407.72 元/立方米，最大值为 1 452.5 元/立方米，最小值为 1 290.5 元/立方米。

表 11-2　　　　　2018—2019 年纤维板期货套保有效性

项目	年份		2018	2019
基差	均值	元 / 张	-2.88	8.77[①]
	标准差	元 / 张	7.15	0
	最大	元 / 张	5.7	34.75
	最小	元 / 张	-27.20	-33.40
到期价格收敛性	到期日基差	元 / 张	7.17	5.39
	期现价差率	%	23.73	23.91
套期保值效率	周（当年）	%	12.84	6.84

注：由于纤维板期货合约单位在 2019 年 12 月由"张"改为"立方米"，基差变动随之加大，因此为保证可比性，该表中关于基差的数据统计周期为 1~11 月。

数据来源：大连商品交易所。

三、纤维板期货合约相关规则调整

（一）交易制度

表 11-3　　　　　　2019 年纤维板交易制度调整

时间	通知名称	调整措施
2019-10-14	《关于修改纤维板合约及相关规则的通知、关于终止纤维板期货部分已挂牌合约交易和挂牌新合约有关事项的通知》	对《大连商品交易所纤维板期货合约》《大连商品交易所交割管理办法》《大连商品交易所标准仓单管理办法》《大连商品交易所风险管理办法》《大连商品交易所结算管理办法》以及《大连商品交易所纤维板期货业务细则》进行了修改并予以发布，修改后的合约、规则自纤维板 2001 合约起施行。同时，经研究决定，发布关于终止纤维板期货部分已挂牌合约交易和挂牌新合约有关事项的通知，自 2019 年 10 月 15 日起，终止已挂牌的纤维板期货 FB1912、FB2001、FB2002、FB2003、FB2004、FB2005、FB2006、FB2007、FB2008、FB2009 合约交易，并推迟后续合约挂牌，并按新修订的合约规则挂牌纤维板期货合约，其中挂牌时间另行通知，挂牌基准价在纤维板期货合约挂牌前公布，按修订后合约及规则挂牌的纤维板期货合约最低交易保证金为合约价值的 10%、涨跌停板幅度为上一交易日结算价的 5%，新合约挂牌首日的涨跌停板幅度为挂盘基准价的 8%。关于交易保证金和涨跌停板幅度的其他规定，按照《大连商品交易所风险管理办法》执行，按修订后合约及规则挂牌的纤维板期货合约交易手续费为成交金额的万分之一
2019-11-29	《关于纤维板期货合约挂盘基准价的通知》	纤维板期货 FB2001、FB2002、FB2003、FB2004、FB2005、FB2006、FB2007、FB2008、FB2009、FB2010、FB2011 合约将于 2019 年 12 月 2 日（星期一）上市交易，并公布各合约挂盘基准价

（二）交割制度

表 11-4　　　　　　　　2019 年纤维板交割制度调整

时间	通知名称	调整措施
2019-3-29	《关于调整玉米等 9 个品种指定交割仓库及指定质检机构的通知》	取消广东国储物流股份有限公司纤维板、胶合板交割仓库资格；取消中储发展股份有限公司天津南仓分公司纤维板、胶合板交割存货地点资格
2019-11-8	《关于调整纤维板交割区域、基准交割地、地区升贴水及仓储费等事项的通知》	调整纤维板品种的指定交割仓库及指定质检机构，新设立 4 家纤维板指定交割厂库，分别为广西高峰五洲人造板有限公司、广西得力木业开发有限公司、封开县威利邦木业有限公司和绿洲森工（淮南）有限公司，其中前两家为基准指定厂库，后两家为非基准指定厂库，升贴水均为 0 元/立方米，另外取消 3 家纤维板指定仓库资格，分别为中储发展股份有限公司、天津全程物流配送有限公司和浙江省国际贸易集团物流有限公司

四、纤维板期货市场发展前景、问题与发展建议

（一）发展前景

我国是中密度纤维板的生产大国，产量长期居于世界前列，需求也十分庞大。但现货市场产品类型繁多，标准化程度较低等问题也较为突出。与国际市场相比，我国纤维板产品的质量仍有一定差距。在我国相关产业结构的调整优化中，产品的技术水平、质量也相应有所提升。

2019年12月，在广泛征求市场意见，并进行市场调研之后，修改后的纤维板期货合约正式在大商所挂牌交易，重新上市的纤维板期货流动性显著提升。未来随着纤维板期货功能的逐步发挥，在行业竞争不断加剧的背景下，期货工具将帮助相关企业较好地规避原材料等相关资源价格的波动风险，提前锁定产品销售利润或减少经营亏损，提升企业在现货市场中的长期竞争力。

（二）当前存在的问题

1. 期货套保功能发挥有限

纤维板规则修改后于2019年12月2日自FB2001开始施行，实施时

间较短，因此该指标同比下降主要反映的是规则修改前的情况，规则修改后将有所改善。主要原因在于规则修改前，纤维板期货因甲醛检验效率问题逐渐引起市场关注，交割月价格波动幅度较大，导致套期保值效率同比下降。

2. 流动性仍然不足，且法人客户持仓占比同比下降

2019年纤维板期货市场流动性同比有所提高，但与其他活跃品种相比，交投活跃度仍然十分有限，且由于增加的成交量以个人客户参与为主，产业客户参与度不高，导致法人客户持仓占比同比下降。

（三）发展建议

继续跟踪合约运行情况。大商所于2019年10月14日进行了纤维板期货合约规则的调整，修改后的合约规则自2019年12月2日起于FB2001开始施行，实施时间较短，后续将继续跟踪合约运行情况，根据交割需求，及时调整交割仓库布局。

专栏

2019年纤维板期货大事记

2月20日，中美贸易摩擦对家具、地板和橱柜等出口影响较大，导致相关珍贵阔叶木材价格下行，纤维板、刨花板市场销售价格出现较大幅度下滑。

5月15日，中国建筑材料流通协会发布全国建材家居景气指数（以下简称BHI）4月份数据。4月BHI为101.69，环比下降3.22个百分点，同比下降0.42个百分点。全国规模以上建材家居卖场4月销售额为844.4亿元，环比下降7.06%，同比下降0.70%。1~4月累计销售额为2 852.3亿元，同比上涨3.06%。

　　9月2日，中国林产工业协会纤维板专业委员会2019年工作会议在临沂召开。会议指出纤维板产品仍有巨大的市场需求，并就环保和安全生产以及企业发展面临的瓶颈等问题进行了座谈。

　　11月18日，河南淮阳康森木业密度纤维板生产线竣工，该木制品加工生产项目主营密度纤维板制品系列产品生产以及加工。

　　12月5日，据中国木叶信息网数据，2018年，我国纤维板单线平均生产能力达到8.93万立方米/年，同比增长3.4%，单线平均生产规模进一步提高。中国纤维板生产能力止跌回升，投资建设纤维板生产线热度回升，2019年度全国纤维板总生产能力将进一步上升，预计年底可接近5 200万立方米/年，短期产能过剩风险显现。截至2018年底，全国保有纤维板生产线558条，合计生产能力4 981万立方米/年，分布在24个省（市、区），总生产能力经历连续三年下滑后止跌回升，在2018年底基础上增长4.7%。在全国保有的558条纤维板生产线中，湿法硬质纤维板生产线1条，生产能力2万立方米/年；超薄纤维板生产线3条，合计生产能力35.5万立方米/年；芦苇纤维板生产线1条，生产能力8.0万立方米/年。

　　12月17日，据中国木业信息网数据，中国纤维板类产品出口美国量连续四年下降。

报告十二
粳米期货品种运行报告（2019）

2019年粳米现货价格震荡下行，上半年区间波动为主，下半年大幅回落。2019年8月16日，粳米期货挂牌交易，上市以后期价整体呈震荡下行走势。粳米期货尚处于培育期，成交持仓规模还有待提升，但期现价格结合紧密，价格发现功能初步显现。粳米期货的上市，方便了企业进行套期保值操作，满足了企业的风险管理需求。粳米作为期货新品种，部分产业客户对其了解还不充分，交易所应加强粳米现货市场的广大实体企业培育工作，促进产融结合，更好地服务实体经济。

一、粳米期货市场运行情况

（一）市场规模及发展情况

1. 粳米期货上市后成交逐步活跃

自2019年8月上市至12月，粳米期货成交量为41.36万手，占大商所期货总成交量比重为0.03%，粳米期货成交量位列大商所期货品种第18名。8~12月成交额为149.78亿元，占大商所期货总成交额比重为0.02%，粳米期货成交额位列大商所期货品种第18名。

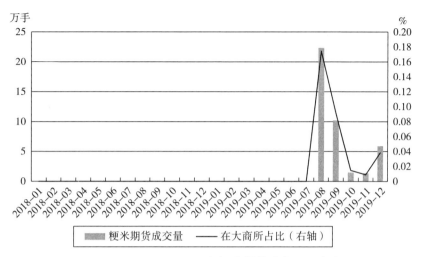

图 12-1　2018—2019 年粳米期货成交量及占比

（数据来源：大连商品交易所）

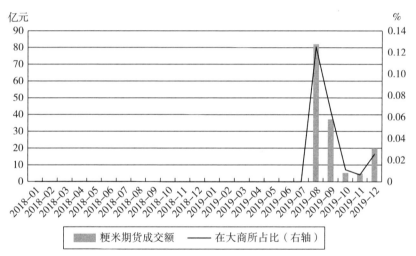

图 12-2　2018—2019 年粳米期货成交额及占比

（数据来源：大连商品交易所）

2. 粳米期货上市后持仓规模保持相对稳定

粳米期货首个交易日所有挂牌合约的持仓总量为1.65万手，此后持仓规模保持相对稳定，截至2019年12月底，粳米期货日均持仓量为1.26万手，占大商所期货日均持仓量比重为0.19%。8月到12月，

粳米期货日均持仓金额为4.51亿元，占大商所期货总持仓金额比重为
0.15%。

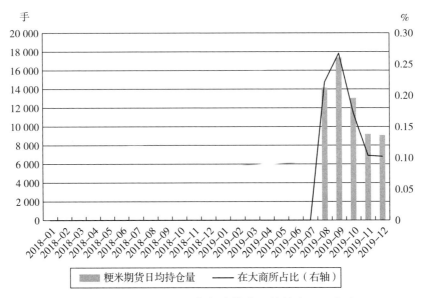

图 12-3　2018—2019 年粳米期货日均持仓量及占比

（数据来源：大连商品交易所）

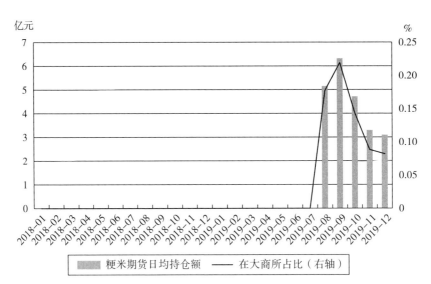

图 12-4　2018—2019 年粳米期货日均持仓金额及占比

（数据来源：大连商品交易所）

（二）期现货市场价格走势

1. 期货价格总体下行

粳米期货于2019年8月16日上市，上市挂盘价为3 600元/吨，价格先小幅下跌，11月28日开始下跌幅度增加。截至2019年12月31日，粳米期货主力合约结算价3 363元/吨，较上市日下跌323元/吨，跌幅8.76%，期间最高价为3 686元/吨，最低价为3 342元/吨，最大振幅344元/吨，最大振幅率为10.29%。2019年粳米期货走势大致可分为四个阶段：

第一阶段：2019年8月16-18日高开低走。原因是国家临储投放以及地方各级储备库轮换有序进行，市场上原粮供应充足，粳米期价高开低走。

第二阶段：2019年9月2-20日震荡上行。原因是进入9月份后，国储稻谷拍卖投放量大幅减少，从前期每周的200多万吨锐减至40万吨，短期市场供应大幅减少，加之黑龙江主产区降雨频繁，新季粳稻上市推迟，市场处于青黄不接阶段，随着市场上余粮渐渐被消化，供给趋紧。此外，随着国内学校陆续开学，以及中秋、国庆节的来临，大米走货速度加快，粳米需求转暖。整体而言，粳米供大于求的情况得以改善，期价震荡上行。

第三阶段：2019年9月23-26日连续下跌。原因是节日效应逐渐减退，大米走货量放缓，加之主产区新季稻谷陆续上市，随着上市量的逐渐增加，粳米市场承压，期价连续下跌。

第四阶段：2019年11月27日至12月24日急速下跌。原因是稻谷处于上市高峰期，而黑龙江托市启动时间较上年推迟了近一个月，加之新米购销疲软，拖累粳米市场，市场看空情绪浓郁，粳米期价急速下跌。

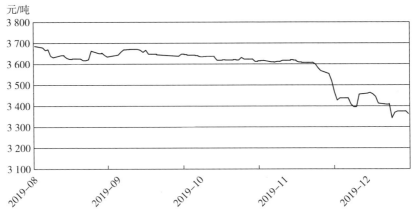

图 12-5　2019 年 8~12 月粳米期货主力合约价格走势

（数据来源：Wind 数据库）

2. 现货价格与年初持平

2019年粳米现货（黑龙江佳木斯出厂价）价格几乎无波动。截至2019年12月31日，粳米现货价格为3 870元/吨，与2019年初持平，其间最高价为3 870元/吨，最低价为3 850元/吨，最大振幅20元/吨，最大振幅率为0.52%。

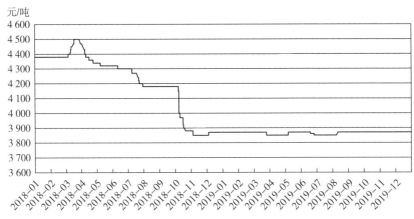

图 12-6　2018—2019 年粳米现货基准地价格走势

（数据来源：Wind 数据库）

（三）期货市场交易主体结构分析

1. 粳米期货的客户参与数仍需培育

2019年8月到12月，粳米期货交易客户总数为23 412户，粳米期货还处于前期培育期。从市场参与结构来看，粳米期货法人交易客户数为月均121户，占比2.84%；粳米期货个人交易客户数月均值为6 319户，占比97.16%，个人客户在粳米期货交易中占主流。

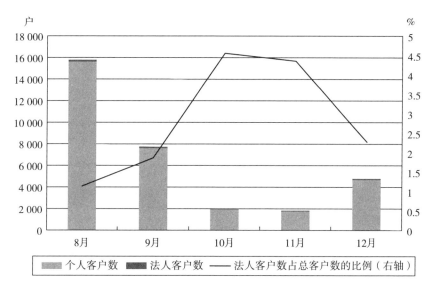

图 12-7　2019 年粳米期货市场客户结构

（数据来源：大连商品交易所）

2. 短线交易客户占主流

2019年8月到12月，粳米期货短线客户数为17 776户，其中持仓客户数为月均33 00户。从市场参与结构来看，个人短线客户为月均4 222户，占比99.09%；法人短线客户为月均39户，占比0.91%，短线交易中个人客户占绝对主流。

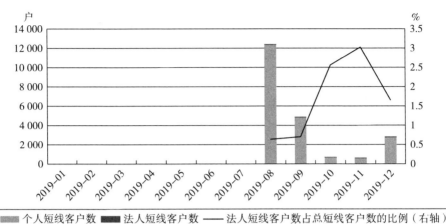

图 12-8　2019 年粳米期货短线交易客户结构

（数据来源：大连商品交易所）

3. 持仓集中度高于成交集中度

2019年8月到12月，粳米期货成交集中度为48.69%；粳米期货持仓集中度为83.59%。粳米期货市场结构较为合理，产业上中下游企业均参与粳米期货交易。随着粳米期货的运行成熟，成交和持仓集中度将更加优化。

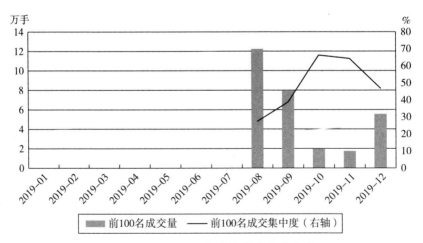

图 12-9　2019 年粳米期货成交集中度

（数据来源：大连商品交易所）

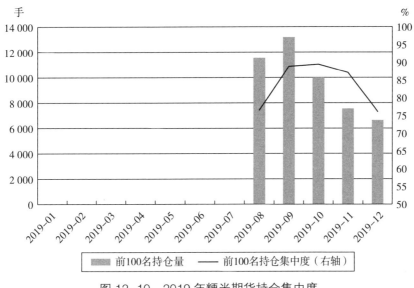

图 12-10　2019 年粳米期货持仓集中度

（数据来源：大连商品交易所）

二、粳米期货市场功能发挥情况

（一）粳米期货上市促进产业链定价模式优化

粳米产业联系着粳稻的贸易、收储，保持市场供需和价格的平稳运行对于保障粳米供给、促进产业健康发展有着重大意义。随着稻米产业链市场化水平的不断提高，粮食行业对未来价格发现和有效风险管控工具的需求日益迫切。作为具有价格发现、风险管理功能的期货市场，在保障国家粮食安全方面发挥着重要作用。粳米期货的上市，通过发挥其套期保值、价格发现的功能，有助于促进行业的整合，有助于企业稳健经营，有利于农民保产增收，为"三农"服务，保障国家粮食安全。

（二）满足粳米产业链企业的避险需求

在粳米期货上市前，我国已有粳稻期货，粳米期货上市后，两者形成合力，将构建完整的稻米产业链避险体系。我国是世界第一大粳米生产国，且具有广泛的市场需求。从粳米市场的基本面看，粳米品种是一个供应过剩的品种，且长期以来，受"稻强米弱"、供给过剩等因素影响，我国大米行业价格波动大，经营风险高，加工企业众多，市场竞争激烈，粳米企业的加工利润为80~100元/吨，平均加工利润率只有2%~3%。近年来，随着粳稻去库存力度的增加，粳米价格波动幅度加大，加工企业面临着较大的经营风险。粳米期货的推出满足了米厂销售环节和下游客户采购环节的避险需求，同时为加工企业带来曙光，借助粳米期货这一工具，企业可以依据加工情况适时在期货市场进行套期保值，管理终端粳米销售风险。粳米期货也通过公开、透明的价格信息，让市场更清晰地发现现货市场供需格局。交易所也将继续加强与产业各主体的沟通，做好市场培育与服务工作，帮助粳米上下游主体更好地规避风险。

三、粳米期货合约相关规则调整

（一）交易制度

1. 粳米合约公布及规则修改

2019年8月13日，大连商品交易所发布了《关于公布施行〈大连商品交易所粳米期货合约〉和相关实施细则修正案的通知》。并对《大连商品交易所交易细则》《大连商品交易所结算细则》《大连商品交易所交割细则》《大连商品交易所保税交割实施细则》《大连商品交易所标准仓单管理办法》《大连商品交易所风险管理办法》等合约规则进行了调整。

表 12-1　　　　　　　　　　大连商品交易所粳米期货合约

交易品种	粳米
交易单位	10 吨 / 手
报价单位	元（人民币）/ 吨
最小变动价位	1 元 / 吨
涨跌停板幅度	上一交易日结算价的 4%
合约月份	1、2、3、4、5、6、7、8、9、10、11、12 月
交易时间	每周一至周五上午 9：00~11：30，下午 13：30~15：00，以及交易所规定的其他时间
最后交易日	合约月份第 10 个交易日
最后交割日	最后交易日后第 3 个交易日
交割等级	大连商品交易所粳米交割质量标准（F/DCE RR001—2019）
交割地点	大连商品交易所粳米指定交割仓库
最低交易保证金	合约价值的 5%
交割方式	实物交割
交易代码	RR
上市交易所	大连商品交易所
变动幅度	0.30

数据来源：大连商品交易所。

2. 粳米交易规则及相关手续费公布

规定粳米合约交易指令每次最大下单数量为 1 000 手；粳米期货合约交易手续费为 4 元/手；粳米期货标准仓单转让货款收付手续费为 1 元/吨；粳米仓储费为 1 元/吨。

3. 粳米合约交易保证金、涨跌停板幅度以及单边持仓限额公布

交易保证金制度规定，一般月份，粳米合约最低交易保证金为合约价值的 5%。同时，交易所可以分时间段根据合约持仓量的变化调整该合约的交易保证金。

涨跌停板制度规定，粳米合约交割月份以前的月份涨跌停板幅度为上一交易日结算价的 4%，交割月份的涨跌停板幅度为上一交易日结算价的6%。

持仓限额制度规定，粳米品种非期货公司会员和客户的限仓数额，在合约上市至交割月前一个月最后一个交易日期间根据合约的单边持仓量规定，交割月期间以绝对量方式规定。

4. 粳米节假日保证金、涨跌停板和夜盘交易时间调整

2019年，粳米首次上市及节假日，大商所先后调整了粳米期货品种最低交易保证金标准1次、涨跌停板幅度1次及非1/5/9合约手续费标准1次。其中，国庆期间，粳米期货合约最低交易保证金由最初通知的5%修改为7%；国庆期间，粳米品种涨跌停板幅度标准由调整至4%和5%；10月29日，调整非1/5/9合约手续费，从之前的4元/吨，调整为0.4元/吨。在法定节假日前一个交易日，不进行夜盘交易。

表12-2　　　　2019年粳米交易保证金、手续费调整

时间	通知名称	调整措施
2019-8-13	《关于公布施行〈大连商品交易所粳米期货合约〉和相关实施细则修正案的通知》	根据《大连商品交易所风险管理办法》修正案规定，粳米合约交割月份以前的月份涨跌停板幅度为上一交易日结算价的4%，交割月份的涨跌停板幅度为上一交易日结算价的6%。粳米期货合约的最低交易保证金为合约价值的5%
	《关于粳米期货合约上市交易有关事项的通知》	粳米期货合约涨跌停板幅度暂定为上一交易日结算价的4%，上市首日涨跌停板幅度为挂盘基准价的8%。粳米期货合约交易保证金暂定为合约价值的5%
2019-9-24	《关于2019年国庆节期间调整各品种涨跌停板幅度和最低交易保证金标准的通知》	自2018年9月27日（星期五）结算时起，将粳米涨跌停板幅度和最低交易保证金标准分别调整至5%和7%。2019年10月8日（星期二）恢复交易后，自各品种持仓量最大的两个合约未同时出现涨跌停板单边无连续报价的第一个交易日结算时起，粳米涨跌停板幅度和最低交易保证金标准分别恢复至4%和5%
2019-10-29	《关于调整相关手续费标准的通知》	自2019年11月1日交易时（即10月31日夜盘交易小节时）起，对粳米品种非1/5/9合约月份的手续费标准进行调整，从之前的非日内和日内手续费4元/吨，调整为非日内和日内手续费0.4元/吨

数据来源：大连商品交易所。

表 12-3　　　　　　　　　　2019 年粳米夜盘交易时间调整

时间	通知名称	调整措施
2019-9-27	《关于 2019 年国庆节期间夜盘交易时间提示的通知》	2019 年 9 月 30 日（星期一）当晚不进行夜盘交易；2019 年 10 月 8 日（星期二）所有合约集合竞价时间为 08：55—09：00；10 月 8 日（星期二）当晚恢复夜盘交易

数据来源：大连商品交易所。

（二）交割制度

1. 公布仓库名录及仓储费

根据《关于粳米期货合约上市交易有关事项的通知》，粳米指定交割厂库包括益海（佳木斯）粮油工业有限公司等8家公司。粳米指定交割仓库为中国华粮物流集团北良有限公司和锦州港股份有限公司。此外，粳米仓储费为1元/吨·天。

表 12-4　　　　　　　大连商品交易所粳米指定交割厂库名录

交割仓库名称	标准仓单最大量（吨）	日发货速度（吨/天）	基准基准库/非基准库库	与基准库升贴水（元/吨）
益海（佳木斯）粮油工业有限公司	9 000	600	基准库	0
维维汤旺河生态农业有限公司	9 000	600	非基准库	0
黑龙江瓮福人和米业有限公司	9 000	600	非基准库	−10
黑龙江六水香生态农业有限公司	9 000	600	非基准库	50
黑龙江清龙米业有限公司	9 000	600	非基准库	50
黑龙江雪那红米业有限公司	9 000	600	非基准库	−30
黑龙江益华米业有限公司	9 000	600	非基准库	−30
中粮米业（大连）有限公司	9 000	600	非基准库	150

数据来源：大连商品交易所。

表 12-5　　　　　　大连商品交易所粳米指定交割厂库名录

交割厂库名称	装运站/港	协议库容（万吨）	基准库/非基准库	与基准库升贴水（元/吨）
中国华粮物流集团北良有限公司	铁路：金港站 船舶：北良港	3	非基准库	150
锦州港股份有限公司	铁路：高桥镇高天地铁转锦港专线 船舶：锦州港	3	非基准库	140

注：协议库容为大商所与交割仓库签订的最低保证库容，交割仓库实际存放货物可能超过协议库容。

数据来源：大连商品交易所。

2. 检验中心及检验费规定

中国检验认证集团辽宁有限公司、通标标准技术服务有限公司和大连华正检验有限公司为粳米的指定质检机构。此外，粳米重量检验费为1元/吨，全套品质检验费为5 000元/样。

表 12-6　　　　　大连商品交易所粳米检验及取样费用最高限价

项目	检验费	取样费	合计
中国检验认证集团辽宁有限公司	2 000 元/样	3 000 元/样	5 000 元/样
通标标准技术服务有限公司	2 000 元/样	3 000 元/样	5 000 元/样
大连华正检验有限公司	2 000 元/样	3 000 元/样	5 000 元/样

数据来源：大连商品交易所。

3. 出入库费用规定

粳米出入指定交割仓库（厂库）主要通过汽车、船舶和铁路方式，其中汽车和船舶入库费用最高限价区间均为25~40元/吨，出库费用最高限价区间均为25~40元/吨。

表 12-7　　　　　　　　粳米指定交割厂库入出库费用最高限价

收费项目	平板汽车出库	集装箱汽车出库	火车出库	集装箱火车出库	有无铁路专用线
计量	元/吨	元/吨	元/吨	元/吨	
主要作业内容	由库内垛位至汽车内的全部费用	由库内垛位至汽车内的全部费用	由库内垛位至火车厢的全部费用（含铁路代垫费用）	由库内垛位至火车厢的全部费用（含铁路代垫费用）	
瓮福人和米业	25	25	40	40	有
佳木斯益海	25	25	40	40	有
维维汤旺河	25	25	40	40	有
黑龙江六水香	25	25	40	40	无
黑龙江清龙	25	25	40	40	无
黑龙江雪那红	25	25	40	40	有
黑龙江益华	25	25	40	40	无
中粮米业（大连）	25	25	40	40	有

数据来源：大连商品交易所。

表 12-8　　　　　　　　粳米指定交割仓库入出库费用最高限价

收费项目	计量	主要作业内容	北良港	锦州港
平板汽车入库	元/吨	由汽车内至库内并码垛的全部费用	25	25
集装箱汽车入库	元/吨	由汽车内至库内并码垛的全部费用	25	25
火车入库	元/吨	由火车厢至库内并码垛的全部费用（含铁路代垫费用）	40	40
集装箱火车入库	元/吨	由火车厢至库内并码垛的全部费用（含铁路代垫费用）	40	40
平板汽车出库	元/吨	由库内垛位至汽车内的全部费用	25	25
集装箱汽车出库	元/吨	由库内垛位至汽车内的全部费用	25	25
集装箱船舶出库	元/吨	由库内垛位至船仓内的全部费用	40	40
有无铁路专用线		有		有

数据来源：大连商品交易所。

4. 标准仓单管理规定

允许粳米注册厂库标准仓单，并规定商品质量争议处理办法。

仓库商品入库时，货主或者指定交割仓库对商品检验报告的检验结论有异议的，应当在接到商品检验报告之日起10个工作日内以书面形式向交易所提出复检申请。

仓库商品出库时，货主对出库商品质量有异议的，应当在标准仓单注销之日起10个工作日内且货物已交付但未出库的情况下，以书面形式向交易所提出复检申请。

厂库商品出库时，厂库应当在货主的监督下进行抽样，经双方确认后将样品封存。货主对出库商品质量有异议的，首先与厂库协商解决。协商不成的，货主应当在与厂库按照前述规定封存样品后（不含当日）的10个工作日内，以书面形式对该样品提出复检申请。

（三）其他规则

粳米期货结算管理。规定粳米合约一次性交割结算价、期转现结算价以及滚动交割结算价。一次性交割的交割结算价采用该期货合约最后十个交易日所有成交价格的加权平均价，若交割月不足十个交易日，交割结算价采用该期货合约自交割月第一个交易日起至最后交易日所有成交价格的加权平均价。期转现结算价采用买卖双方协议价格。滚动交割的交割结算价采用该期货合约滚动交割配对日的当日结算价。

四、粳米期货市场发展前景、问题与发展建议

（一）发展前景

1. 粳米产量和需求均居世界首位，利于粳米期货市场的发展

粳米的蛋白质含量丰富，主要用于人们食用口粮，口感鲜软，是

我国三大米种之一，可以在工业中用于制作燃料乙醇和淀粉，也可以添加在饲料中替代玉米和小麦提供能量。近几年，我国粳米产量总体呈增长趋势。据统计，2019年，我国粳米产量约4 700万吨，约占全球总产量的68%；消费量约4 200万吨，约占全球消费总量的61%。我国粳米主产区包括东北三省、苏皖地区等，其中东北三省是粳米产量最高的地区，占全国产量的53%。而粳米主要消费区为华北黄淮、华东及东北地区。随着价格波动的加大，企业面临的经营风险也逐渐加大，而粳米期货为上下游企业的风险规避带来曙光，借助粳米期货这一工具，企业可以依据加工情况适时在期货市场进行套期保值，管理终端粳米销售风险，粳米期货市场发展具有良好的现货基础和产业需求。

2. 粳米期货上市以来，运行平稳，未来发展空间广阔

从国家政策角度讲，随着粳稻最低收购价不断调低，未来市场化程度将逐渐增加，并且稻谷正处于去库存阶段，陈年稻谷库存正逐年降低。预计未来粳米价格波动率会增加，产业链上相关主体避险需求会增加，需要粳米期货规避风险，粳米期货将服务更多的市场主体，活跃度也同样会增加。从产业整合角度讲，粳米产业集中度较低，粳米期货可提供价格信息及避险手段，未来助力龙头企业整合升级、做大做强，进而提高整个行业的规模化程度及发展水平。从交割区域讲，江苏省粳稻产量约占全国产量的26%，是除东北三省以外第二大主产区，并且近年来江苏优质品种与东北米差异越来越小。未来粳米价格市场化程度较高时，可考虑将江苏纳入粳米期货交割区域，使粳米期货服务更广的经济区域。

（二）当前存在的问题

1. 粳米期货的活跃度有待提升

从8月份上市以来，粳米期货成交量为41.36万手，占大商所期货总成交量比重为0.03%，粳米期货日均持仓量为1.26万手，占大商所期货总持仓量比重为0.19%，从持仓结构来看，主要以个人客户为主。粳米期货的活跃度较低主要受国家稻谷最低价收购政策和高库存影响，同时，从成交和持仓的数据来看，粳米期货的活跃度仍处于初期培育阶段，粳米期货法人客户占比相对较低，且投资者交易成本较高，影响了粳米期货的活跃度，需要后期国家政策的支持以及改善进而提升活跃度。

2. 粳米贸易商和加工企业对期货工具的运用水平有待提高

随着粳稻去库存力度的增加，粳米价格波动幅度加大，加工企业面临着较大的经营风险。米厂销售环节和下游客户采购环节的避险需求增强，但多数粳米供应商和贸易商对期货的了解有限，对期货工具的运用水平还相对较低，不利于粳米供应商和贸易商运用期货来规避风险。

（三）相关建议

粳米作为期货新品种，尚处于发展的培育阶段，部分产业客户对其了解还不充分，交易所应降低交易成本、加大市场宣传，加强粳米市场的培育工作，促进产融结合，更好地服务实体经济。

首先，降低粳米交易手续费，粳米手续费的调减使交易者成本降低，利于粳米期货交投活跃。其次，加大市场宣传和培训力度，交易所和期货公司应该加大对粳米期货市场的培育力度，为粳米生产企业和贸易商举办期货培训会，普及期货相关知识，促进产融结合，培养客户利用期货工具管理采购成本风险，增加消费端产业客户参与粳米期货交易的需求，有利于提高合约的活跃度。最后，交易所将继续加强与产业各主体的沟通，做好市场培育与服务工作，帮助粳米上下游主体更好了解规避风险的方法，并为上下游企业开展粳米场外期权和基差交易试点，支持产业企业进行全方位风险管理操作，促进行业稳定发展，更好地服务实体经济。

2019年粳米期货大事记

1月3日，中央1号文件发布。

1月7日，黑龙江省发布申报实施2019年水稻休耕试点的通知。

3月30日，黑龙江省实行水稻智能浸种催芽补贴政策，每斤种子补贴0.5元。

5月1日，《大米》（GB/T1354—2018）国家标准（以下简称"新国标"）正式开始实施。

5月21日，江苏省首次获得国家区域性良种繁育基地认定。

6月25日，财政部发布2019年重点强农惠农政策。

8月13日，大商所公布《大连商品交易所粳米期货合约》及《大连商品交易所交易细则修正案》《大连商品交易所结算细则修正案》《大连商品交易所交割细则修正案》《大连商品交易所保税交割实施细则修正案》《大连商品交易所标准仓单管理办法修正案》《大连商品交易所风险管理办法修正案》，自粳米期货合约上市之日起施行。

8月13日，大商所发布《关于粳米期货合约上市交易有关事项的通知》，公布了上市交易时间、上市交易合约、交易保证金及涨跌停板幅度、交易手续费、标准仓单转让货款收付业务手续费、持仓信息公布、仓储费、指定质检机构和指定交割仓库和厂库。

8月14日，大商所发布《关于粳米期货合约挂盘基准价的通知》，公布了各合约的挂盘基准价。

9月16日，中央全面深化改革委员会第十次会议审议通过《关于实施重要农产品保障战略的指导意见》。

9月21日，国家发改委等八部门发布《关于切实做好2019年秋粮收购工作的通知》。

10月9日，国家发展改革委发布《2020年粮食进口关税配额申请和分配细则》。

10月17日，厦门市人民政府印发加快推进农业机械化和农机装备产业转型升级实施意见的通知。

11月7日，江苏启动中晚稻最低收购价执行预案的通知。

11月8日，河北省35个县市区试点单农业大灾保险，试点保险标的选择小麦、玉米、水稻三大粮食作物。

12月30日，黑龙江省出台稻谷提质减损促农增收专项方案。

报告十三
铁矿石期货品种运行报告（2019）

2019年是钢铁行业推行供给侧结构性改革的第四年，改革主线由化解过剩产能向产能置换、转型升级和高质量发展等方向转变。铁矿石品种作为钢铁生产的重要原材料，受巴西淡水河谷溃坝事故和澳洲飓风天气影响，国外供给在2019年上半年大幅减少，下半年逐步恢复。与此同时，国内粗钢产量在上半年屡创新高，带动铁矿石需求走高，随后自高位回落，因此铁矿石价格全年呈现先涨后跌走势，价格波动幅度同比明显加大。

2019年铁矿石期货整体运行平稳，市场功能发挥良好，自2018年5月4日正式引入境外交易者以来，参与者结构更加合理，期货价格的代表性和国际定价影响力进一步提升。11月份，全球最大的铁矿石生产商淡水河谷与国内钢厂以大商所铁矿石期货价格为基准签订基差贸易合同，这是境外矿山首次利用我国铁矿石期货价格进行贸易定价，对于全面推广基差贸易、优化定价机制和构建更加公平合理的国际贸易新秩序具有里程碑式意义。2020年，大商所将继续优化国际化、品牌交割等相关规则制度，提高期货市场功能发挥水平，提升国际化的广度和深度，更好地服务于境内外产业企业。

一、铁矿石期货市场运行情况

（一）市场规模及发展情况

1. 铁矿石期货成交规模同比上升

2019年，大商所铁矿石期货累计成交量和成交金额分别为2.96亿手和19.87万亿元，同比增加6 004.64万手和8.35万亿元，增幅为25.39%和72.39%。分阶段看，1~7月份，铁矿石期货成交量呈现增长态势。主要原因是：1月底，巴西淡水河谷突发溃坝事故，市场对于铁矿石供给缩减的预期强烈，期货价格大幅上涨，价格波动率同步上升；7月份，铁矿石价格攀升至2014年以来高位，多空分歧加剧，成交量和成交金额均达到全年高点，分别为3 451.72万手和28 731.66亿元；进入8月份，铁矿石市场供给矛盾缓和，价格自高位回落，期货成交量和成交金额同样呈现下降态势，12月成交量降至2 155.79万手，较7月减少37.54%，成交金额降至13 866.86亿元，不足7月的二分之一。

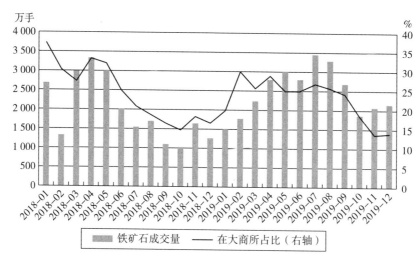

图 13-1　2018—2019 年铁矿石期货成交量及占比

（数据来源：大连商品交易所）

铁矿石成交量和成交金额在大商所期货品种中均居第一位，较上年提升一个名次。铁矿石成交量占比最高的月份是2月，达到29.95%，随后呈现下降趋势，11月和12月仅为13.58%和13.88%；成交金额占比最高的月份是7月，达到39.43%，8月份开始下滑，11月降至20%以下。

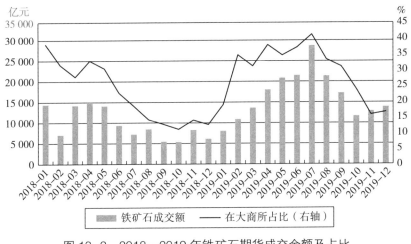

图 13-2 2018—2019 年铁矿石期货成交金额及占比

（数据来源：大连商品交易所）

2. 铁矿石期货持仓规模同比上升

2019年，大商所铁矿石期货日均持仓量和日均持仓金额分别为95.95万手和636.48亿元，同比增加15.46万手和243.00亿元，增幅为19.21%和61.75%。按月份来看，铁矿石期货持仓规模呈现先增后降的态势，全年高点出现在7月份，日均持仓量和日均持仓金额分别达到113.21万手和944.38亿元。主要是由于上半年巴西溃坝事故和澳大利亚飓风天气导致供给下降，与此同时粗钢产量连创新高，铁矿石价格冲高后面临回调压力，客户避险需求和持仓热情强烈。8月份开始，随着国外铁矿石发运量的恢复，供需矛盾逐步缓和，铁矿石价格自高位回落，期货持仓规模也随之降低，12月日均持仓量和日均持仓金额分别降至93.12万手和599.38亿元。

2019年，铁矿石期货日均持仓量在大商所期货品种中位列豆粕和玉米之后，排名第三，与上年持平；日均持仓金额则跃居第一名，较上年上升两个名次，主要得益于铁矿石价格中枢的整体上移。铁矿石期货日均持仓量和日均持仓金额占大商所比重分别从年初的12.12%和14.60%上升至7月的17.16%和29.30%，年底降至10.47%和15.82%。

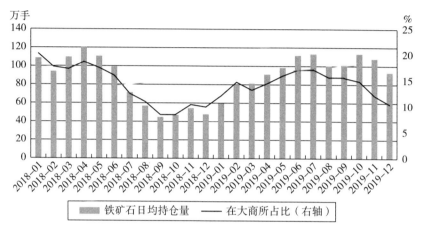

图 13-3　2018—2019 年铁矿石期货日均持仓量及占比

（数据来源：大连商品交易所）

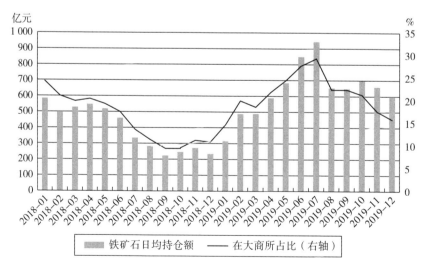

图 13-4　2018—2019 年铁矿石期货日均持仓金额及占比

（数据来源：大连商品交易所）

（二）期现货市场价格变化特点及原因

1. 铁矿石期现货价格先涨后跌

2019年，铁矿石期货价格呈现先涨后跌走势，价格中枢整体抬升。期货主力合约年末结算价为646.5元/吨，较上年末上涨154元/吨，涨幅为31.27%，全年价格波动幅度为85.15%，较上年扩大近2倍；现货基准地年末价格[①]为609元/湿吨，较上年末上涨126元/湿吨，涨幅26.09%，价格波动幅度为79.39%，较上年扩大近2倍。

2019年，钢铁行业化解过剩产能、兼并重组、转型升级、布局优化等各项工作进入深入推进阶段，产业政策对铁矿石品种基本面以及价格走势的影响减弱，境外铁矿石矿区生产事故和天气因素对价格的影响加大，具体分析如下：

供给方面，2019年上半年铁矿石市场供给大幅减少，下半年缓解。铁矿石主产国巴西和澳大利亚在上半年分别遭遇溃坝事故和飓风天气，导致铁矿石发运量明显下滑，上半年我国进口铁矿石供给量下降。据我的钢铁网统计，巴西和澳洲上半年铁矿石的发运量同比分别减少17.52%和4.48%。其中，4月份我国铁矿石到港总量为6 348万吨，环比降低2 898万吨，降幅31.3%，其中澳矿减量最为明显，环比大幅下降39.8%，创历史发货量新低。我国铁矿石港口库存从4月初的1 4843.43万吨下降至7月中旬的11 413.51万吨，降幅高达23.11%。下半年，巴西溃坝事故和澳大利亚的恶劣天气对两国铁矿石生产和发运造成的影响逐步消退，供应偏紧的局面得到缓解。截至8月底，巴西铁矿石的周度发运量由7月末的636.7万吨增至837.9万吨，增加201.2万吨，增幅31.60%，接近上年同期高点。12月底我国铁矿石港口库存回升至12 695.53万吨的水平。

---

① 数据来源：我的钢铁网，青岛港金布巴粉价格。

需求方面，由于上半年房地产和基建投资增加，2019年我国粗钢产量先增后降，钢厂对铁矿石的需求保持相同趋势。1~4月份，全国房地产开发投资34 217亿元，同比增长11.9%，开发企业房屋新开工面积58 552万平方米，同比增长13.1%，基础设施建设投资同比增长2.97%。采暖季限产结束后，伴随着较好的终端需求，钢厂积极生产，全国高炉开工率自3月中旬起不断攀升，上半年粗钢累计产量高达4.92亿吨，同比增加9.9%，其中，5月份产量达到8 909.10万吨的历史高点，钢厂对铁矿石的需求强劲。下半年，粗钢产量自峰值回落，11月份，我国粗钢产量为8028.70万吨，较5月份高点减少880.4万吨，钢厂对铁矿石的需求随之下滑。

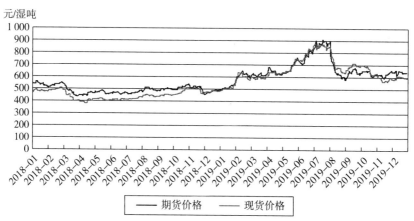

图 13-5 2018—2019 年铁矿石期货主力合约和现货基准地价格走势

（数据来源：Wind 数据库）

2. 铁矿石与产业链期货品种价格相关性升降互现

2019年，铁矿石市场阶段性供应短缺的特征明显，与产业链中其他相关品种期货价格的相关性有增有降。其中，铁矿石与螺纹钢和焦煤期货价格的相关性在上年的基础上继续增强，同比分别上升0.12和0.02至0.67和0.71，与焦炭期货价格的相关性则小幅下降，处于0.42的水平。

表 13-1　2018—2019 年铁矿石期货与国内黑色金属产业链其他期货品种相关性

年份＼项目	螺纹钢期货	焦煤期货	焦炭期货
2018 年	0.55	0.69	0.46
2019 年	0.67	0.71	0.42
变动	0.12	0.02	−0.04

注：期货价格为活跃合约结算价，数据为日度数据。

数据来源：Wind 数据库。

3. 境内外铁矿石衍生品价格相关性增强

2019年，大商所铁矿石期货主力合约结算价与新交所铁矿石掉期（期货）近一月合约结算价的相关性较2018年上升0.04至0.97，升幅3.98%。境内外铁矿石相关衍生品价格长期高度相关，为市场参与者管理价格波动风险和进行跨市场套利等均提供了高效的工具。

（三）期货交割情况分析

1. 铁矿石期货交割量和交割金额同比减少

2019年，铁矿石期货交割量为11 400手（折合114万吨），同比减少8 200手，降幅41.84%。全年交割金额为8.36亿元，同比减少1.25亿元，降幅12.93%。与上年相比，铁矿石交割呈现出"分布上更加平均、频率明显增加"的特征。除活跃合约月份（1月、5月和9月）之外，还有5个月份发生交割，尤其是8月至12月，每个月均有交割发生。除此之外，以往交割主要集中于活跃合约月份，而2019年交割量和交割金额最高的月份是6月，分别达到3 100手（折合31万吨）和2.45亿元，其次是5月和9月，交割量分别为2 600手和1 600手（折合26万吨和16万吨），交割金额分别为1.87亿元和1.22亿元。

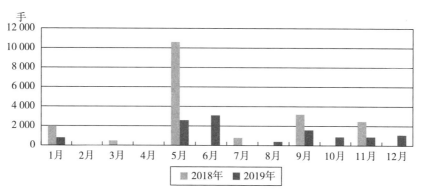

图 13-6　2018—2019 年铁矿石期货交割量

（数据来源：大连商品交易所）

2. 铁矿石交割客户仍然主要分布在华北和华东地区

从铁矿石期货交割客户地域分布看，2019年共有七个省（市）的客户参与交割，主要分布在华北和华东地区。具体而言，来自上海市的客户铁矿石交割量最大，达到6 850手，同比增加2 800手。与此同时，北京市、浙江省和江苏省继续作为铁矿石期货交割客户的主要分布地区，2019年分别交割1 500手、1 400手和1 250手。除此之外，河北省、湖北省和福建省是新增的交割客户分布区域，2019年分别交割200手、150手和50手，而上年有客户交割的湖南省、山东省和陕西省本年则无交割。

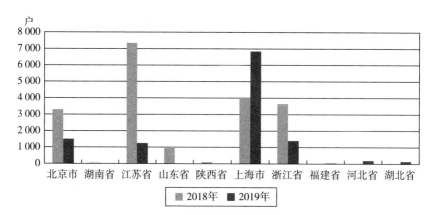

图 13-7　2018—2019 年铁矿石期货交割客户地域分布

（数据来源：大连商品交易所）

（四）期货市场交易主体结构分析

1. 铁矿石交易客户数同比下降，但法人客户占比进一步提升

2019年，参与铁矿石期货交易的客户数量为30.79万户，同比减少2.13万户，降幅6.48%。分月看，参与铁矿石期货交易的客户数与成交量的变化基本保持一致，呈现先增加后减少的趋势，其中7月份参与交易的客户数量最多，达到17.34万户，年底降至11.92万户。

从参与交易的客户结构看，法人客户数量和占比进一步提升，客户结构不断完善。2019年，参与铁矿石期货的法人客户数量为8 069户，同比增加287户，增幅3.69%。除此之外，法人客户数在总客户数中的占比达到2.62%，较上一年度提高0.26个百分点。分月看，1~7月，法人客户数量占比呈现下降趋势，于7月份降至年度最低值2.68%，8月份之后，占比逐步回升，12月份达到3.43%，为年度最高值。

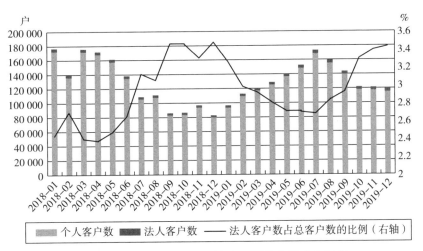

图 13-8　2018—2019 年铁矿石期货市场客户结构

（数据来源：大连商品交易所）

2. 铁矿石短线交易客户数量减少

2019年，铁矿石市场供应中断的消息频发，期货价格波动率同比上升，但投资者成熟度提升且交易行为趋于理性，参与短线交易的客户数量有所减少。铁矿石期货全年短线客户数25.43万户[①]，较上年减少1.04万户，分月看，7月市场多空分歧较大，短线客户数也达到全年最大值13.66万户，随后逐步下滑，12月降至8.74万户。

从短线客户的结构看，2019年法人短线客户和个人短线客户数分别为6 232户和26.81万户，占比2.27%和97.73%。其中，法人短线客户数在总短线客户数中的占比同比增加，个人短线客户数占比则同比小幅下降。分月看，法人客户占比7月份最低，为2.04%，12月份最高，为2.69%。

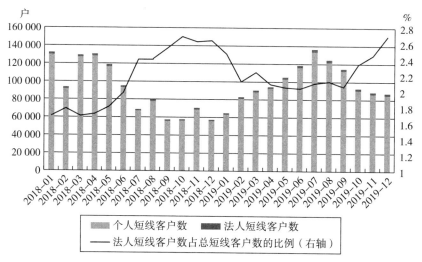

图 13-9　2018—2019 年铁矿石期货法人参与客户数

（数据来源：大连商品交易所）

3. 铁矿石成交和持仓集中度先降后升

2019年，铁矿石期货的成交和持仓集中度（即前100名客户的成交量和持仓量占比）呈现"V"形变化趋势。其中，成交集中度整体较上一年有所降低，全年运行区间为29.43%至46.74%，月均

[①] 年度短线客户数量为全年所有参与过铁矿石期货短线交易的客户数量。

为39.99%，同比降幅7.95%；持仓集中度从1月的51.10%降至7月的33.05%，又回升至12月的45.72%，月均持仓集中度为42.75%，同比几乎持平。

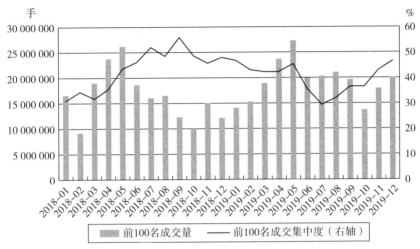

图 13-10　2018—2019 年度铁矿石期货成交集中度

（数据来源：大连商品交易所）

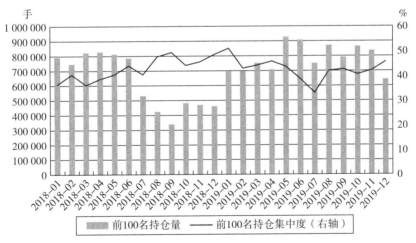

图 13-11　2018—2019 年度铁矿石期货持仓集中度

（数据来源：大连商品交易所）

二、铁矿石期货市场功能发挥情况

（一）价格发现功能发挥情况

2019年，铁矿石期现价格有效联动，两者相关性达到0.94，较2018年上升0.13个百分点。从期现货价格引导关系看，2018年为期货和现货双向引导，2019年为现货引导期货。

表 13-2　　　　2018—2019 年铁矿石期现价格相关性

检验项	年份	2018	2019
期现价格的相关性	系数	0.81	0.94
	显著性检验	通过检验	通过检验
期现价格引导关系		双向引导	现货引导

数据来源：大连商品交易所。

（二）套期保值功能发挥情况

1. 基差长期为正

2019年，铁矿石期现货基差的均值为80.92[①]元/吨，运行区间为[7.11元/吨，157.85元/吨]，最大基差和最小基差分别出现在7月和12月，基差的标准差为36.46元/吨。2019年，铁矿石的基差仍然长期为正值，即现货价格高于期货价格，且现货升水幅度同比有所上升。

[①] 基差的计算中对现货价格进行了水分和升贴水折算，即折算后的现货价格 = 原始现货价格 /0.93+35.5。

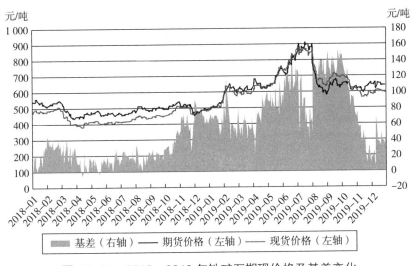

图 13-12　2018—2019 年铁矿石期现价格及基差变化

（数据来源：大连商品交易所）

2. 套期保值效率同比上升

2019年，铁矿石期货的套期保值效率为94.78%，较2018年上升5.91个百分点，幅度6.65%。从基差收敛的情况看，到期日基差为10.57元/吨，期现价差率为4.28%。表明2019年铁矿石期货的套期保值功能发挥良好。

表 13-3　　　　　　2018—2019 年铁矿石期货套保有效性

项目		年份	2018	2019
基差	均值	元 / 吨	76.99[①]	5
	标准差	元 / 吨	26.69	41.47
	最大	元 / 吨	142.56	116.45
	最小	元 / 吨	22	−84
到期价格收敛性	到期日基差	元 / 吨	49	10.57
	期现价差率	%	5.80	4.28
套期保值效率	周（当年）	%	88.87	94.7

注：2019 年现货标的更改为青岛港金布巴粉，因此关于基差的统计统一使用这一标的，但为了保持数据的一致性，2018 年的数据仍沿用。

数据来源：大连商品交易所。

（三）期货市场功能发挥实践

1. 基差贸易规模继续扩大，铁矿石期货定价影响力进一步增强

2014年以前，国内铁矿石现货贸易基本全部报人民币一口价。2014年以后，随着我国铁矿石期货市场发展完善，产业客户对期货价格的认可度不断提升，基差定价模式逐步被部分市场主体接受。在交易所的积极推广以及市场主体的热情参与下，据可统计口径，2017年、2018年钢铁企业和贸易商运用大商所铁矿石期货价格开展的基差贸易分别达到500万吨、1 000余万吨的体量，2019年继续增长，截至11月累计规模已达1 400万吨。为了更好地推动基差贸易和期现结合，2019年9月25日，基差交易平台在大连商品交易所正式上线试运行，截至11月底，平台累计报价716笔，成交185笔，成交量约66.4万吨，名义金额约8.2亿元，其中有14笔交易完成实物交收，涉及现货量约9.2万吨。平台交易规模稳定增长，整体运行平稳，功能得到初步发挥。

2. 铁矿石期货应用案例

伴随着铁矿石基差贸易规模持续扩大，参与者也逐渐由国内钢铁企业和贸易商扩展至国际铁矿石矿山和国际大型贸易商。继2018年嘉吉和河钢集团签订基差贸易合同之后，2019年11月，全球第一大铁矿石生产商淡水河谷与山东莱钢永锋钢铁商业公司以人民币铁矿石期货价格加基差的定价方式，在青岛前湾港，以巴西混合粉（BRBF）为标的，开展了首笔基差贸易，受到市场关注。全球第二大铁矿石生产商力拓于2019年10月在我国日照港开展了第一单铁矿石现货业务。我国抓住国际铁矿石巨头积极在我国港口布局人民币现货业务的契机，推动铁矿石基差贸易以及铁矿石期货价格定价影响力的进一步扩大，有助于更好地维护国内钢铁行业相关主体利益。

三、铁矿石期货合约相关规则调整

（一）交易制度

1. 手续费

表 13-4　　　　　　　　　2019 年铁矿石交易手续费调整

时间	通知名称	调整措施
2019-5-28	《关于调整铁矿石期货相关合约手续费标准的通知》	自 2019 年 5 月 30 日交易时（即 5 月 29 日夜盘交易小节时）起，铁矿石期货 1909 合约的交易手续费标准由成交金额的万分之 0.6 调整为成交金额的万分之 1；铁矿石期货非 1 月、5 月、9 月合约月份的交易手续费标准由成交金额的万分之 0.06 调整为成交金额的万分之 0.6
2019-7-16	《关于调整铁矿石期货相关合约手续费标准的通知》	根据《大连商品交易所结算管理办法》第三十八条规定，经研究决定，自 2019 年 7 月 18 日交易时（即 7 月 17 日夜盘交易小节时）起，铁矿石期货品种交易手续费标准调整为成交金额的万分之 1。其中，铁矿石期货 1909 合约的日内交易手续费标准调整为成交金额的万分之 2.5，非日内交易手续费标准为成交金额的万分之 1。铁矿石期货 2001 合约的日内交易手续费标准调整为成交金额的万分之 1.5，非日内交易手续费标准为成交金额的万分之 1
2019-10-29	《关于调整相关品种手续费标准的通知》	根据《大连商品交易所结算管理办法》第三十八条规定，经研究决定，自 2019 年 11 月 1 日交易时（即 10 月 31 日夜盘交易小节时）起，铁矿石品种非 1、5、9 合约月份的手续费标准（日内和非日内）由成交金额的万分之 1 调整至万分之 0.1

2. 保证金和涨跌停板幅度

表 13-5　　　　2019 年铁矿石交易保证金和涨跌停板幅度调整

时间	通知名称	调整措施
2019-1-24	《关于 2019 年春节期间调整各品种涨跌停板幅度和最低交易保证金标准的通知》	自 2019 年 1 月 31 日（星期四）结算时起，将铁矿石品种涨跌停板幅度和最低交易保证金标准分别调整至 8% 和 10%。2019 年 2 月 11 日（星期一）恢复交易后，自持仓量最大的两个合约未同时出现涨跌停板单边无连续报价的第一个交易日结算时起，铁矿石品种涨跌停板幅度和最低交易保证金标准分别恢复至 6% 和 8%
2019-6-14	《关于调整铁矿石期货 1909 合约涨跌停板幅度和最低交易保证金标准的通知》	自 2019 年 6 月 18 日（星期二）结算时起，将铁矿石期货 1909 合约涨跌停板幅度和最低交易保证金标准分别调整为 8% 和 10%

（二）交割制度

表 13-6　　　　　　　　　2019 年铁矿石交割制度调整

时间	通知名称	调整措施
2019-2-21	《关于调整铁矿石品种指定交割仓库的通知》	即日起，设立山东岚桥港有限公司为基准指定交割仓库，设立天津物产能源资源发展有限公司、中信金属有限公司、敬业钢铁有限公司、沧州中铁装备制造材料有限公司为基准指定交割厂库。同时，增加江苏沙钢国际贸易有限公司、嘉吉迈拓金属贸易（上海）有限公司、瑞钢联集团有限公司指定交割厂库提货地点。将河钢集团北京国际贸易有限公司在京唐港、曹妃甸港的最大仓单量分别调整为 20 万吨，增加连云港为提货地点最大仓单量为 20 万吨
2019-8-29	《关于调整铁矿石品种指定交割仓库的通知》	即日起，设立浙江物产金属集团有限公司、厦门国贸集团股份有限公司、浙江永安资本管理有限公司、善成资源有限公司为铁矿石基准指定厂库。铁矿石指定厂库"中信金属有限公司"更名为"中信金属股份有限公司"。将铁矿石指定厂库河北钢铁集团矿业有限公司的标准仓单最大量调整为 20 万吨，日发货速度调整为 1.5 万吨/天
2019-9-12	《关于铁矿石品种实施品牌交割制度相关规则修改的通知、关于发布铁矿石期货可交割品牌及其品牌升贴水的通知、关于发布铁矿石品牌争议费标准以及〈大连商品交易所铁矿石品牌判定工作办法（试行）〉并公开征集铁矿石品牌调查小组备选成员的通知》	修改《大连商品交易所铁矿石期货合约》《大连商品交易所铁矿石期货业务细则》。修改后的合约、规则自铁矿石 2009 合约起实施，铁矿石 2009 合约挂盘基准价在挂盘前另行通知。2020 年 9 月第一个交易日起将按新交割质量标准办理标准仓单注册。按照原交割质量标准注册的标准仓单不能用于铁矿石 2009 合约及以后合约的交割。同时，根据《关于铁矿石品种实施品牌交割制度相关规则修改的通知》（大商所发〔2019〕395 号），发布铁矿石期货可交割品牌及其品牌升贴水，后续将视市场情况调整。与此同时，发布铁矿石品牌争议费标准并公开征集铁矿石品牌调查小组备选成员，根据《大连商品交易所铁矿石期货业务细则》（以下简称"业务细则"），铁矿石期货品牌争议费标准设置为 3 万元/次。同时，为保证铁矿石期货品牌交割制度顺畅运行，根据业务细则，制定《大连商品交易所铁矿石品牌判定工作办法（试行）》，自发布之日起施行，并公开征集铁矿石品牌调查小组备选成员

（三）其他规则调整

表 13-7　　　　　　　　　2019 年铁矿石其他规则调整

时间	通知名称	调整措施
2019-2-26	《关于允许境外个人客户参与大商所铁矿石期货交易的通知》	自 2019 年 2 月 27 日起，境外个人客户可以参与大商所铁矿石期货交易

续表

时间	通知名称	调整措施
2019-2-28	《关于公布豆粕、玉米、铁矿石、豆二品种期货做市商名单的公告》	经研究决定，将在铁矿石品种上增加期货做市商，新征集的期货做市商定于3月1日起正式报价。同时公布铁矿石期货做市商名单，分别为：东方证券股份有限公司、东海资本管理有限公司、国海良时资本管理有限公司、国投中谷投资有限公司、弘业资本管理有限公司、金瑞前海资本管理（深圳）有限公司、上海际丰投资管理有限责任公司、上海新湖瑞丰金融服务有限公司、上期资本管理有限公司、银河德睿资本管理有限公司、浙江南华资本管理有限公司、浙江物产金属集团有限公司、浙江永安资本管理有限公司、浙江浙期实业有限公司、中信中证资本管理有限公司
2019-11-29	《关于铁矿石期权上市交易有关事项的通知》	经证监会批准，铁矿石期权合约自2019年12月9日（星期一）起上市交易，并同时公布了上市交易合约月份、挂牌基准价、交易指令、持仓限额管理等相关事项，确保铁矿石期权上市交易平稳运行

四、铁矿石期货市场发展前景、问题与发展建议

（一）发展前景

1. 钢铁行业转向高质量发展，铁矿石仍面临供应过剩的压力

面对国内外环境的复杂深刻变化，我国钢铁行业的工作重心逐步从化解过剩产能向高质量发展转移。近两年，以产能置换为代表的产业结构优化升级政策逐步在行业推行，电炉生产比例的增加，在带动行业绿色、智能化发展，促进生产效率提升的同时，也使得废钢对铁矿石的替代不断增强，铁矿石的需求仍面临较大的下行压力。从供给端看，2020年铁矿石供应仍有增量，根据我的钢铁网统计，淡水河谷矿区复产以及S11D项目扩产，预计增量处于3 300万吨左右，澳大利亚矿山的扩产计划约为2 100万吨，同时我国也有1 000万吨的规划产能，如果市场行情配合，预计将释放一部分供给。但是考虑到印度矿山即将面临的租约到期问题，可能造成减产2 000万吨左右。总体而言，2020年全球铁矿石的供给增量约为5 000万吨，因此预计铁矿石市场仍将面临供应过剩的压力。

2. 铁矿石期货有序引入境外交易者，国际化程度不断提升

在2018年正式引入境外机构客户的基础上，2019年铁矿石期货又进一步引入境外个人投资者。国际化以来，来自新加坡、中国香港、英国、阿联酋等国家或地区的境外交易者均展示出参与的积极性。截至2019年底，境外开户的客户数量已经超过190家，其成交量和持仓量也呈现增长态势。从境外交易者的结构看，以商业贸易公司和投资公司为主。随着铁矿石期货国际化程度的不断提升，境内外价格的联动性日益增强，各项功能良好发挥，为全球产业链相关主体提供了有效的价格风险管理工具。

（二）当前存在的问题

1. 境外交易者参与度有待进一步提升

铁矿石期货国际化运行一年多以来，境外客户开立账户百余个，来自新加坡、中国香港、阿联酋、日本、英国、澳大利亚等国家或地区的客户均表现出参与铁矿石期货交易的积极性，但对标国际一流衍生品交易所，铁矿石期货境外客户的参与度仍然较低，其成交和持仓量占比仍有提升空间。

2. 期货价格的国际定价影响力仍有提升空间

2019年，以我国铁矿石期货价格为定价基准开展的基差贸易规模继续扩大，参与主体也更加多元化。但相关产业主体，尤其是上游矿山对我国铁矿石期货价格的接受度和利用度还有较大的提升空间。在产业链上下游全面推广基差贸易，推动我国铁矿石期货价格成为国际贸易的定价基准仍然面临较大挑战。

（三）发展建议

1. 继续完善国际化相关配套制度

为解决当前境外交易者参与铁矿石期货交易所面临的一系列问题

和障碍，切实提升铁矿石期货境外参与者的参与度，大商所将继续优化开户、交易和交割制度，建设更加友好的交易系统，建立方便全球投资者广泛参与的业务规则体系，打造具有较强竞争力和国际影响力的全球一流衍生品交易所。

2.积极推动基差定价模式向上游矿山扩展

基于近两年铁矿石现货市场结构性矛盾频发、不同矿种间价差波动较大的情况，大商所于2019年9月正式发布铁矿石品牌交割制度，通过限定交割品牌的范围来明晰交割标的，增强铁矿石价格的代表性和稳定性，后续大商所将视市场情况对制度进行进一步的调整和优化，为提升铁矿石期货价格在国际贸易中的认可度和使用度奠定良好基础。与此同时，大商所将继续加大对铁矿石基差贸易的推广力度，充分发挥国际大型铁矿石贸易商的作用，推动基差定价这一新模式被更多的上游矿山所接受，加快我国建设铁矿石全球定价中心的进程，构建更加公平、公正的国际贸易新秩序。

专栏

2019年铁矿石期货大事记

1月25日，巴西米纳斯吉拉斯州Brumadinho地区Fejiao矿区1号尾矿坝发生溃坝事故，次日，巴西淡水河谷对其尾矿坝泄漏事故做出官方回应。该矿区产量约占淡水河谷总产量的2.13%，但后续影响有加剧可能。1月28日（周一）期货市场开盘大涨，巴西矿港口现货价格大涨。

1月30日，淡水河谷于巴西当地时间周二宣布，公司向巴西能源和环境部提出关闭10座上游水坝的申请，并得到批准。淡水河谷将为此投资50亿雷亚尔，整个关停过程将持续1~3年时间，按照初步测算，该计划或将影响铁矿石产量4 000万吨/年。

2月13日，市场传言淡水河谷对中国某钢厂宣布不可抗力，经过我的钢铁网证实，还未有任何钢厂收到相关通知，且经过多方了解，即便淡水河谷宣布不可抗力，也极少影响到中国钢铁企业，对国内长协铁矿石的影响有限。同时，欧洲和日韩部分企业已经接到通知，影响程度远远大于中国市场。

3月16日，淡水河谷官方表示收到法院关于暂停Timbopeba矿区一切作业活动的命令，据悉，该矿区铁矿石年产量约为1 280万吨，这是继2月初年产量约3 000万吨的Brucutu矿区被吊销尾矿坝证书后，东南部系统又一个关停的矿山，溃坝事故的影响进一步发酵，铁矿石价格短期大涨。

3月19日，淡水河谷官方宣布收到来自米纳斯吉拉斯州检察厅的文件，批准恢复其Brucutu矿区作业活动以及Laranheiras尾矿坝的运营。但3月25日，巴西法院又下达禁令，Brucutu矿区未能按计划重新运营。

3月21日，澳大利亚政府国家气象局表示，截至3月20日晚，飓风Veronica已经位于黑德兰港北部545公里处，黑德兰港是西澳最大的铁矿石发运港，目前该股飓风还在升级。根据我的钢铁网统计，本次飓风预计影响澳大利亚铁矿石总发运量608万吨。

3月29日，受飓风Veronica影响，力拓沃尔科特港口的装载机受损，对力拓铁矿石装载和发运造成影响，力拓于29日下午向亚洲市场铁矿石长协客户宣布不可抗力，并随后将2019年铁矿石发运预期下调至3.38亿吨。

3～4月，巴西淡水河谷卡拉加斯矿区遭受严重水灾，导致港口发运和铁矿运输受阻，北部系统产量和发货量受到影响。根据我的钢铁网统计，3月至4月中旬，巴西Ponta da Madeira港口实际发货总量与理论推测量相比下滑近30%。

4月19日，市场传闻由于检修，7月前半月必和必拓将延迟纽曼粉的发货，后经证明传言并不属实。

5月17日，针对Congo Soco矿坑斜坡松动，淡水河谷官方做出回复：该矿坑斜坡确实有松动迹象，已立即向相关机构汇报并采取必要措施，该矿区年产600万吨，于2016年停产。

6月10日，市场传言力拓方面对一些客户宣称，由于PB块受前期飓风影响，质量出现问题，导致接下来的两个月可能无法交付贸易长协量（也就是部分钢企的小长协），因此力拓大概率会取消7、8月小长协，并向后推迟交付，同时也可能会减少现货的投放量。受此影响，11日铁矿石期货主力合约价格上涨31元/吨，涨幅4.25%。

7月29日，工信部发布2019年上半年钢铁行业运行情况报告。上半年钢铁行业运行总体平稳，但存在产量大幅增长、进口铁矿石价格急剧上升、行业利润明显下滑等情况，需要引起高度关注。

8月20日，安阳钢铁发布公告称拟投资58亿元建6个项目，年产棒材166万吨。

9月6日，工信部发布《关于促进制造业产品和服务质量提升的实施意见》。加快钢铁、水泥、电解铝、平板玻璃等传统产业转型升级，推广清洁高效生产工艺，实施绿色化、智能化改造，鼓励研发应用全流程质量在线监测、诊断与优化系统。

9月19日，中国宝武钢铁集团与马钢集团重组实施协议在合肥签署，根据协议，安徽省国资委将向中国宝武划转其持有的马钢集团51%股权。

10月10日，唐山市政府下发限运的紧急通知，全面禁止集疏港。

10月16日，全球最大的铁矿石生产商淡水河谷使用以人民币计价的铁矿石期货价格，与国内钢铁企业开展首笔基差贸易。

10月29日，受不利扩散条件影响，江苏省生态环境厅发布《江苏重启重污染天气黄色预警》，要求沿江8市自10月31日8时起，启动重污染天气黄色预警，解除时间暂未通知。

11月19日，唐山市政府印发《关于重启重污染天气二级应急响应的通知》，自11月19日12时起执行。

12月12日，唐山市政府发布《重污染天气二级响应的通知》，经调研唐山两港要求自12月13日12时起，禁止国四以及以下重型载货车辆进行物料运输，解除时间另行通知。

12月15日，河北省应急管理厅在其官方网站发布《河北省非煤矿山安全生产集中整治工作实施方案的通知》，为严防非煤矿山各类生产安全事故发生，将在2020年作为非煤矿山三年专项整治的实施攻坚年，集中排查整治各类突出问题和安全隐患。

报告十四
焦煤期货品种运行报告（2019）

2019年焦煤价格呈现先涨后跌的走势，年初因供给事故等因素导致生产受到限制，叠加上半年需求旺盛，价格上涨；下半年国内焦煤供给充足，低价进口焦煤对国内煤价形成冲击，价格下跌。2019年焦煤期货成交量和成交金额均有所减少，持仓量和持仓金额也同步减少，期货套期保值效率相较2018年有所提高。未来需继续关注焦煤期货市场的运行情况，提高焦煤期货影响力，推动焦煤期货市场发展。

一、焦煤期货市场运行情况

（一）市场规模及发展情况

1. 成交量和成交金额均有所下降

2019年，焦煤期货成交规模缩小，成交量和成交金额均有所下降。焦煤期货成交量为2 287.46万手，同比减少50.77%；成交金额为1.78万亿元，同比减少49.93%。从大商所期货品种排名来看，2019年焦煤期货成交量和成交金额排名分别为第12位和第10位，较上年的第7位和第4位均有所下降。

分月度来看，焦煤期货成交量和成交金额走势基本一致。1~10月份，焦煤期货成交量和成交金额均处于下行状态；11月份，成交量和成交金额均有所反弹；12月份，焦煤期货成交量和成交金额重回跌势。

从焦煤期货成交规模占大商所比重来看，2019年较2018年出现一定下降。2019年焦煤期货成交量占大商所所有品种成交量的比重为1.72%，较2018年下降3.07个百分点；成交金额占比的下降幅度与成交量占比的下降幅度基本一致，2019年焦煤期货成交金额占大商所所有品种成交金额的比重为2.58%，较2018年下降4.22个百分点。

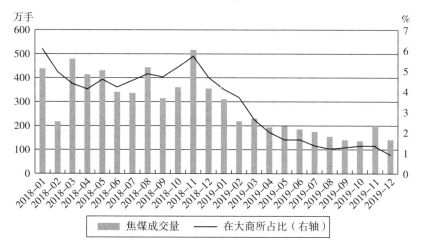

图 14-1　2018—2019 年焦煤期货成交量及占比

（数据来源：大连商品交易所）

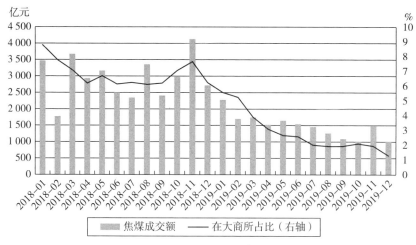

图 14-2　2018—2019 年焦煤期货成交金额及占比

（数据来源：大连商品交易所）

2. 持仓量和持仓金额均有所下降

2019年焦煤期货持仓量和持仓金额均下降。2019年焦煤期货日均持仓量为11.84万手，同比下降23.53%；焦煤期货日均持仓金额为382.85亿元，同比下降2.39%。

从月度持仓变化来看，焦煤期货分别经历了下降、增加以及再次下降三个阶段。从2019年1月份到7月份，焦煤期货日均持仓量波动下行，至8月份日均持仓量降到8.51万手，日均持仓金额为381.24亿元。9月份至11月份焦煤期货持仓出现反弹，11月份日均持仓量为12.92万手，日均持仓金额为387.21亿元；但是12月份焦煤期货持仓规模再次下降。截至2019年底，焦煤期货持仓量和持仓金额分别为9.04万手和63.24亿元。

焦煤期货持仓规模占比也出现一定程度的下降。2019年，焦煤期货日均持仓量占大商所所有品种日均持仓量的1.77%，比2018年下降0.99个百分点。2019年，焦煤期货日均持仓金额占大商所所有品种日均持仓金额的12.85%，比2018年下降2.93个百分点。

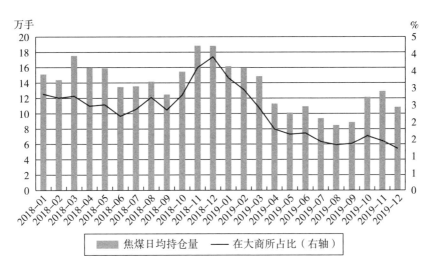

图 14-3　2018—2019 年焦煤期货日均持仓量及占比

（数据来源：大连商品交易所）

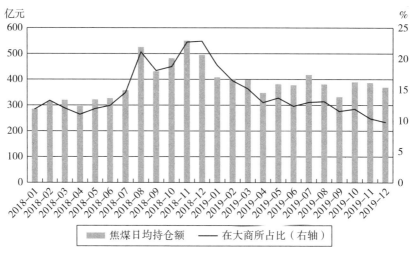

图 14-4　2018—2019 年焦煤期货日均持仓金额及占比

（数据来源：大连商品交易所）

（二）期现货市场价格变化特点及原因

2019年，焦煤期货价格先涨后跌，主力合约年末结算价为1 164.00元/吨，较上年末微涨0.39%。年中最高价为1 419.50元/吨，最低价为1 144.00元/吨，波幅为24.08%，较上年波动幅度下降5.32个百分点。2019年焦煤现货价格同样先涨后跌。沙河驿蒙古焦煤年末价格1 435元/吨，全年跌幅6.82%，年中最高价为1 695.00元/吨，最低价为1 435.00元/吨，波幅为18.12%。

总体看，年初焦煤因供给事故等因素，生产受到限制，叠加上半年需求旺盛，价格上涨；下半年国内焦煤供给充足，低价进口焦煤对国内煤价形成冲击，价格下跌。全年期现货价格整体呈现先涨后跌的走势，具体分析如下：

从供给来看，自煤炭行业供给侧结构性改革启动以来，行业内落后产能按规定逐渐退出，进入2019年，淘汰落后产能工作基本进入收尾阶段，而煤炭行业也进入结构性去产能阶段，即通过减量置换的原则加速新产能释放倒逼落后产能退出。全年来看，上半年受煤矿事故、安监力度加大以及春节放假等因素影响，煤炭产量释放趋缓，年中开始，产量释放逐步回升，煤炭总产量稳中有增。2019年前三季度，国内进口煤政策有所放宽，由于外煤供应充足，叠加进口煤品质优势，中国焦煤进口量同比大幅增加。

从需求来看，2019年，焦企方面环保限产力度明显有所放松，产能退出产生的影响有所减弱，焦企在保有合理利润条件下，维持相对高产能利用率生产。第四季度，有关部门进一步对秋冬季限产提出不执行"一刀切"政策，对不同等级环保达标企业进行分类限产。2019年，焦企开工率维持在高位运行，据我的钢铁网数据显示，2019年焦企平均产能利用率为79.21%，较上年小幅提高。

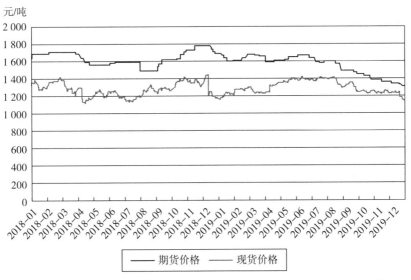

图14-5　2018—2019年焦煤期货主力合约和现货基准地价格走势

（数据来源：Wind 数据库）

（三）期货交割情况分析

1. 焦煤期货交割量和交割金额均下降，交割月份集中

2019年焦煤期货交割总体保持顺畅，全年交割1 800手，比上

年减少60.00%；2019年全年交割金额为15 496.2万元，比上年减少56.87%。从交割月份分布来看，仅1月和7月份出现交割，交割量分别为1 400手和400手。

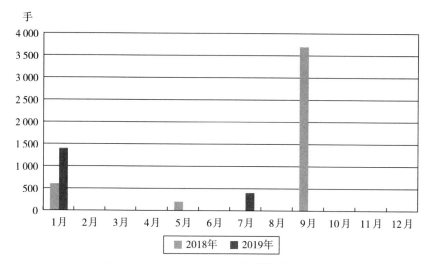

图 14-6 2018—2019 年焦煤期货交割量

（数据来源：大连商品交易所）

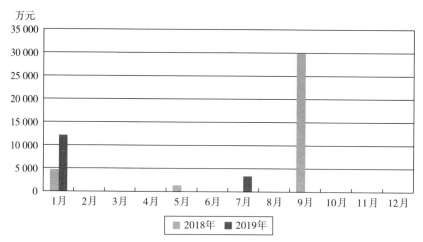

图 14-7 2018—2019 年焦煤期货交割金额

（数据来源：大连商品交易所）

2. 参与交割的客户主要集中在华东和华北区域

2019年，参与焦煤交割的客户主要分布在华北、华东和西北区域，交割量排在前三位的省份为浙江省、河北省和北京市，占比分别为41.67%、22.22%和11.11%；其次为青海省、上海市、重庆市，占比均为8.33%。

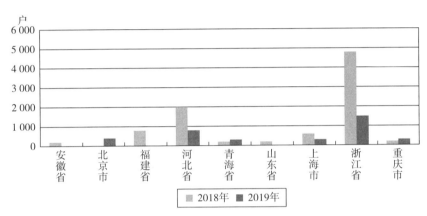

图 14-8　2018—2019 年焦煤期货交割地域分布

（数据来源：大连商品交易所）

（四）期货市场交易主体结构分析

1. 客户总量有所减少，法人客户占比提升

2019年，参与焦煤交易的客户总数同比减少，个人和法人客户数均减少。参与交易的总客户数为20.51万户，同比减少17.82%，法人客户数为5 171户，同比减少19.49%。参与交易的客户月均数量为5.27万户，同比减少34.63%，其中，法人客户月均数量为2 108.41户，同比减少20.75%，法人客户占比为4.00%，较上年小幅增加0.7个百分点。参与交易的个人客户月均数量为5.06万户，同比减少9.17%。

2019年参与焦煤期货交易客户数量整体呈现下滑趋势，1月参与的客户数最多，达到7.36万户，在11月参与客户数增加至5.07万户，12月又恢复下降态势。

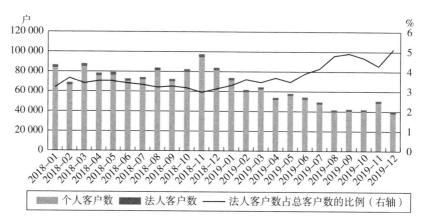

图 14-9　2018—2019 年焦煤期货市场客户结构

（数据来源：大连商品交易所）

2. 短线客户数下降，仍然以个人短线客户为主

2019年，焦煤期货短线交易客户数量总体减少，法人和个人短线交易客户数均减少。短线客户数为17.02万户，同比减少26.57%；法人短线客户数为3 293户，同比减少26.43%，法人短线客户占总客户比重为1.61%，同比下降0.10个百分点。月均个人短线客户数量为3.61万户，同比减少40.94%。从年内变化来看，法人和个人短线交易客户数全年均呈现下跌趋势，在11月向上略有增加而后又恢复下降。

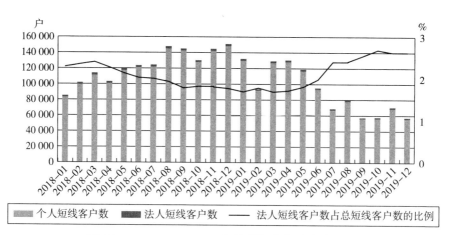

图 14-10　2018—2019 年焦煤期货短线客户结构

（数据来源：大连商品交易所）

3. 成交和持仓集中度提高

2019年，焦煤期货月均成交集中度为38.64%（计算口径为前100名客户，下同），比2018年增长8.81个百分点；月均持仓集中度（计算口径为前100名客户，下同）为47.41%，比2018年增长5.47个百分点；成交和持仓集中度均出现一定程度的增长。从月度走势来看，焦煤期货成交集中度总体呈现逐渐上升走势；而焦煤期货持仓集中度在2019年保持小幅波动。

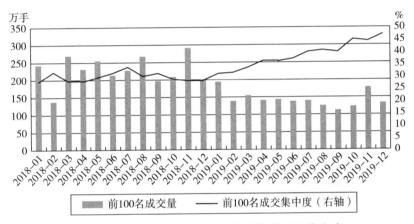

图 14-11　2018—2019 年度焦煤期货成交集中度

（数据来源：大连商品交易所）

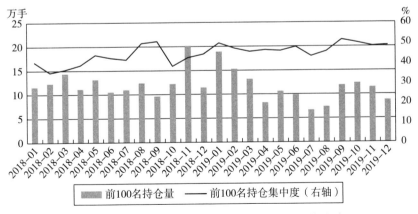

图 14-12　2018—2019 年度焦煤期货持仓集中度

（数据来源：大连商品交易所）

二、焦煤期货市场功能发挥情况

（一）价格发现功能发挥情况

2018年大商所调整焦煤期货合约质量标准后，焦煤现货标的采用沙河驿蒙古焦煤，焦煤期货与现货市场之间的关联性增强。2019年焦煤期现价格的相关性为0.73，较2018年提高8.96%。从期现货价格关系来看，2019年期货与现货呈现互不引导关系。

表 14-1　　　　2018—2019 年焦煤期现价格相关性

检验项	年份	2018	2019
期现价格的相关性	系数	0.67	0.73
	显著性检验	通过检验	通过检验
期现价格引导关系		期货引导现货	无引导关系

数据来源：大连商品交易所。

（二）套期保值功能发挥情况

1.基差全年均为正数，基差波动范围缩小

2019年焦煤全年基差最大值出现在4月份，为384元/吨，全年基差最小值出现在8月份，为121元/吨，基差波动范围是263元/吨，比2018年有所缩窄。

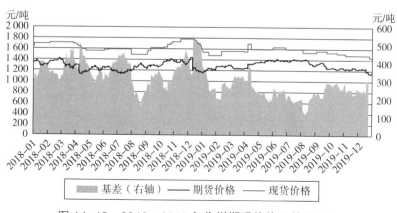

图 14-13　2018—2019 年焦煤期现价格及基差变化

（数据来源：大连商品交易所）

2. 套期保值效率有所提高

2019年，套期保值效率为86.98%，比2018年增加31.71%，焦煤期货到期期现价差率为13.77%，同比增长8.71个百分点。焦煤期货市场功能提升，服务实体企业能力增强。

表 14-2　　　　　2018—2019 年焦煤期货套保有效性

项目	年份		2018	2019
基差	均值	元 / 吨	330	251.1
	标准差	元 / 吨	71.61	105.69
	最大	元 / 吨	527	530.5
	最小	元 / 吨	140	87
到期价格收敛性	到期日基差	元 / 吨	341	221.13
	期现价差率	%	5.06	13.77
套期保值效率	周（当年）	%	66.04	86.98

数据来源：大连商品交易所。

（三）期货市场功能发挥实践

某集团是焦化行业及化工产品龙头企业，年均焦煤采购量1 000万吨左右，随着2019年焦煤价格的大幅波动，该企业对上游原材料的保值需求也进一步增加，希望通过衍生品市场来实现套期保值，降低成本，平滑企业收益曲线，实现企业的稳定经营。

2019年由于国际需求不景气，国外焦煤价格震荡下跌，澳煤CIF价格从9月16日的156美元/吨，下跌至9月23日的135美元/吨，下跌21美元/吨，跌幅为13.46%，对国内焦煤价格产生冲击。该集团与焦煤矿山签订的价格是较为稳定的长协价格，为了降低焦煤的采购成本，集团决定采用场外期权来进行风险管理，与某金融公司签署场外期权协议。

根据当时的市场情况，该集团认为焦煤价格在外煤大量涌入的冲击下，国内焦煤价格也会受到向下压力，但空间有限。因此，集团决定买入标的资产为焦煤期货2001合约的熊市价差期权，对冲未来价格下跌的风险，数量1万吨，行权周期3个月，支付期权费30万元左右。

2019年11月中旬，集团决定提前了结熊市价差期权，开仓时焦煤期货2001合约结算价格为1 355元/吨，平仓当日收盘价为1 234.5元/吨。在交易过程中，焦煤期货合约出现一定跌幅，但整体跌幅有限，在此情况下，该集团持有的熊市价差期权收益表现良好，集团提前平仓了结，通过期权收益一定程度上抵补了企业的采购成本。

三、焦煤期货合约相关规则调整

焦煤期货2019年规则调整的情况见表14-3。

表 14-3 焦煤期货其他规则条件

时间	通知名称	调整措施
2019-3-15	《关于调整黄大豆1号等11个品种涨跌停板幅度和最低交易保证金标准的通知》	自2019年3月18日结算时起，将焦煤期货涨跌停板幅度从7%调整为6%；自2019年3月18日结算时起，将焦煤期货最低交易保证金标准从9%调整为8%
2019-3-25	《关于增加夜盘交易品种及调整夜盘交易时间的通知》	大商所全部夜盘交易品种夜盘交易时间为21：00—23：00
2019-8-28	《关于发布焦炭焦煤品种实行滚动交割相关规则修改的通知》	为进一步贴近市场需求，大商所在焦炭、焦煤品种上实行滚动交割制度，并相应修改《大连商品交易所焦炭期货业务细则》和《大连商品交易所焦煤期货业务细则》。修改后的规则分别自焦炭2009合约、焦煤2009合约开始施行
2019-10-29	《关于调整相关品种手续费标准的通知》	自2019年11月1日交易时（即10月31日夜盘小节时）起，对焦煤非1/5/9合约月份的手续费标准进行调整，将焦煤期货非1/5/9合约手续费由万分之0.6改为万分之0.06，日内、非日内均按此标准执行
2019-12-25	《关于调整夜盘交易时间的通知》	根据《大连商品交易所交易管理办法》相关规定，2019年12月25日晚夜盘交易时间调整为22：30—23：00，集合竞价时间为22：25—22：30

四、焦煤期货市场发展前景、问题与发展建议

（一）发展前景

1. 国内煤炭产量稳定释放，未来供给维持宽松格局

自2016年煤炭行业供给侧结构性改革启动以来，行业内落后产能按规定逐渐退出，2019年以来淘汰落后产能工作基本进入收尾阶段，煤炭行业进入结构性去产能阶段，即通过减量置换的原则加速新产能释放倒逼落后产能退出。2019年国内炼焦煤产能新增在4 000万吨左右，淘汰2 110万吨，生产炼焦煤矿井总产能在10 230万吨左右，净增1 890万吨，2020年预估炼焦煤产能净增1 000万吨左右。根据能源局公布的建设矿井信息，未来主焦煤矿增量较小，基本还是以配焦煤（瘦煤、贫瘦煤和1/3焦煤）为主。

2. 进口焦煤将对我国焦煤供给产生深远影响

2019年由于国际需求疲软，日本、韩国等国进口焦煤量下滑，国际焦煤大量涌入我国，造成港口焦煤库存堆积达到历史高位，同时也对国内焦煤价格产生冲击。2019年前三季度，国内进口煤政策有所放宽，我国焦煤进口量同比大幅增加。截至2019年10月，焦煤进口量累积达到6 678.45万吨，同比增长18.4%。在进口煤平控政策约束下，第四季度开始通关严格限制，焦煤进口量从高位回落。2020年国际焦煤供应仍保持宽松，是我国焦煤供给的重要补充，预计在内外价差合理的条件下，会产生大量进口，焦煤各环节高库存形态仍将持续，进而对价格造成压力。

3. 焦化行业产能变革导致焦煤需求或产生较大变化

2020年是多个地区产能淘汰的时间节点。江苏省提出到2020年累计退出焦化产能2 000万吨，对应4 000万吨的粗钢产量；2018年8月，《京津冀及周边地区2018—2019年秋冬季大气污染综合治理攻坚

行动方案（征求意见稿）》要求河北省、山西省全面启动炭化室高度在4.3米及以下、运行寿命超过10年的焦炉淘汰工作；河北省、山东省、河南省要按照2020年底前炼焦产能与钢铁产能比达到0.4左右的目标，制订"以钢定焦"方案，加大独立焦化企业淘汰力度。根据焦协统计数据，我国4.3m焦炉占比在43%上下，对应焦化产能在2.45亿吨左右。其中大多数4.3m焦炉分布于山西省、西北及西南地区。2020年焦化产能变化将对焦煤需求产生重要影响。

（二）当前存在的问题

近几年国内焦煤定价以长协定价模式为主导，相关企业运用期货市场积极性不高。但长协定价存续时间难以确定，从大的趋势来看，定价周期逐渐缩短，不断接近现货市场价格是主要方向。在我国，从焦煤市场内部看，沿海地区进口焦煤开始采用普氏指数或者阿格斯指数定价；从整体煤炭市场看，我国最重要的煤炭品种动力煤已经采用环渤海、ＣＣＴＤ等价格指数作为参照依据定价。我国焦煤相关衍生品仅有大商所上市交易的焦煤期货，结构较为单一，难以满足产业客户在生产经营过程中多层次的套期保值需求。需要建立多元化的焦煤衍生品体系，进一步丰富企业套期保值工具，跟踪焦煤相关企业套期保值现实需求，使焦煤期货更好地服务黑色产业发展。

（三）发展建议

第一，加大市场培育力度。积极吸引产业客户，与现货企业保持联系，加强龙头企业沟通引导，搭建行业协会和地方政府的沟通机制，继续推广焦煤基差贸易，拓展期货工具在产业客户的影响力。

第二，继续关注新焦煤合约的运行情况。2018年，焦煤交割质量标准完成优化调整。新标准的设计贴近现货使用习惯，定位于配合炼焦的主焦煤。新的质量标准从JM1907合约开始运行。针对新合约在改善期货价格代表性、提升企业利用期货工具的避险效率等方面的运行效果有待关注验证。

专栏

2019年焦煤期货大事记

1月11日至3月20日，按照山西省人民政府办公厅《关于在"两会"和春节期间开展全省安全生产集中检查的通知》（晋政办发电〔2019〕4号）和山西省人民政府安全生产委员会办公室《关于做好安全生产集中检查信息统计和报送工作的通知》（晋安办发电〔2019〕4号）要求，全省煤矿开展安全检查，主要采取自查、市县全满检查、省级抽查三种方式。

1月19日，全国煤矿安全生产工作会议传出消息，根据2018年的统计数据，各产煤区、煤矿安全监管监察部门和煤矿企业实现了煤矿事故总量、较大事故、重特大事故和百万吨死亡率同比"四个下降"，创历史最好水平。其中，煤矿百万吨死亡率0.093，首次降至0.1以下，达到世界产煤国中等发达国家水平。

5月7日，山西省政府发布《山西省推进运输结构调整实施方案》提出，到2020年，山西省重点煤矿企业全部接入铁路专用线，煤炭、焦炭铁路运输比例达到80%以上，出省煤炭、焦炭基本上全部采用铁路运输，山西省铁路货运量比2017年增加2亿吨。

7月24日，由山西焦煤集团、山西新民能源投资集团、广西盛隆冶金有限公司等6家企业共同成立的山焦销售日照有限公司24日揭牌，标志着中国首个大型炼焦煤储配基地成立。

8月下旬至9月底，国家煤矿安监局派出7个督查组，对山西、辽宁、吉林、黑龙江、安徽、江西、河南、湖南、四川、云南、贵州、陕西、甘肃、新疆及新疆生产建设兵团15个地区，分别由局党组成员、安全总监、司长带队开展煤矿安全生产综合督查，特别是对习近平总书记对江苏响水天嘉宜化工有限公司"3·21"爆炸事故、山东龙郓煤业有限公司"10·20"冲击地压事故重要指示落实情况进行重点督查，督促各地防范煤矿系统性安全风险，遏制重特大事故发生。

9月28日，蒙华铁路开通运营，铁路全长1 814.5公里，跨越蒙、陕、晋、豫、鄂、湘、赣7省区，是继大秦铁路之后国内又一条超长距离运煤大通道。

11月28日，龙煤集团公司炼焦煤中小长协用户供需衔接会议在煤炭营销分公司召开，来自东北三省及河北唐山地区的15家中小精煤用户参加会议，通过此次炼焦煤供需衔接会议，集团公司与中小炼焦煤用户签订的2020年供需合同总量预计达500余万吨。

12月11日，中国（太原）煤炭交易中心2020年度煤炭交易大会（简称"太交会"）在太原开幕。本次太交会的主要任务是促进煤炭产运需企业高效衔接，为煤炭供需企业签订2020年度中长期合同搭建资源共享与信息交流的平台。

12月26日，国家煤矿安全监察局发布《煤矿安全监控系统升级改造验收规范》，适用于煤矿安全监控系统新建、升级改造的验收。该规范表示，煤矿或者其上一级具有法人资格的公司（单位）负责对本单位煤矿安全监控系统组织验收，可以自行组织实施验收，也可委托第三方机构组织实施验收。

报告十五
焦炭期货品种运行报告（2019）

2019年焦炭市场由供不应求向供大于求转变，期货价格呈现先涨后跌的特点，价格中枢较2018年略有下移。全年焦炭期货市场规模略有下降，成交及交割量均出现下滑，但交易客户数快速增加，期货市场价格发现和套期保值功能发挥较好。未来产业政策常态化，期现价格相关性将逐步增强，企业利用衍生品的方式更加多样化。

一、焦炭期货市场运行情况

（一）市场规模及发展情况

1. 期货成交规模下滑，占比下降

2019年，焦炭期货成交量和成交额小幅下降，占大商所期货交易规模比重也略有下降，成为大商所成交量排名第九、成交额排名第二的品种。2019年，焦炭期货成交量为5 568.01万手，比2018年减少1 339.17万手，降幅为19.39%；成交额为11.14万亿元，较2018年减少3.83万亿元，降幅为25.59%。全年来看，2019年焦炭期货成交量和成交额分别占大商所的4.18%和16.16%，较上年分别下降2.94个和12.52个百分点；月度来看，焦炭期货成交量和成交额分别占大商所期货总量（额）的比重均呈现前高后低的特点，这与年内期货价格和波动率均先涨后跌的趋势高度一致。

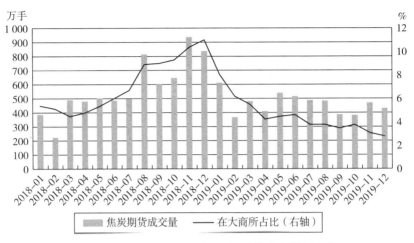

图 15-1　2018—2019 年焦炭期货成交量及占比

（数据来源：大连商品交易所）

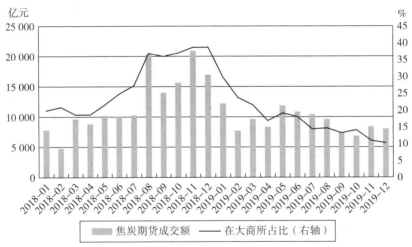

图 15-2　2018—2019 年焦炭期货成交金额及占比

（数据来源：大连商品交易所）

2. 期货持仓量增加，占比下降

2019年，焦炭期货持仓量增加，而持仓额下降，占大商所期货的比重下降，这主要是因为2019年焦炭期货价格波动幅度较其他品种较小，市场活跃度下降。2019年，焦炭期货日均持仓量为19.31万手，日均持仓金额382.85亿元，其中日均持仓量较2018年增加1.12万手，增

幅6.17%，而日均持仓金额下降9.36亿元，降幅2.39%。焦炭期货日均
持仓量和日均持仓金额分别占大商所比重为2.88%和12.90%，较上年
分别下降0.33个百分点和2.81个百分点。与成交量表现一致，持仓量
（额）及其占比均呈现前高后低的特点，这与焦炭期货成交活跃度高
度一致。

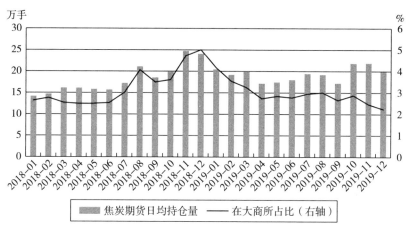

图 15-3 2018—2019 年焦炭期货日均持仓量及占比

（数据来源：大连商品交易所）

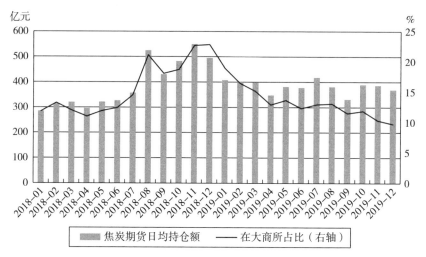

图 15-4 2018—2019 年焦炭期货日均持仓金额及占比

（数据来源：大连商品交易所）

（二）期现货市场价格变化特点及原因

1. 期现货价格先涨后跌，价格中枢较上年下移

2019年焦炭期货价格弱于2018年期货价格，整体呈现先涨后跌的格局。2019年6月前，焦炭期货价格呈现季节性上涨，下半年逐步回落。焦炭主力合约年末结算价为1 871.50元/吨，较上年末下跌0.69%。年度最高价为2 308.5元/吨，最低价为1 711元/吨，波动幅度为34.92%。2019年末日照港准一级冶金焦出厂价为2 115元/吨，较上年末下跌8.37%。

2. 焦炭价格波动原因分析

2019年我国焦炭市场整体供大于求，需求上半年强于下半年。供应方面，2019年，我国焦炭产量为4.71亿吨，同比增加7.54%，整体供应增加。需求方面，2019年第一季度环保政策对钢铁行业生产限制相对宽松，钢材产量明显释放。2019年1~6月，全国粗钢产量为4.92亿吨，同比增加4 101.2万吨。下游的高需求虽然激发了焦炭的需求，但由于焦炭产量和库存仍保持在相对高位，同时上半年铁矿石价格大幅

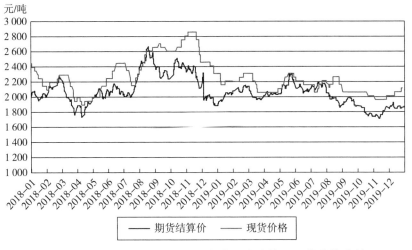

图 15-5 2018—2019 年焦炭期货主力合约和现货价格走势

（数据来源：Wind 数据库）

上涨，挤压钢厂利润，焦炭的涨幅受到压制。在此背景下，焦炭上半年价格虽有上涨，但价格仍低于上年。2019年下半年，在环保限产、利润收窄的情况下，虽然粗钢开工率维持高位，但下半年的产量增长情况弱于上半年，同比增幅较上半年出现明显收窄。2019年7~12月，全国粗钢产量为5.04亿吨，同比增加2 706.6万吨，但增加幅度与上半年相比减少1 394.6万吨，因此焦炭价格逐步回落。

（三）期货交割情况分析

1. 焦炭期货交割量下降，交割月份增加

2019年焦炭期货交割量为1 990手（折合19.9万吨），交割金额为4.18亿元，较2018年分别减少2 080手和4.70亿元。从月度交割量来看，焦炭期货交割量继续呈现明显的季节性特征。2019年焦炭期货交割依旧集中在1月、5月和9月，但与2018年比，新增交割月份为7月和12月。其中1月和5月交割量最大，分别是6万吨和8.3万吨，12月交割最少为1 000吨。5月和9月正值下游消费旺季，对焦炭需求处于较高水平，而12月和1月为钢厂冬储备货期，对原料焦炭也存在一定量的需求，因此期货交割主要向1月、5月和9月这三个月份集中。

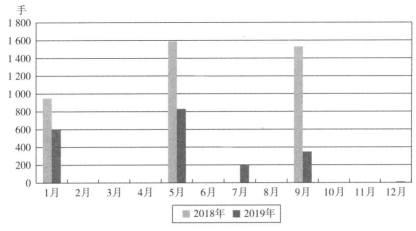

图 15-6 2018—2019 年焦炭期货交割量

（数据来源：大连商品交易所）

2. 焦炭交割客户主要分布在沿海地区

2019年，焦炭期货交割客户分布遍及11个地区，比2018年增加3个地区，新增加的客户来自湖北、山西和青海，而广东地区客户在2019年没有参与交割。浙江、上海、山东、福建和江苏5省市是参与焦炭交割客户主要来源地，2019年五个地区客户交割总量为1 725手，占全部交割量的86.68%。沿海地区钢厂等用焦企业及出口贸易企业分布集中，焦炭交割仓库主要分布在靠海港口，为沿海企业参与交割提供了契机。与2018年相比，北京市和广东省的交割规模明显下降，交割量分别降至75手和0手。从结构来看，福建、湖北、江苏、青海、山东和山西客户交割占比上升，而北京、广东、河北、上海和浙江客户交割占比下降。

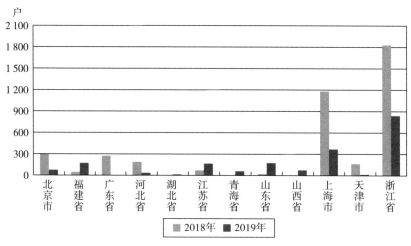

图 15-7　2019 年焦炭期货交割客户分布

（数据来源：大连商品交易所）

（四）期货市场交易主体结构分析

1. 交易客户数小幅增加，个人客户仍是主流

2019年焦炭期货交易客户数为25.70万户，同比增加1.04万户，增幅4.20%。分月来看，交易客户数与成交量波动较为一致，下半年客

户数小于上半年。其中，1月和5月交易客户总数均超过9万户。从市场参与者结构看，2019年焦炭期货的交易法人客户均值为3 407户，同比减少342户，降幅为9.13%；交易个人客户均值为8.18万户，同比增加762户，增幅为0.94%。从占比看，2019年焦炭期货交易法人客户占交易客户总数的平均值为4.01%，同比下降0.47个百分点，自6月份开始，法人客户占总交易客户数的比例逐步降低；个人客户占总交易客户数的96.0%，同比上升0.47个百分点。综合来看，个人客户在焦炭期货市场仍占主流，虽然法人客户数占比逐步降低，但法人参与人数减少幅度很小，与成交量波动较为一致。

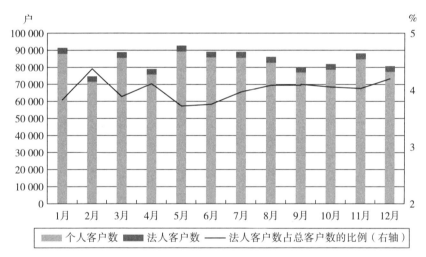

图 15-8　2019 年焦炭期货市场客户结构

（数据来源：大连商品交易所）

2. 短线客户数和持仓客户数略有减少

2019年，参与焦炭期货交易短线客户总数为22.97万户，同比增加0.58万户。具体看，2019年短线客户数均值为6.49万户，同比减少1 668户，降幅为2.51%；2019年短线客户占交易客户总数的平均值为76.16%，同比下降2.34个百分点。焦炭期货价格波动幅度弱于其他品种，使投机者的投机意愿略微下降，但交易客户数有所增加。

从结构来看，法人短线客户数占短线客户总数的比例小幅低于2018年，总体呈平稳下降趋势。个人短线客户数占短线客户总数的比例明显高于2018年，且呈稳步上升态势。表明相较于法人，个人交易更为活跃，保证了市场充足的流动性。

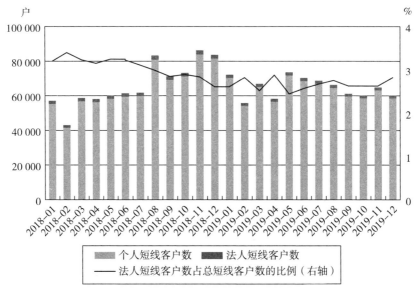

图15-9　2018—2019年焦炭期货法人短线客户数

（数据来源：大连商品交易所）

3. 期货成交和持仓集中度出现下降

2019年，焦炭期货成交集中度（指成交量100名客户的成交量/市场成交量）为27.48%，同比上升2.52个百分点；焦炭期货持仓集中度（指持仓量前100名客户的持仓量/市场持仓量）为36.25%，同比上升2.29个百分点，成交、持仓集中度均出现一定幅度的上升。从月度走势来看，焦炭期货成交集中度呈先降再升的趋势，下半年高于上半年；持仓集中度呈现震荡波动趋势。总体来看，焦炭期货在市场中的渗透性逐步增强，对焦炭期货价格的合理形成、更好发挥期货市场功能具有促进作用。

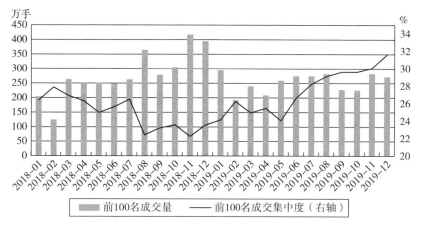

图 15-10　2018—2019 年焦炭期货成交集中度

（数据来源：大连商品交易所）

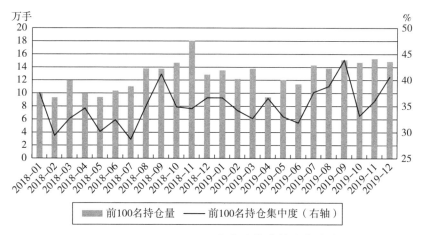

图 15-11　2018—2019 年焦炭期货持仓集中度

（数据来源：大连商品交易所）

二、焦炭期货市场功能发挥情况

（一）价格发现功能发挥情况

2019年，焦炭期现价格相关性为0.71，同比上升2.5%。尽管期现价格相关性有所提高，但仍处于较低水平。主要原因是，焦化行业正处于结构调整期，环保、安全检查、物流等政策调控频繁，期现货市场变化节奏不同使得相关性较低。从引导关系看，焦炭期货价格继续引导现货价格走势，期货依然保持较好的价格发现功能。

表 15-1　　　　　2018—2019 年焦炭期现价格相关性

检验项	年份	2018	2019
期现价格的相关性	系数	0.69	0.71
	显著性检验	通过检验	通过检验
期现价格引导关系		期货引导现货	期货引导现货

数据来源：大连商品交易所。

（二）套期保值功能发挥情况

1. 基差均值略降，标准差缩小

2019年焦炭基差均值、标准差等指标均小于2018年。2019年焦炭基差均值140.6元/吨，较2018年（190.83元/吨）明显缩小；2019年基差标准差为94.1元/吨，较2018年（198.26元/吨）明显下降，表明基差稳定性好于2018年。年内来看，2019年焦炭基差主要处于正基差状态，较2018年的基差相比幅度略有下降。

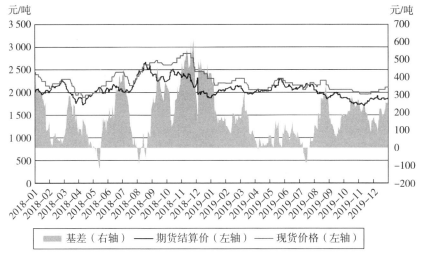

图 15-12　2018—2019 年焦炭期现价格及基差变化

（数据来源：大连商品交易所）

2. 到期日基差收敛显著

从套期保值各项指标来看，2019年焦炭期货套期保值效率虽弱于2018年，但到期日基差收敛明显。2019年焦炭期货套期保值效率为40.14%，同比下降14.65%，2019年期现价差率为6.98%，同比下降34.05%；到期日基差由2018年的67.04元/吨下降至57.23元/吨。表明虽然套保效率变化不大，但焦炭期货合约到期时期现价格回归好于2018年，套保有效性在逐步恢复。

表 15-2　　　　2018—2019 年焦炭期货套保有效性

项目		年份	2018	2019
基差	均值	元 / 吨	190.83	140.6
	标准差	元 / 吨	198.26	94.1
	最大	元 / 吨	561.06	422.68
	最小	元 / 吨	−232.20	−85.83
到期价格收敛性	到期日基差	元 / 吨	67.04	57.23
	期现价差率	%	10.59	6.98
套期保值效率	周（当年）	%	47.03	40.14

数据来源：大连商品交易所。

（三）期货市场功能发挥实践

1. 企业利用期货模式

与大多数周期性行业中的传统企业无异，焦化企业及下游钢铁企业在利用期货为产业保驾护航之前，同样具有风险抵抗能力差、收益波动性强、经营不稳定等共性特征。没有价格指引的焦炭定价随意且无序，上下游企业变成了对立关系，焦炭价格变化直接带来焦化企业和钢厂利润的变化。但焦炭期货的出现，逐渐改变了这种传统经营的困局，期现结合的模式越来越受到产业客户的推崇，从资本市场中共同盈利也得以实现。总结来看，市场上期现结合模式运用较多的有以下三类。

一是传统套期保值。焦炭期货套期保值是指相关企业把期货市场当作转移焦炭价格波动风险的场所，利用期货合约作为将来在现货市场上买卖商品的临时替代物，通过参与期货交易，对其现在买进准备将来售出商品或对将来需要买进商品的价格进行套保。对于下游钢厂，面临未来原料焦炭价格可能上涨的风险，可以在期货市场上买入焦炭期货进行套保。对于焦化厂，面对未来焦炭价格可能下跌的风险，可以在期货市场上卖出期货进行保值。2011年焦炭期货上市以来，套期保值业务在上下游企业之间运用的相对成熟，规模相对较大。

二是基差贸易。基差贸易是卖方根据现货价格、实际生产成本以及近期基差均值等给出基差报价。买方对各家卖方当日所报基差进行询价，择优成交。随后，卖方在期货市场建立头寸，买方在点价期内向卖方发出点价指令，卖方则按照指令单的内容进行期货平仓，最终得到结算基准价，加上基差后即是最终现货贸易价格。基差贸易已经成为油脂等行业应用广泛、较为成熟高效的定价模式。我国焦炭基差贸易于2014年诞生，此后部分洗煤厂、焦化厂、贸易商等开展过少量焦炭基差贸易。2016年以来，在供给侧结构性改革深入推进的大背景下，我国黑色产业链开始摆脱大面积亏损局面。进入2019年，焦炭价格整体呈现宽幅振荡，市场价格频繁大幅波动，国内钢厂与焦化企业以旬、月价格为参考的定价模式已经不能适应市场的发展。市场迫切需要一种新型、公开的焦炭贸易定价体系。大商所开展基差贸易试点项目，推广焦炭基差贸易试点，但是焦炭基差贸易规模仍较小，未来需要不断加强此项市场的推广和培育。

三是利用场外期权。在供给侧改革、环保治理、钢铁行业去产能及市场因素作用下，我国煤焦矿的价格波动加大，相关企业盈利水平随之出现较大起伏，实体企业对于能够满足各类个性化需求、操作相对简便的场外期权业务的需求明显增加。我国焦炭场外期权业务就是在这样的背景下开始探索尝试，目前规模还相对较小。我国焦炭场外期权业务主要分布在江浙和华北一带，煤炭大省山西的场外期权业务处于起步阶段。当前市场已经形成传统的买卖期权和贸易合同中嵌入期权两种主要形式。其中，以传统买卖期权较为常见，即焦化企业或钢厂与期货风险管理公司之间买卖期权进行保值。

2. 焦炭期货应用案例

案例一：卖出套保

在生产过程中，出厂成本相对固定，这样就面临未来销售价格下行的风险。此时可以卖出期货，对未来可能的价格下行风险进行对冲。在贸易过程中，企业会面临采购价与销售价波动的双重风险。一定规模下，贸易成本相对固定，贸易利润主要来源在于采购价格与销售价格之间的差价。当企业签订一个采购合同时，企业的采购价格确定了，这时可以通过期货市场卖出期货合约，从而将销售价格锁定；反之，当企业签订一个销售合同时，可以同时在期货市场上买入期货合约，从而锁定采购价格，这样便提前锁定了利润。

山西长治某焦化企业签订焦炭购买合同，品质符合大商所交割标准，数量5 000吨，价格1 810元/吨。随后，在期货市场上卖出焦炭1 901期货合约50手（5 000吨），价格1 964元/吨。综合考虑交割等成本，企业的最低利润测算如下表：10月14日，企业在期货市场平仓实现111.5元/吨的利润，现货通过贸易渠道销售，现货价格不变。综合来看，企业盈利111.5元/吨，合计55.75万元。

案例二：场外期权-零成本利润保护

8月中旬，某贸易商客户签订在2019年9月中旬的焦炭销售合同，8月以来焦炭价格持续下跌，贸易商想先采购补库，随后按合同销售。但贸易商担心焦炭价格进一步下跌，于是选择使用含权贸易保护销售利润。具体方法为：8月15日签订销售合同，销售价格为1 980元/吨，同时，买入9月15日到期的平值看跌期权（执行价1 980元/吨），再卖出相同时间到期的看跌期权，执行价为1 780元/吨，锁定200元/吨的下跌利润，再卖出相同到期日的看涨期权，行权价格为2 080元/吨，保证100元/吨的上涨空间，到期标的价格2 005元/吨。

三、焦炭期货合约相关规则调整

（一）交易制度

1. 手续费

表 15-3　　　　　　　　2019 年焦炭交易手续费调整

时间	通知名称	调整措施
2019-10-31	《关于调整相关品种手续费标准的通知》	2019 年 10 月 31 日夜盘起，焦炭非 1/5/9 合约月份的手续费，从之前的万分之 0.6 调整为万分之 0.06

数据来源：大连商品交易所。

2. 保证金

表 15-4　　　　　　　　2019 年焦炭交易保证金和涨跌停板调整

时间	通知名称	调整措施
2019-3-18	《关于调整黄大豆 1 号等 11 个品种涨跌停板幅度和最低交易保证金标准的通知》	自 2019 年 3 月 18 日（星期一）结算时起，将黄大豆 1 号、黄大豆 2 号、豆粕、豆油、棕榈油、聚乙烯、聚丙烯和聚氯乙烯品种涨跌停板幅度和最低交易保证金标准分别调整为 4% 和 5%；将鸡蛋品种涨跌停板幅度和最低交易保证金标准分别调整为 5% 和 7%；将焦炭和焦煤品种涨跌停板幅度和最低交易保证金标准分别调整为 6% 和 8%；维持其他品种期货合约涨跌停板幅度和最低交易保证金标准不变

数据来源：大连商品交易所。

（二）交割制度

大商所对焦炭交割制度进行了修改，具体如下：

2019年8月28日，大商所公布将在焦炭品种上实行滚动交割制度，并相应修改了《大连商品交易所焦炭业务细则》，修改的规则自焦炭2009合约开始施行。

2019年12月10日，大商所决定对焦炭厂库升贴水进行调整，其中山西美锦煤焦化有限公司、山西宏安焦化科技有限公司与基准库升贴水调整为-170元/吨；河北旭阳焦化有限公司调整为非基准库，与基准库升贴水为-100元/吨；山东铁雄冶金科技有限公司调整为非基准库，与基准库升贴水为-50元/吨，修改的规则自焦炭2012合约开始施行。

表 15-5　　2019 年焦炭交易保证金、交割规则和手续费调整

时间	通知名称	调整措施
2019-3-18	《关于调整黄大豆1号等11个品种涨跌停板幅度和最低交易保证金标准的通知》	自2019年3月18日（星期一）结算时起，将黄大豆1号、黄大豆2号、豆粕、豆油、棕榈油、聚乙烯、聚丙烯和聚氯乙烯品种涨跌停板幅度和最低交易保证金标准分别调整为4%和5%；将鸡蛋品种涨跌停板幅度和最低交易保证金标准分别调整为5%和7%；将焦炭和焦煤品种涨跌停板幅度和最低交易保证金标准分别调整为6%和8%；维持其他品种期货合约涨跌停板幅度和最低交易保证金标准不变
2019-8-28	《关于发布焦炭焦煤品种实行滚动交割相关规则修改的通知》	为进一步贴近市场需求，经理事会审议通过，并报告中国证监会，大商所将在焦炭、焦煤品种上实行滚动交割制度，并相应修改《大连商品交易所焦炭期货业务细则》和《大连商品交易所焦煤期货业务细则》，修改后的规则分别自焦炭2009合约、焦煤2009合约开始施行
2019-10-31	《关于调整相关品种手续费标准的通知》	2019年10月31日夜盘起，焦炭非1/5/9合约月份的手续费，从之前的万分之0.6调整为万分之0.06
2019-12-10	《关于调整相关手续费标准的通知》	为进一步贴近市场需求、服务实体经济发展，经研究决定，大商所对焦炭厂库升贴水进行调整。其中，山西美锦煤焦化有限公司、山西宏安焦化科技有限公司与基准库升贴水调整为-170元/吨；河北旭阳焦化有限公司调整为非基准库，与基准库升贴水为-100元/吨；山东铁雄冶金科技有限公司调整为非基准库，与基准库升贴水为-50元/吨。上述升贴水调整自焦炭2012合约起实施。2020年12月第1个交易日起，大商所按照调整后的升贴水办理标准仓单注册等相关业务。按照原升贴水注册的标准仓单不能用于焦炭2012合约及以后合约的交割

数据来源：大连商品交易所。

（三）其他规则调整

自2019年3月29日21：00起，大商所调整了焦炭期货夜盘交易时

间，调整后的夜盘交易时间为21：00—23：00。

表 15-6 2019 年焦炭夜盘交易时间调整

时间	通知名称	调整措施
2019-3-29	《关于增加夜盘交易品种及调整夜盘交易时间的通知》	大商所自 2019 年 3 月 29 日 21：00 起增加夜盘交易品种并调整夜盘交易时间，现将相关事项通知如下： 一、增加夜盘交易品种 线型低密度聚乙烯、聚氯乙烯、聚丙烯、乙二醇、玉米、玉米淀粉和玉米期权 二、调整后夜盘交易时间 大商所全部夜盘交易品种夜盘交易时间为 21：00—23：00 三、夜盘交易有关要求 为保障此次工作正常开展，请各会员单位及相关主体根据交易所相关业务规则、指引和相关规定，认真做好各项准备，确保市场平稳运行

数据来源：大连商品交易所。

四、焦炭期货市场发展前景、问题与发展建议

（一）发展前景

焦化行业"十三五"规划指出，"十三五"期间要严格控制新增产能，坚持减量置换，其中要压减过剩产能5 000万吨，产能满足准入标准的比例达到70%以上。需要将一大批既无稳定市场、又无焦化产品回收、严重污染环境浪费资源的小焦化厂逐渐关闭，未来焦化行业集中度将会进一步提升。焦炭作为大规模生产的工业产品，随着环保限产和去产能政策趋于常态化，市场供需关系将趋于稳定，焦化行业高盈利模式难以长期持续，将逐步恢复微利状态，行业利润率难超社会平均利润水平。

就期货而言，产业政策的常态化将使得期现货价格波动幅度和频率趋于一致，期现价格相关性逐步增强，焦炭期货市场功能进一步提升。在行业利润回落的背景下，为平滑盈利，越来越多的产业将转向期货市场，将期货工具运用与企业经营密切结合。焦炭期货客户总数也将继续呈现增加趋势，客户结构将更加合理，企业运用期货工具的

方式将更加灵活。当前焦炭现货行业缺乏定价基准，这为焦炭期货成为现货定价重要参考依据提供有利条件，基差点价业务规模将逐步扩大。产业企业充分理解运用期货工具后，对经营风险管理的个性化需求将增强，届时场外期权、互换等创新业务也将逐步发展壮大。

（二）当前存在的问题

一是焦炭套期保值效率有所下降。主要原因是：港口"公转铁"政策实施致焦炭现货贸易集散地迁移，新晋港口库存紧张，产业客户套期保值需求未充分满足。在环保整治大环境下，原焦炭现货中转集散地天津港受政策限制，多数焦化企业和贸易商将下水中转地从天津港向南转移至尚未限制汽运的青岛董家口港和日照港。随着现货市场贸易集散地的迁移，焦炭主要交割地点由过去的天津港转变为现在的日照港和董家口港。此外，日照港、董家口港仓储能力有限，再加上出口量骤减，港口库存增多使期货交割库容紧张，对有交割需求的产业客户来说确有一定不便之处，进一步影响产业客户套期保值需求，品种的套保效率有所降低。

二是企业运用期货的模式仍较单一。投资者利用焦炭期货的模式仍以价差盈利和套期保值为主，相较于农产品、有色金属等其他品种，基差点价、场外期权、互换等业务起步晚、发展慢、规模低。主要原因：第一，焦炭期货上市时间较晚，企业在充分理解和运用期货基础上再进行业务创新需要时间；第二，焦化企业多而散，行业集中度较低，议价能力明显弱于下游钢厂；第三，国外没有上市焦炭期货品种，可借鉴经验较少。

三是焦炭期现相关性虽较上年有所提高，但是相较于其他品种仍然偏低。近几年，在产业链供给侧结构性改革大背景下，我国焦炭行业经历了深刻变革，当前产业正处于结构调整期，环保、安检、物流等政策调控频繁，期现货市场变化节奏不同使得相关性较低。

（三）发展建议

一是根据现货市场实际情况，重新论证焦炭品质定位，进一步优化焦炭交割质量标准。同时密切关注市场行情，做好政策变化对市场行情影响的分析研判工作。及时发现期现货价格关系异常情况，深入研究背后的原因，为将来配套推出各项市场调控措施提供依据。

二是继续开展市场培育工作，提升产业客户参与度，提升期货价格运行质量。继续加大组织龙头企业培训，提升企业管理人员对期货市场的认识和理解水平，进一步完善投资者结构。

三是继续丰富期货服务实体经济的内容和方式。黑色产业企业高利润状态难以长期持续，未来市场不确定性较强，风险积聚可能仍然存在。建议在鼓励企业利用传统套期保值基础上，稳步扩大基差贸易等创新业务试点，帮助企业积极利用衍生品加强经营风险管理。

专栏

2019年焦炭期货大事记

1月8日，备受瞩目的2018年度国家科学技术奖揭晓，由中冶焦耐工程技术有限公司（下称"中冶焦耐"）、北京科技大学、鞍山钢铁集团联合攻关的"清洁高效炼焦技术与装备的开发及应用"项目获得了国家科技进步一等奖，炼焦行业技术获重大突破。

2月4日，山西继续减半收取煤炭、焦炭交易费。山西省发改委消息，为减轻煤炭、焦炭生产企业和用户负担，山西将继续执行减半收取煤炭交易费、焦炭现货交易手续费两项费用。新华社消息称，自2013年8月起，山西就对煤炭交易费减半收取。2019年山西将继续执行优惠政策，对进入中国（太原）煤炭交易中心交易的煤炭，向买卖双方各按0.05元/吨的标准收取煤炭交易费。同时，对进入山西焦煤焦炭国际交易中心现货交易的焦炭，继续向买卖双方各按0.4元/吨的标准收取焦炭现货交易手续费。

3月，连云港港口单笔最大交割焦炭期货顺利出库。连云港市国资委消息，2019年3月，由连云港港口股份公司于大商所合约下的首批5 000吨焦炭期货顺利出库，该笔业务是大商所当期合约下最大一笔交割，同时也是连云港港口股份公司2011年与大商所合作以来，焦炭品种的最大单笔交割，达到焦炭货种交割总量的19.23%。

3月18日，灵石聚义富康500万吨焦化项目开工建设。据山西日报报道，3月18日上午，晋中市深化转型项目建设年三月份集中开工暨灵石县聚义富康年产500万吨焦化项目开工仪式在两渡工业园区举行。灵石县聚义富康煤焦化有限公司500万吨焦化项目，位于灵石县中煤循环经济园区两渡圪台工业园区，占地3 550亩，总投资99.8亿元，分两期实施。

4月24日，印发山西省焦化产业高质量绿色发展三年行动计划。该计划提出，确保全省建成焦化产能只减不增，焦炉装备与产业节能环保水平明显提升，化产延伸加工向精细化、高端化发展，焦化企业标准化管理有序推进，省内外、行业内外、产学研交流合作更加深入。该计划明确，2019年，力争新增建成大机焦产能1 000万吨，建成大机焦占比达到40%；2020年，力争再新增建成大机焦产能700万吨，建成大机焦产能占比达到50%；2021年，力争建成大机焦产能占比达到60%。2019年10月1日起，全省焦化企业全部达到环保特别排放限值标准。

5月27日，河北2020年底前所有炭化室高度4.3米的焦炉全部关停。为了加快推动河北省焦化行业转型升级，实现高质量发展，河北省焦化产业结构调整领导小组印发《关于促进焦化行业结构调整高质量发展的若干政策措施》（以下简称《措施》）。《措施》提出，河北炭化室高度为4.3米（产业政策限制类）的焦炉，2019年底前必须提出升级改造或压减方案，2020年底前全省所有炭化室高度4.3米的焦炉全部关停。同时，严禁新增焦炭产能。各市不得以任何名义、任何方式违规建设焦炭产能，严禁已压减退出的封停设备复产，要完善监管巡查长效机制，发现违规建设或封停设备复产的要立即处置并严肃问责。

6月1日，中国北方第一座联排干熄焦系统在山钢日照焦化竣工投产。随着由中国五冶集团承建的山钢日照项目4号干熄焦装置正式投运，标志着日照焦化二步干熄焦系统已全线竣工投产。该项目是中国北方第一座联排干熄焦系统，主要施工内容包括干熄炉、一次除尘、二次除尘、余热锅炉、循环风机、提升机、装排焦系统等配套及所有辅助设施。

6月3日，中钢国际签署近47亿元年产250万吨焦化项目EPC总承包合同。中钢国际6月3日晚间发布的重大合同进展公告显示，公司全资子公司中钢设备与俄罗斯马格尼托戈尔斯克钢铁股份有限公司（以下简称"MMK"）于2018年12月20日签署了新建年产250万吨焦化项目EPC总承包合同，合同金额46.87亿元人民币，项目建设工期为50个月，预计2022年投产。

7月2日，山东省发布严格控制煤炭消费总量推进清洁高效利用的指导意见，要求2019年压减焦化产能1 031万吨。7月2日，山东省人民政府办公厅发布《关于严格控制煤炭消费总量推进清洁高效利用的指导意见》提出，要严格核查清理在建焦化产能，违规产能一律停止建设。《意见》明确，2019年7月底前，制订出台全省焦化行业产能总量压减和转型升级方案，明确焦化产能压减清单和重点措施。2019年压减焦化产能1 031万吨，2020年压减655万吨，两年共压减1 686万吨。

7月25日，工信部关于焦化准入企业动态调整情况的公示。根据《焦化行业准入条件（2014年修订）》和《焦化生产企业公告管理办法》，工信部开展了焦化准入企业动态调整工作。经企业自查申报、地方工业主管部门初审、工信部组织专家核实，其中9家焦炭生产企业、4家甲醇生产企业、1家煤焦油深加工企业、1家苯精制生产企业符合《焦化行业准入条件》，拟列入新申请准入公告企业名单；11家准入企业变更装备增加、3家准入企业变更装备减少、6家准入企业变更名称，拟予以变更；根据地方工业和信息化主管部门建议，40家企业拟撤销准入公告。

9月18日，太原全市淘汰焦化产能310万吨。根据最新发布的《太原市打赢蓝天保卫战行动计划》，通过一系列专项行动，太原市将在年底前完成省下达的环境空气质量改善目标以及二氧化硫、氮氧化物主要污染物排放总量控制指标；市区环境空气质量综合指数在全国168个重点城市排名中力争退出后10，市区环境空气质量二氧化硫平均浓度要同比下降30%；古交、清徐、阳曲环境空气质量综合指数要同比下降10%。

10月28日，山东省发布暂停2025年前淘汰5.5米捣固焦炉的意见征求稿。为了加快推动山东省焦化行业转型升级，实现高质量发展，山东省发布《关于暂停2025年前淘汰5.5米捣固焦炉的意见征求稿》，文件初步指出暂停2025年前淘汰5.5米捣固焦炉，山东地区就目前形势分析，5.5米焦炉近年不会进行拆除。预计2025年山东地区焦化企业控制在20家以内，煤炭主产区及钢铁企业凝聚区产能占比70%，5.5及以上焦炉产能占比100%。目前山东省焦化行业转型升级目标：控制焦化行业产能总量，合理配置资源，优化现有产能，严禁新增产能。

11月1日，大商所调整焦炭手续费标准。2019年10月29日，大商所发布通知称，根据《大连商品交易所结算管理办法》第三十八条规定，经研究决定，自2019年11月1日交易时（即10月31日夜盘交易小节时）起，对相关品种非1/5/9合约月份的手续费标准进行调整。

12月10日，山东发文要求落实焦化产能压减及违规项目停建停产工作。山东省发布《关于落实焦化产能减压及违规项目停产工作的通知》，提出各市要坚决按照《关于推进全省焦化行业产能压减转型升级实现高质量发展的工作方案》（鲁政办字〔2019〕144号）（以下简称《工作方案》）时间节点要求，落实炭化室高度小于4.3米及热回收焦炉产能压减工作，确保按期完成焦化产能压减任务。对于上市公司涉及已批复公开募集资金项目的企业要按照传输通道城市或非传输通道城市时间节点实施产能压减。对于违规在建、建成的焦化项目，在完备产能置换及煤炭消费量替代方案等手续之前，要坚决予以停建、停产。各市要坚决贯彻《工作方案》要求，落实焦化产能压减及违规项目停建停产工作，确保各项目标任务按期完成。

报告十六
线型低密度聚乙烯期货品种运行报告
（2019）

2019年，国内化工品期货市场得到了进一步的发展和完善，市场不断向专业化和规范化发展，在国内外经济日益复杂背景下，越来越多的化工品市场参与主体认识到通过使用期货工具可以创新企业经营模式，拓宽企业贸易范围，规避企业运营风险。大商所线型低密度聚乙烯（以下简称LLDPE）期货2019年全年成交量较2018年上升，日均持仓量明显增加，市场运行稳定，期货功能发挥良好，成为推动产业转型升级、服务实体经济发展的重要力量。

一、LLDPE期货市场运行基本情况

（一）市场规模情况分析

1. 全年总成交量上升

2019年，LLDPE期货全年共成交6 343.87万手，同比上升72.69%，2019年累计成交总量占大商所商品期货累计成交总量的4.77%。2019年，LLDPE期货成交额24 492.19亿元，同比上升43.19%，2019年累计成交总额占大商所商品期货累计成交总额的3.55%。LLDPE期货成交量呈现前低后高特征，1~4月成交量处于低

位，5~9月处于高位。2019年2月成交量为年内最低点，仅192.47万手，环比下降36.52%，同比上升2.29%；7月成交量是年内最高点，为959.59万手，环比上升68.23%，同比上升308.46%，综合全年来看，6月、7月和12月这3个月份成交情况是其所在季度中最为活跃的月份，这一特征是国内供需与库存等多因素共同影响的结果。

具体来看，2019年初至4月初，受"双节"影响，石化库存有所积累，市场需求较弱，农膜旺季并未对市场形成支撑，市场交投较为冷淡。4月初至6月末，受降税政策及清明假期补库需求提振，市场氛围有所改善，成交量稳步上升。7~9月，检修产能尚未完全恢复，库存维持低位，垃圾分类提振市场需求，旺季预期进一步增强，沙特阿拉伯原油设施遇袭提升市场避险需求，市场交投活跃，成交量达到年内高点。10至12月，装置检修损失快速下降，旺季需求逐渐减退，市场缺乏亮点，成交量逐步回落。

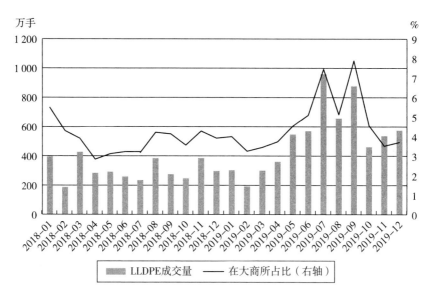

图 16-1　2018—2019 年 LLDPE 期货成交量及占比

（数据来源：大连商品交易所）

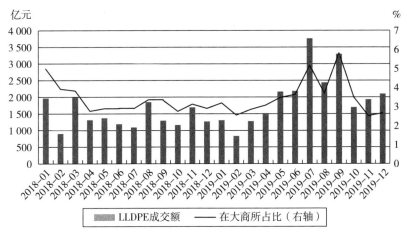

图 16-2　2018—2019 年 LLDPE 期货成交金额及占比

（数据来源：大连商品交易所）

2. 持仓量先增后降

2019年，LLDPE日均持仓量达到39.40万手，同比上升50.64%，持仓金额为152.16亿元，同比上升25.46%。LLDPE期货日均持仓量呈现先扬后抑走势，LLDPE期货日均持仓从第一季度的27.58万手逐步上升至第三季度的47.87万手，随后在第四季度缓慢降至44.80万手。各季度平均持仓均高于上年同期水平。统计结果显示，全年日均持仓有三个高点，分别出现在8月、7月和11月，持仓量分别为48.44万手、48.40万手和47.01万手，相比2018年同期上升了101.57%、83.94%和66.71%。最低点出现在1月份，持仓量为26.52万手，同比下降8.60%。

第一季度，持仓量在春节假期过后缓慢回升，3月份达到季度最高点。第二季度，地膜需求进入高峰，加之清明节假期前出现适量补库，市场交投逐步活跃，LLDPE持仓稳步升高。第三季度，装置检修尚未完全恢复，"金九银十"旺季需求预期增强，加之沙特阿拉伯遇袭导致的避险情绪提升，持仓量快速上升。第四季度，检修装置逐步恢复，供给持续增加，下游需求转弱，价格持续走低，持仓量逐步回落。

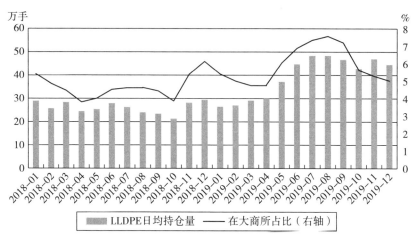

图 16-3　2018—2019 年 LLDPE 期货日均持仓量及占比

（数据来源：大连商品交易所）

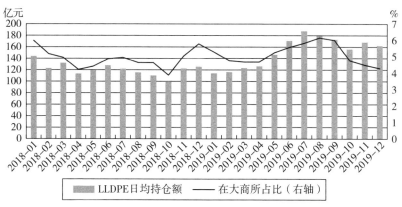

图 16-4　2018—2019 年 LLDPE 期货日均持仓额及占比

（数据来源：大连商品交易所）

（二）期现货市场价格变化特点及原因

1. 全年价格呈现震荡下跌态势

2019年，LLDPE价格呈现震荡下跌趋势，2018年12月28日至2019年12月31日，LLDPE期货主力连续合约结算价由8 580元/吨下跌至7 345元/吨，跌幅为14.39%。期货主力连续合约最高价8 775元/吨，最低价7 075元/吨，波动幅度为24.03%。具体来看，价格变化主要分为以下四个阶段：

第一阶段（1~3月），价格震荡走低。元旦后石化累库，工厂陆续放假，市场需求转弱，价格走弱。春节假期后，石化库存继续积累，库存高达108.5万吨，同比增加11%。3月份的农膜旺季并未对现货市场形成较大支撑，加之检修减少，LLDPE价格重心持续下移。

第二阶段（4~6月中旬），价格缓慢爬升后下行。4月初，因降税政策提振及清明节前的适量补库，提振市场信心，价格有所回升。4月下旬开始，久泰能源产能释放，库存高位不下，加之中美贸易摩擦不断升级，市场恐慌情绪抬升，LLDPE期货价格走低。

第三阶段（6月下旬~9月中旬），价格震荡反弹。6月下旬开始，期货价格出现反弹，部分工厂适度补库，石化企业调涨出厂价，LLDPE价格陆续走高。垃圾分类政策对下游需求有所提振，后期"金九银十"旺季需求预期，加之沙特阿拉伯遇袭事件引发的原油价格上涨进一步拉动LLDPE价格上涨。

第四阶段（9月下旬~12月末），价格持续回落。第三季度末，装置检修进入尾声，供给压力逐步显现，同时，年末棚膜需求旺季结束，其他下游行业需求无亮点，LLDPE价格持续回落。

图 16-5　LLDPE 期货与布伦特原油价格走势

（数据来源：Wind 数据库）

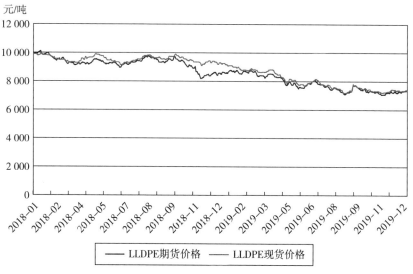

图 16-6　LLDPE 期货主力合约和现货基准地价格走势

（数据来源：Wind 数据库）

2. 国内外价差持续高位

2019年，受国际装置投产以及外盘价格影响，国内外聚乙烯价差始终维持高位，进口量居高不下。一方面，国际产能持续投放，对国内形成供给压力。2019年聚乙烯国际产能投放量约为770万吨，主要集中在美国、俄罗斯和中东地区。特别是美国页岩气增速超预期，乙烯制产品对全球供应产生较大压力。另一方面，国外产品具有成本优势，进口利润较高。国外甲醇主要通过天然气制造，成本优势较强，外盘甲醇价格大跌引起国内华东港口库存积累，聚烯烃产业利润整体抬升，进口持续放量。受此影响，2019年国内聚乙烯进口量为1 666.55万吨，进口增速约为18.83%，除2月份受春节假期影响，进口量略低，其余月份聚乙烯进口量均在100万吨以上。LLDPE 进口利润维持在100~300元/吨的区间内，进口窗口持续开放。

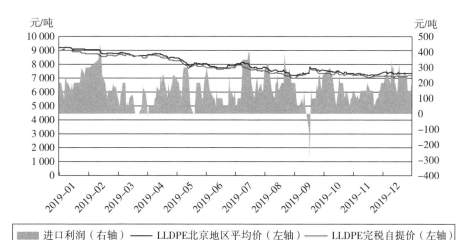

图 16-7　2019 年 LLDPE 进口利润

（数据来源：Wind 数据库）

3. 与化工期货主要品种间相关性减弱

2016年到2019年，LLDPE期货价格与PVC价格表现出的相关性最强，其次是与聚丙烯和甲醇。2019年LLDPE期货市场价格与PTA价格的相关性提升，从近四年内的0.36上升到2019年的0.95，成为相关性最高的一组。PVC与LLDPE的相关性有所下降，从0.77下降到0.01，相比其他品种下降幅度相对较大。

表 16-1　　　　　　　LLDPE 与各化工品的相关性比较

	聚丙烯	NYMEX 原油	IPE 布油	甲醇	沥青	PTA	PVC	燃油
2016—2019 年	0.74	0.11	0.41	0.70	0.43	0.36	0.77	0.69
2019 年	0.87	0.06	0.41	0.87	0.42	0.95	0.01	0.78

数据来源：Wind 数据库。

（三）期货交割情况分析

1. LLDPE期货交割量有所增加

2019年，LLDPE期货总交割量为6114手，同比增加488手，交割率0.01%，较上年下降37.07%。从单月情况来看，1月、5月和9月三个月份单月交割量最大，分别为342手、2 592手和3 116手，6月、7月、8月和11月交割量较少，仅为1手、2手、1手和60手，其他月份没有交割。

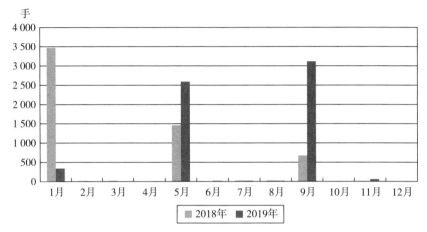

图 16-8　2018—2019 年 LLDPE 期货交割量

（数据来源：大连商品交易所）

2. 交割客户集中在华东地区

2019年，大商所LLDPE指定交割仓库共31个，其中16个设立在华东地区，9个在华北地区，5个在华南地区，1个在西南地区。2019年LLDPE交割客户主要集中在华东地区，其中华东地区共完成交割5 701手，占全国交割总量的93.25%，是LLDPE全国交割的集中地。

（四）期货市场交易主体结构分析

1. 参与交易的法人户数量略有减少，个人户数量有所上升

2019年，LLDPE期货交易客户情况显示，参与交易的法人客户数量总计5 068户，同比减少0.45%；2019年个人客户数量总计17.28万户，同比增加30.66%。个人客户数量增加，2019年整体市场参与度有所提升。

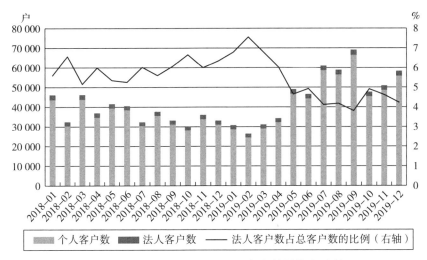

图 16-9　LLDPE 市场交易法人客户数结构变动情况

（数据来源：大连商品交易所）

2. 参与短线交易的法人客户数量和个人客户数量均有所上升

2019年，LLDPE期货交易客户情况显示，参与短线交易的法人客户数量总计3 329户，同比增加3.77%；参与短线交易的个人客户数量总计13.44万户，同比增加30.80%。2019年参加短线交易的法人客户数量和个人客户数量均有所上升。

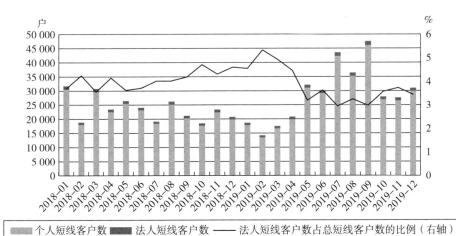

图 16-10　LLDPE 市场交易法人客户短线变动情况

（数据来源：大连商品交易所）

3. 成交集中度上升，持仓集中度下降

2019年，LLDPE期货市场成交集中度均值为52.54%，比2018年上升11.67%，年内成交集中度1月最高，达到54.93%，全年成交集中度的波动加大，1~7月的成交集中度均高于50%，8月、9月两月略低于50%，10月~12月回升至50%以上，成交整体相对平稳。

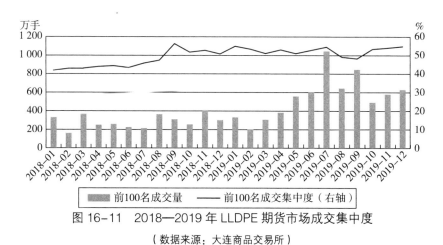

图 16-11　2018—2019 年 LLDPE 期货市场成交集中度

（数据来源：大连商品交易所）

2019年，LLDPE期货市场持仓集中度月均值为48.91%，比2018年下降5.44%，年内持仓集中度2月最高，达到55.39%，全年持仓集中度的波动有所加大，1月、2月、4月、9月四个月的持仓集中度高于50%，其他月份均低于50%，整体持仓集中度呈现下降趋势。

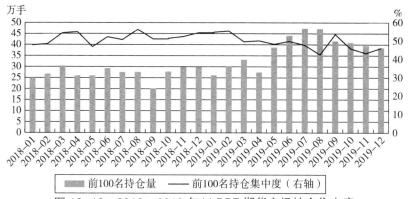

图 16-12　2018—2019 年 LLDPE 期货市场持仓集中度

（数据来源：大连商品交易所）

二、LLDPE期货市场功能发挥情况

2019年，得益于交易所各项交易、交割制度的调整和完善，LLDPE品种的功能发挥情况较好，套期保值效率和期现价格相关性等核心指标均优于2018年，机构客户运用期货进行套期保值规避风险的效果良好，LLDPE品种服务实体经济的能力进一步增强。

（一）价格发现功能指标分析

2019年，LLDPE的期现价格相关性为0.98，较2018年有所上升。2019年LLDPE价格引导关系为期货引导现货，LLDPE期货价格充分发挥价格发现功能。

表 16-2　　　　　2018—2019 年 LLDPE 期现价格相关性

检验项	年份	2018	2019
期现价格的相关性	系数	0.78	0.98
	显著性检验	通过检验	通过检验
期现价格引导关系		期货引导现货	期货引导现货

注：现货价格为天津地区 LLDPE 市场价；期货价格为主力合约结算价；数据为日度数据。

（二）套期保值功能发挥情况

1. 市场结构为反向市场

2019年，LLDPE现货价格高于期货价格表现为反向市场，不过较2018年有所缩小。历史上出现反向结构一般主要有两个原因：一是近端市场对商品的需求旺盛，推动现货价格高于期货价格，二是预计未来商品市场供应过剩导致期货价格低于现货价格。反向市场情况下，下游企业接货意愿不强往往会加大企业套保的难度。而在正向市场结构下，企业套保参与率会有大幅提升。

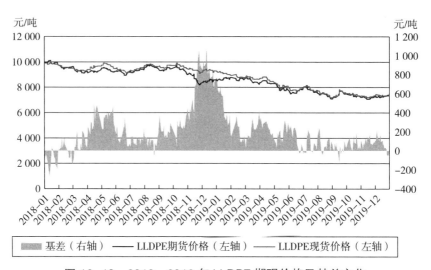

图 16-13　2018—2019 年 LLDPE 期现价格及基差变化

（注：现货价格为天津地区 LLDPE 市场价；期货价格为活跃合约结算价；数据为日度数据）

　　2019年，ＬＬＤＰＥ基差均值为156.89元/吨，较2018年下降40.10%，基差区间由（-255，1 070）元/吨，缩小至（-130，770）元/吨，到期日基差由127.08元/吨下降至62.92元/吨，收敛性有所增强。2019年LLDPE市场呈现反向结构的主要原因是国内新产能投产高峰导致的市场对远期价格的悲观预期。

表 16-3　　　　　　　　2018—2019 年 LLDPE 套保有效性

项目		年份	2018	2019
基差	均值	元 / 吨	261.94	156.89
	标准差	元 / 吨	276.33	150.08
	最大	元 / 吨	1 070	770
	最小	元 / 吨	-255	-130
到期价格收敛性	到期日基差	元 / 吨	127.08	62.92
	期现价差率	%	2.96	2.36
套期保值效率	周（当年）	%	60.50	84.23

注：现货价格为天津地区 LLDPE 市场价；期货价格为活跃合约结算价；数据为日度数据。

2. 套期保值效率提高

套期保值效率用于衡量相比于现货市场单边操作，企业在参与套期保值后，其所面临的价格波动风险的降低程度，这个指标是期货市场能否为现货企业提供有效风险对冲工具的重要标准。2019年LLDPE的套期保值效率为84.23%，相比2018年的60.50%，上升幅度超过39%。2019年大商所通过增设LLDPE交割仓库，增加夜盘交易时间，降低非主力合约交易手续费等多项措施增强实体经济服务能力，提升期货功能发挥。

（三）期货市场功能发挥实践

LLDPE期货于2007年在大商所上市交易，历经多年的发展壮大，已成为全球最活跃的化工期货品种之一。随着市场的发展壮大，化工企业不断通过期货产品尝试新的贸易和经营模式，增强自身的核心竞争力。

浙江某大型石化贸易企业主营聚氯乙烯（PVC）、聚丙烯（PP）、聚乙烯（PE）等石化塑料原料，常年销售规模达100万吨以上，销售额超过80亿元人民币。企业原来主要利用市场的网络渠道和市场信息的不对称，做贸易的时间价差、地区价差、批零价差等，近几年由于互联网的发展，市场的透明度越来越高，公司也在逐步转型，除了原有模式外，公司更多通过期货等金融衍生品工具的应用，尝试新的模式。

2019年3月初，增值税由16%降至13%的执行时间待定，该企业有10 000多吨进口LLDPE在途，预计到港时间一到两个月，当时现货价格为8 750元/吨，LLDPE1905合约价格为8 750元/吨，1909合约价格为8 550元/吨。由于降税事件带来的影响不确定性较大，该企业预计未来一个月LLDPE价格在8 350~9 150元/吨振荡的概率为60%，向上或向下突破区间的概率各为20%，同时希望这批在途LLDPE进行保值。在对不同行情下期货、期权保值效果进行情景模拟后，该企业选择LLDPE 1905合约价格在8 750元/吨时，买入8 950元/吨实值看跌期权一个月，权利金为275元/吨。这样一个月期权到期后无论价格涨跌，该企业期现综合的最大亏损锁定为75元/吨，而如果价格上涨较多，现货则可以获取额外收益。4月初期权到期结算时，LLDPE现货价格为8 660元/吨，期货LLDPE 1905合约收盘价为8 610元/吨，相对入场时的价格而言，现货盈亏-90元/吨，期权盈亏65元/吨，综合盈亏-25元/吨。

据企业负责人介绍，在企业传统套保对冲风险时可能把利润也对冲掉了，而场外期权具有容错性、多样性、灵活性的特点，可以对冲非线性风险，增加了风险对冲手段。从风险管理的角度而言，场外期权对传统套保是很好的补充。

三、LLDPE期货相关规则调整

2019年，大商所延续在节假日期间调整涨跌停板幅度和保证金等制度，充分防范市场风险，维护市场健康运行。具体调整的措施如下：

（一）交易制度

1. 节假日调整涨跌停板幅度和保证金的相关规定

2019年节假日期间，大商所发布LLDPE涨跌停板幅度和最低保证金标准的变动通知。

表 16-4 LLDPE 期货涨跌停板幅度和最低保证金标准调整情况

时间	通知名称	调整措施
2019-1-24	《关于 2019 年春节期间调整各品种涨跌停板幅度和最低交易保证金标准的通知》	自 2019 年 1 月 31 日（星期四）结算时起，将聚乙烯品种涨跌停板幅度和最低交易保证金标准分别调整至 8% 和 10% 2019 年 2 月 11 日（星期一）恢复交易后，自各品种持仓量最大的两个合约未同时出现涨跌停板单边无连续报价的第一个交易日结算时起，各品种涨跌停板幅度和最低交易保证金标准分别恢复至调整前的标准，即聚乙烯品种的涨跌停板幅度和最低交易保证金标准分别恢复至 5% 和 7%
2019-4-22	《关于 2019 年劳动节期间调整各品种涨跌停板幅度和最低交易保证金标准的通知》	自 2019 年 4 月 29 日（星期一）结算时起，将聚乙烯品种涨跌停板幅度和最低交易保证金标准分别调整至 5% 和 7% 2019 年 5 月 6 日（星期一）恢复交易后，自各品种持仓量最大的两个合约未同时出现涨跌停板单边无连续报价的第一个交易日结算时起，各品种涨跌停板幅度和最低交易保证金标准分别恢复至调整前的标准，即聚乙烯品种的涨跌停板幅度和最低交易保证金标准分别恢复至 4% 和 5%
2019-5-31	《关于 2019 年端午节期间调整相关品种最低交易保证金标准的通知》	自 2019 年 6 月 5 日（星期三）结算时起，聚乙烯品种最低交易保证金标准维持不变 2019 年 6 月 10 日（星期一）恢复交易后，自各品种持仓量最大的两个合约未同时出现涨跌停板单边无连续报价的第一个交易日结算时起，各品种最低交易保证金标准恢复至调整前的标准
2019-9-06	《关于 2019 年中秋节期间调整各品种涨跌停板幅度和最低交易保证金标准的通知》	自 2019 年 9 月 11 日（星期三）结算时起，将聚乙烯品种涨跌停板幅度和最低交易保证金标准分别调整为 6% 和 8% 2019 年 9 月 16 日（星期一）恢复交易后，自各品种持仓量最大的两个合约未同时出现涨跌停板单边无连续报价的第一个交易日结算时起，各品种涨跌停板幅度和最低交易保证金标准分别恢复至调整前的标准，即聚乙烯品种的涨跌停板幅度和最低交易保证金标准分别恢复至 4% 和 5%
2019-9-24	《关于 2019 年国庆节期间调整涨跌停板幅度和最低交易保证金标准的通知》	自 2019 年 9 月 27 日（星期五）结算时起，将聚乙烯品种涨跌停板幅度和最低交易保证金标准分别调整为 6% 和 8% 2019 年 10 月 8 日（星期二）恢复交易后，自各品种持仓量最大的两个合约未同时出现涨跌停板单边无连续报价的第一个交易日结算时起，各品种涨跌停板幅度和最低交易保证金标准分别恢复至调整前的标准，即聚乙烯品种的涨跌停板幅度和最低交易保证金标准分别恢复至 4% 和 5%

2. 夜盘交易制度

3月25日，大商所发布《关于增加夜盘交易品种及调整夜盘交易时间的通知》，增加LLDPE夜盘交易时间。

表 16-5　　　　　　　　　　LLDPE 夜盘交易制度

时间	通知名称	调整措施
2019-3-25	《关于增加夜盘交易品种及调整夜盘交易时间的通知》	一、增加夜盘交易品种 线型低密度聚乙烯、聚氯乙烯、聚丙烯、乙二醇、玉米、玉米淀粉和玉米期权 二、调整后夜盘交易时间 大商所全部夜盘交易品种夜盘交易时间为 21：00—23：00 三、夜盘交易有关要求 为保障此次工作正常开展，请各会员单位及相关主体根据交易所相关业务规则、指引和相关规定，认真做好各项准备，确保市场平稳运行

3. 基差平台相关制度

9月23日，大商所发布《关于大连商品交易所基差交易平台上线试运行的通知》，推广基差定价模式。

表 16-6　　　　　　　　LLDPE 基差交易平台相关通知

时间	通知名称	调整措施
2019-9-23	《关于大连商品交易所基差交易平台上线试运行的通知》	为满足产业企业参与期货市场的个性化需求，促进期货定价功能发挥，推广以"期货价格＋基差"定价的现货贸易，提升大连期货市场服务实体经济的水平，大连商品交易所基差交易平台（以下简称"平台"）于 2019 年 9 月 25 日上线试运行，现将有关事项通知如下： 一、交易时间 每个交易日的 9：00—15：00，交易日历与期货交易一致 二、交易品种 以大连商品交易所铁矿石、聚乙烯、聚氯乙烯、聚丙烯期货合约为定价基础的各类商品 三、手续费 平台暂免收取基差交易手续费 四、交易方式与行情展示 交易商凭交易账户及密码登入平台进行交易。平台交易登入地址为： https://otc.dce.com.cn/trade/loginuser.jsp 基差交易报价与成交行情在平台首页发布。平台首页地址为： https://otc.dce.com.cn/ 五、基差交易商名单（观察期） 铁矿石品种交易商（排名不分先后）： 鞍钢股份有限公司

续表

时间	通知名称	调整措施
2019-9-23	《关于大连商品交易所基差交易平台上线试运行的通知》	河钢集团北京国际贸易有限公司 太原钢铁（集团）国际经济贸易有限公司 日照钢铁控股集团有限公司 杭州热联集团股份有限公司 中建材供应链管理有限公司 中信金属股份有限公司 厦门国贸集团股份有限公司 浙江永安资本管理有限公司 国信金阳资本管理有限公司 浙江浙期实业有限公司 聚乙烯、聚氯乙烯、聚丙烯品种交易商（排名不分先后）： 浙江明日控股集团股份有限公司 北京四联创业化工集团有限公司 浙江物产化工集团有限公司 道恩化学有限公司 厦门国贸集团股份有限公司 浙江永安资本管理有限公司 华泰长城国际贸易有限公司 东证润和资本管理有限公司 鲁证经贸有限公司 中信寰球商贸（上海）有限公司 嘉悦物产有限公司

4. LLDPE手续费调整相关规定

10月29日，大商所发布《关于调整相关品种交易手续费收取标准的通知》，降低LLDPE手续费标准。

表 16-7　　　　　　　　LLDPE 期货手续费调整情况

时间	通知名称	调整措施
2019-10-29	《关于调整相关品种手续费标准的通知》	根据《大连商品交易所结算管理办法》第三十八条规定，经研究决定，自2019年11月1日交易时（即10月31日夜盘交易小节时）起，对相关品种非1/5/9合约月份的手续费标准进行调整，其中聚乙烯品种非日内交易手续费由2元/手调整为0.2元/手，日内交易手续费由1元/手调整为0.1元/手

（二）交割制度

1. 调整LLDPE指定交割仓库的相关措施

1月、3月和8月，大商所先后三次调整LLDPE交割仓库，进一步增强产业服务能力。

表 16-8　　　　　　　　LLDPE 期货指定交割库的调整情况

时间	通知名称	调整措施
2019-1-11	《关于调整线型低密度聚乙烯、聚丙烯、聚氯乙烯品种指定交割仓库的通知》	一、设立北京迅邦润泽物流有限公司为线型低密度聚乙烯非基准指定交割仓库，与基准指定交割仓库的升贴水为 0 元 / 吨，自 2019 年 11 月 15 日起接受并办理线型低密度聚乙烯期货交割业务 二、设立中远海运物流仓储配送有限公司为线型低密度聚乙烯基准指定交割仓库
2019-3-6	《关于增加 PVC 免检品牌并调整 LLDPE 品种指定交割仓库的通知》	调整 LLDPE 品种的指定交割仓库 设立江苏燕进石化有限公司为基准指定交割仓库
2019-8-2	《关于调整LLDPE、PP 品种指定交割仓库及增加 PVC 免检品牌的通知》	调整 LLDPE 品种指定交割仓库 设立天津中储陆通物流有限公司为非基准指定交割仓库，与基准指定交割仓库的升贴水为 0 元 / 吨 设立青岛中外运供应链管理有限公司为非基准指定交割仓库，与基准指定交割仓库的升贴水为 0 元 / 吨

2. 品牌交割及厂库交割相关制度

9月，大商所发布品牌交割以及厂库交割相关制度，进一步贴近市场需求，服务现货产业发展。

表 16-9　　　　　　　　LLDPE 品牌注册及厂库交割制度

时间	通知名称	调整措施
2019-9-6	《关于发布线型低密度聚乙烯、聚氯乙烯、聚丙烯交割注册品牌制度及厂库制度相关规则修改的通知》	为进一步贴近市场需求，经理事会审议通过，并报告中国证监会，大商所在线型低密度聚乙烯品种上实行交割注册品牌制度，在线型低密度聚乙烯品种上实行厂库制度，并相应修改《大连商品交易所标准仓单管理办法》《大连商品交易所线型低密度聚乙烯期货业务细则》《大连商品交易所聚氯乙烯期货业务细则》和《大连商品交易所聚丙烯期货业务细则》。现将规则修正案予以发布，其中，线型低密度聚乙烯交割注册品牌制度相关规则修改自线型低密度聚乙烯 2104 合约开始施行，线型低密度聚乙烯厂库制度以及其他规则修改自发布之日起施行

续表

时间	通知名称	调整措施
2019-9-6	《关于征集线型低密度聚乙烯、聚丙烯交割注册品牌的通知》	为更好地发挥期货市场功能，服务现货产业发展，大商所在线型低密度聚乙烯、聚丙烯品种上实行交割注册品牌制度，非交割注册品牌的商品，不得用于注册仓单。现公开征集线型低密度聚乙烯期货交割注册品牌，具体要求如下： 一、申请条件：申请厂家的申请品牌的产品质量满足期货交割质量标准；装置投产年限不低于2年、上一年度开工率不低于70%；产品销售流向包含交割区域；产品质量市场认可度高 二、具体申报材料及审批流程请参阅《大连商品交易所期货交割注册品牌工作办法》（大商所网站首页–业务/服务–业务指引–工业品交割业务指引–品牌管理） 欢迎符合条件且愿意申请交割注册品牌的企业踊跃报名，交易所将综合材料申报、产品检测、市场调查情况等择优选用
	《关于征集线型低密度聚乙烯、聚氯乙烯、聚丙烯期货交割厂库的通知》	为更好地发挥期货市场功能，服务现货产业发展，现公开征集线型低密度聚乙烯期货交割厂库。具体要求如下： 一、征集地域范围 线型低密度聚乙烯：北京、天津、山东、上海、浙江、江苏、广东等交割区域的生产或消费企业法人；经营区域覆盖以上地区的贸易企业法人 二、具体条件及申报材料等请参照《大连商品交易所指定交割仓库资格审核工作办法》（大商所网站首页–业务/服务–业务指引–工业品交割业务指引–交割仓库管理–管理制度汇总）第二章及第三章

四、LLDPE期货市场发展前景、问题与发展建议

（一）发展前景

1. 国内外产能继续扩张

2019年，国内外PE装置扩能超过871.5万吨，同比增幅约为31.6%，新增装置主要集中在亚洲和北美地区，其中2019年我国PE新投产装置超过100万吨，同比基本持平。2019年，国际聚乙烯新装置主要集中在低压和线型产能，截至11月份，国外新增低压装置产能101万吨/年，新增线型产能127万吨/年，国内新增低压装置产能114万吨/年，新增线型装置54万吨/年。随着全球PE新增装置不断投入使

用，预计未来全球PE新增产能将持续大幅增加，市场整体货源供应充沛。

2. 需求端不确定性增强

2019年，国内宏观经济面临较大压力，市场需求预期悲观，但在原材料价格持续下行的背景下，下游企业对聚烯烃原料的消化能力较好。2019年1~10月塑料制品产量增速4.6%，塑料制品出口增速9.6%。整体塑料制品产量增速由2012—2014年7%~8%平均增速下降到了2017—2019年4%~6%，塑料制品出口增速维持在10%左右。2020年，随着塑料制品业利润的恢复以及库存的去化，行业是否会迎来补库存周期，仍存有较大不确定性。

（二）存在的问题

LLDPE期货合约连续性有待提高。2019年，LLDPE活跃合约仍集中为1月、5月、9月合约，为此，大商所已于2019年10月降低了非1月、5月、9月合约的交易手续费，进一步提高非主力合约的流动性，鉴于制度推出时间较短，整体效果仍有待进一步观察。

（三）相关建议

建议配套完善做市商制度，促进品种合约连续性。稳步扩大工业品做市商品种服务范围，推动在塑料等品种不活跃合约开展做市商制度，鼓励客户参与近月合约交易，促进活跃合约连续。

专栏

2019年LLDPE期货大事记

1月14日，美国乙烷公司（AEC）在得克萨斯州举办1 000万吨级（约合48万桶/天）乙烷出口终端的奠基仪式，此Martin出口终端，预计将于2022年建成，是专门为出口中国而建设。

6月17日，美国贸易代表办公室就新一轮加征关税（清单4）举行为期七天的听证会，以征求公众意见，拟议的清单4包含剩余110亿美元的塑料和化学品。美国化工行业强烈要求，停止对中国输美化学品加征关税。

7月1日起，《上海市生活垃圾管理条例》将正式实施，通过明确各类责任主体、强制源头减量、落实分类体系的全程监管等，被称为史上最严垃圾分类措施。在垃圾分类规定中明确指出，塑料制品属于可回收垃圾，说明垃圾分类会对后期塑料回料产生影响。

8月12日，埃克森美孚公司宣布其位于得克萨斯州博蒙特炼化基地新建的65万吨/年聚乙烯（PE）树脂厂投产。该公司表示，这套新建装置投产后也使公司博蒙特的PE产能达到170万吨/年。

8月28日，美国贸易代表办公室官网发布通知，确认针对中国输美3 000亿美元产品（List 4清单）关税税率由原定的10%提高至15%，按两个批次执行，对3000亿美元加征关税产品分为A、B两个清单，"List 4A"清单中的产品将于美国东部时间9月1日开始正式征收15%的关税，"List 4B"清单中的产品将于美国东部时间12月15日开始正式征收15%的关税。另外，美国贸易代表办公室目前对2 500亿美元中国输美产品关税税率从25%提高至30%正式征求公众意见，需在9月20日之前提交，并拟定于2019年10月1日生效，该清单中涉及聚乙烯以及聚氯乙烯等化工品。

9月14日凌晨，沙特阿拉伯的阿布盖格炼油厂与库莱斯油田被无人机空袭后发生大爆炸。阿布盖格是沙特最大的炼油厂，是该地区最核心的产油区，在遭遇无人机轰炸后近半数油厂关闭，日减产达到500万桶。

10月11日，伊朗油轮在红海发生爆炸起火的消息引发市场高度关注。事件传开后，上海原油期货主力合约上涨超过3%，WTI原油、布伦特原油涨幅均扩大至1%。

10月14日，阿科玛（Arkema）宣布，已收到韩国SK Global Chemical的邀约，收购阿科玛的聚烯烃业务，拟议交易的价格基于该企业的价值3.35亿欧元（约合3.69亿美元）。

12月11日，全球最赚钱公司——沙特阿拉伯美IPO上市首日股价开盘即涨停，达到10%。

报告十七
聚氯乙烯期货品种运行报告（2019）

近年来，聚氯乙烯（以下简称PVC）行业快速发展，竞争愈加充分，市场化程度不断提高，落后产能逐步淘汰，新增产能得到适度控制。新疆、内蒙古和山东等主产区产量占我国总产量的50.93%，区域集中度越来越高。产能50万吨以上企业大部分位于新疆、内蒙古和陕西等地，企业规模化越来越明显。2019年，PVC期货运行相对平稳，价格运行重心小幅下移，期货交易规模有所下降，但现货企业对期货市场的关注度持续提升，对期货价格变动的敏感度进一步提高，运用期货工具进行风险管理的积极性深度释放，PVC产业期现结合更加紧密、应用更加深入，为PVC企业的高质量发展提供了有力支持。

一、PVC期货市场运行情况

（一）市场规模及发展情况

1. 成交规模有所下降

2019年，PVC期货市场成交量与成交额双双回落。2019年PVC期货全年成交量为3 379.29万手，低于2018年的3 636.28万手，下滑7.07%；全年成交额为11 246.44亿元，与2018年的12 192.10亿元相比，下降7.76%。2019年，PVC期货成交量在大商所品种成交量排名中位列第11名，PVC期货成交额在大商所品种成交额排名中位列第12名。2019年PVC期货市场波动幅度适中，市场资金关注度有所下滑，导致PVC成交量及成交额出现不同程度缩减。

从月度交易规模来看，PVC期货交易具有一定季节性特点。2019年第二季度和第三季度PVC成交相对活跃，而第一季度和第四季度表现相对平淡，这与PVC的季节性消费习惯存在一定关系。受下游市场补货的带动，PVC成交量在4月份大幅增加，并在5月份达到年内高点453.60万手，与2018年同期相比大幅增加86.07%；即使与2018年3月份的成交量峰值438.79万手相比，也小幅上涨3.38%。6月份与12月份PVC交投气氛尚可，成交量均在350万手附近。PVC成交额的变化趋势与成交量一致，且高点出现时间重合，在5月份达到年内高峰1 565.86亿元，高出2018年同期水平的88.40%。与2018年成交额高点1 452.09亿元相比，上升7.83%。

PVC期货成交量在大商所期货市场的占比依旧偏低，与2018年相比小幅降低。2019年，PVC成交量在大商所总成交量中的占比年度均值为2.60%，低于2018年同期的3.85%。其中，PVC在4月份的成交量贡献为全年最大，占大商所总成交量的4.36%，5、6月份占比也突破3%。随后，PVC成交量占比逐步下滑，10月份成交量占比仅为1.39%，大多数月份PVC成交量占比在2%~4%内波动。PVC成交额在大商所总成交额中的占比月度均值为1.66%，略低于2018年同期的2.39%。PVC成交额在大商所总成交额中占比最高出现在4月份，为2.92%，5月份成交额占比仅次于4月份，达到2.52%。之后呈现下滑态势，10月份处于全年最低点，占比为0.92%。

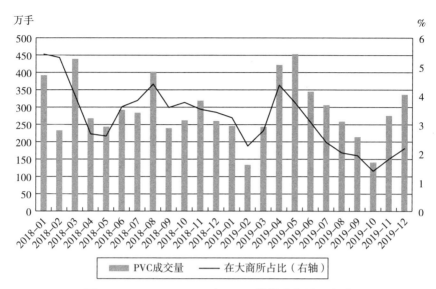

图 17-1　2018—2019 年 PVC 期货成交量及占比

（数据来源：大连商品交易所）

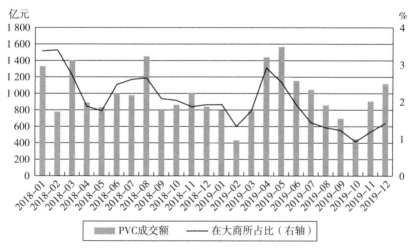

图 17-2　2018—2019 年 PVC 期货成交金额及占比

（数据来源：大连商品交易所）

2. 持仓量明显增加

2019年，PVC期货日均持仓量为24.42万手，同比上涨40.83%；PVC期货日均持仓额为80.70亿元，同比上涨39.72%。由于现货市场消费具有季节性特点，受此影响，PVC各月持仓波动较大，也呈现一定季节性。全年PVC持仓量第一、第四季度上升，第二、第三季度下降，由于第三季度PVC现货市场基本面相对平淡，持仓量明显缩减，8月份下滑至18.74万手，创年内低点；PVC持仓量最高值出现在11月份，达到34.63万手，同比大幅增加30.51%。PVC期货价格从5月初高位回落，一路下行，进入10月底期货价格逐步止跌，震荡筑底，激发企业的套保需求，从而吸引更多的资金入市。

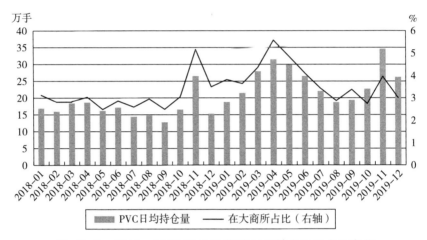

图 17-3　2018—2019 年 PVC 期货日均持仓量及占比变化

（数据来源：大连商品交易所）

2019年，PVC持仓量在大商所品种总持仓量中的占比及PVC持仓金额在大商所总持仓金额中占比均较2018年有进一步提升，但仍相对偏低。PVC持仓量占比月度均值为3.81%，而2018年仅为3.08%。PVC持仓量占比存在一定波动，大多处于2.70%~4.00%。4月份，PVC持仓量占比突破5%，积极攀升至5.58%，创近两年新高。PVC持仓金额在大商所占比偏低，2019年月度均值为2.85%，与2018年月度均值2.33%相比微幅提升。其中，4月份最高为4.67%，8月、10月占比不足2.20%。截至2019年末，PVC期货持仓量在大商所品种排名中位列第9名，持仓金额在大商所品种排名中位列第11。

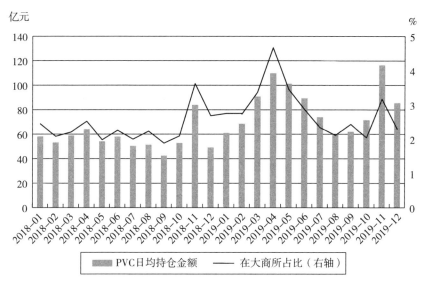

图 17-4　2018—2019 年 PVC 期货日均持仓金额及占比

（数据来源：大连商品交易所）

（二）期现货市场价格变化特点及原因

1. 期现货价格宽幅震荡

2019年末，PVC期货结算价为6520元/吨，与2018年末结算价6 450元/吨相比，上涨70元/吨，涨幅为1.09%。PVC期货市场全年波动幅度为13.58%，而2018年达到19.16%。相比之下，PVC期货价格运行范围在一定程度收窄，波动不及2018年剧烈。截至2019年12月末，PVC现货价格为6 980元/吨，与2018年同期的6715元/吨相比，上涨265元/吨，涨幅为3.95%。与期货市场相比，PVC现货市场态势表现相差不大，全年波动幅度为13.42%，2018年波动幅度为18.83%，现货市场波动幅度同样收窄。

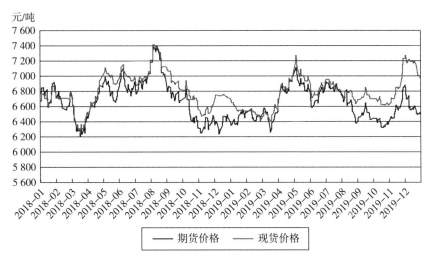

图 17-5　2018—2019 年 PVC 期货主力合约和现货基准地价格走势

（数据来源：Wind 数据库）

2. PVC供需双降，价格季节性波动

2019年PVC价格分为几个运行阶段：第一季度市场价格窄幅下行为主，主要原因是春节放假因素，下游放假时间较长，社会库存大幅累积。第二季度市场价格迎来一波反弹，主要原因是除了春节检修支撑之外，需求改善等传统利好叠加产生积极影响，同时2019年上半年安全事故频发，安全检查越加严格，上游PVC企业检修力度较大，部分企业也因故出现长期停车情况。第三季度市场价格震荡回落，主要原因是需求迟迟难有亮点，社会库存大幅高于2018年同期，宏观面表现不佳等因素叠加影响使得PVC市场价格提前进入震荡回落趋势。第四季度市场价格反弹后回落，主要原因是社会库存不断去化，库存压力减小，PVC价格反弹；其后，市场回归理性，价格从高点回落后以震荡为主。纵观全年，影响PVC现货行情的主要因素是基本面供需双弱、宏观面整体表现欠佳、中美贸易摩擦等因素叠加影响商品市场氛围。

3. 原料电石成本对PVC价格影响较大

PVC的原料多样，我国82.2%的PVC产能采用电石法，所以PVC

与电石的相关性更为明显。电石与PVC关联性的主要逻辑在于，电石是PVC生产的重要原料，构成主要生产成本，电石价格通过影响PVC利润间接影响PVC价格走势，PVC利润是电石价格的重要表现指标。在PVC利润达到一定的峰值或跌至一定的低点，在揭示出电石价格的同时，会形成PVC价格的预警信息。从2015—2019年PVC与电石的价格走势来看，PVC价格与电石价格的相关程度密切，PVC价格的高点大多是利润的高点，此时电石价格也会处于高点；PVC价格的低点大多是利润的低点，此时电石价格也会处于低点。2019年初，内蒙古的PVC毛利润高达800元/吨以上，电石价格也处于相对高位，随后PVC价格经历一波下跌走势。3月下旬内蒙古PVC毛利润下降至56元/吨，电石价格处于相对低位，随后PVC价格出现较大反弹。5月下旬，内蒙古PVC毛利再度回升至1 200元/吨以上，电石价格处于相对高位，随后PVC价格再次下跌。虽然电石价格与PVC价格的相关程度较高，但两者也并非严格的正相关关系。以2019年价格走势来看，第二季度PVC行业因集中检修等因素影响造成供应减少，PVC价格反弹，却造成电石需求减少进而引致电石价格的回落。

（三）期货交割情况分析

1. 交割量同比上升

2019年，PVC期货交割量为15 028手，与2018年的7472手的交割量相比，上升101.12%。PVC期货交割金额为5.28亿元，与2018年的2.51亿元交割金额相比增加2.77亿元，同比上升110.36%。PVC交割量依旧主要集中在1月、5月以及9月三个月份，3月、10月份分别仅有3手、1手交割，其他月份均无实物参与交割。其中，2019年三个主力合约中5月合约的交割量最大，达到7 664手，与2018年内月度交割量峰值4 936手相比，增加2728手。1月合约和9月合约的交割量分别为161手、7 199手，三个主力合约交割量差距较大，PVC交割率有所增加。PVC月度交割量的变化与合约流动性紧密相连，实践中市场参与者多选择流动性较强的合约进行交易和实施配套措施。

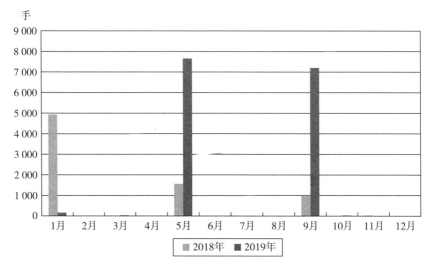

图 17-6　2018—2019 年 PVC 期货交割量

（数据来源：大连商品交易所）

2. 交割客户集中在华东地区

参与PVC交割的客户所在区域相对集中，2019年交割区域与2018年相比变化不大。2018年交割区域涉及五个省份、两个直辖市以及一个自治区，分布在华东、华北及华中地区。2019年交割区域涉及六个省份、两个直辖市。2018年PVC期货交割主要在华东消费区域内，客户参与交割量为6 951手，占比为93.03%。2019年PVC期货交割主要在华东消费区域内，客户参与交割量为14 993手，占比为99.77%。从参与交割客户所在区域的变化可以看出，2019年PVC交割参与客户主要为贸易商及下游市场用户，生产企业参与交割的数量有所减少。随着PVC价格剧烈波动，下游制品企业越来越多借助期货工具进行套期保值，以规避生产成本变动带来的风险，更有助于PVC期货市场功能的发挥。

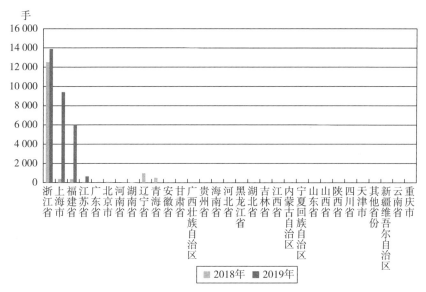

图 17-7　2018—2019 年 PVC 期货交割地域分布

（数据来源：大连商品交易所）

（四）期货市场交易主体结构分析

1. 交易客户结构逐步改善，法人客户参与度进一步提升

2019年，PVC期货市场参与交易客户整体数量与2018年相比有所减少，由2018年的14.74万户下降至2019年的13.99万户，降幅5.09%。法人和个人客户均有下降，其中，法人客户由2018年的4 308户降至4044户，降幅6.13%；个人客户数量一定程度减少，由2018年的14.31万户降至13.59万户，降幅5.03%。参与交易的客户结构有所改变，法人客户在总交易客户数量中的占比提升。2018年，法人客户占比月度均值为4.48%，个人客户占比月度均值为95.52%。2019年法人客户占比月度均值上升至5.58%，个人客户占比月度均值为94.42%。随着期货市场的日益成熟和完善，法人客户参与期货交易的意识逐步增强，并积极地将期货工具和企业经营管理相结合，运用到实践中去。

2019年，PVC月均交易客户数量约3.28万户，与2018年月均交易客户数量3.96万户相比减少6 727户，降幅为16.99%，变化幅度较为明显。5月参与交易的客户数量最多，达到4.88万户，与2018年交易客户最多的1月份的4.80万户相比，小幅增加837户。参与交易客户的数量与期货价格走势存在很大关系。客户在2019年10月的参与积极性较低，交易客户数量为2.08万户，低于2018年12月低点3.36万户。从月度来看，2019年各个月份参与交易的客户数量波动幅度扩大，较为不均衡。

法人客户方面，2019年月度参与法人客户数均值为1745户，与2018年月度参与法人客户数均值1 757相比，减少12户，减少幅度为0.68%。其中，12月份法人客户数达到1 981户，为年内最高水平。个人客户方面，2019年PVC月度参与个人客户数均值为3.11万户，与2018年月度参与个人客户数均值3.78万户相比，减少6 715户，下降幅度为17.76%。PVC期货市场价格在2019年波动有所收窄，个人客户更偏好波动较大的品种，因此个人客户数量存在一定程度下滑。

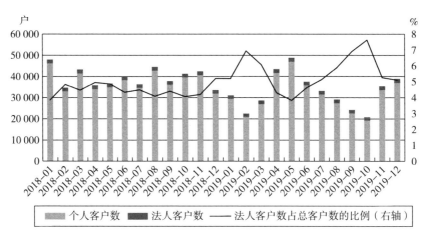

图 17-8　2018—2019 年 PVC 期货市场客户结构

（数据来源：大连商品交易所）

2. 短线交易客户减少

2019年，PVC短线交易客户总数10.52万户，较上年减少8 825

户，降幅为7.74%。PVC月均短线交易客户数为2.02万户，与2018年的2.61万户相比减少5 875户，降幅为22.51%。5月进行短线交易操作的客户数量最多，达到3.43万户，10月短线交易客户数下降至1.06万户。主要原因是5月PVC期货价格波动幅度较大，吸引短线客户参与；10月PVC期货价格波动幅度下降，短线客户参与数量减少。

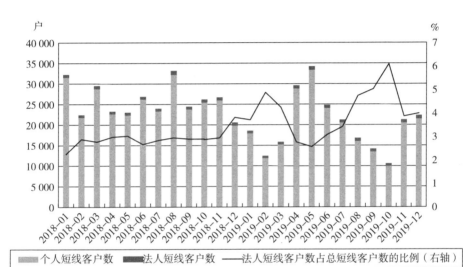

图 17-9　2018—2019 年 PVC 期货短线参与客户情况

（数据来源：大连商品交易所）

2019年，个人客户月均短线交易数量与2018年相比出现回落，法人客户月均短线交易数量与2018年相比基本持平，除了因交易客户数量有所降低外，还受到期货价格走势的影响。分别来看，个人客户月均短线交易客户数量在1.94万户左右，个人客户在5月份参与短线交易达到3.34万户，其他月份参与短线交易数量均未超过3万户，而且其他月份短线交易客户数量波动较大；法人客户月均短线交易客户数量在753户左右，12月份法人客户参与短线交易数量增加至891户。2019年，法人短线客户在总短线客户中的占比最高达到6.09%，月均占比为4.03%，与2018年相比明显提升。

3. 成交和持仓集中度小幅上涨

2019年，PVC期货市场成交集中度月均值为52.42%，比2018年小幅上升3.55%，在46%~57%区间内运行。年内PVC整体成交集中度在9月最高，达到56.58%，在4月最低，仅有46.41%，全年成交集中度的波动幅度有所扩大。仅有2月、3月和4月三个月份的持仓集中度低于49.2%，其他月份持仓集中度均高于50%，表现较低的5月成交集中度也超过50.9%。上半年PVC成交集中度月均值为50.58%，下半年为54.25%，上半年成交集中度略微低于下半年。

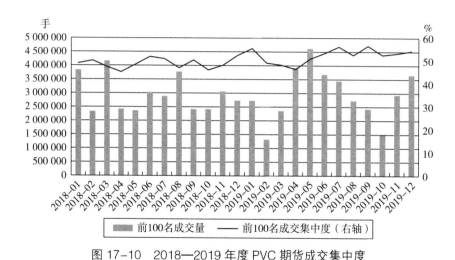

图 17-10　2018—2019 年度 PVC 期货成交集中度

（数据来源：大连商品交易所）

2019年，PVC期货市场持仓集中度月均值为58.18%，比2018年小幅上升3.05%，在50%~68%区间内运行。年内PVC整体持仓集中度在9月最高，达到67.78%，在8月最低，仅有50.99%，全年持仓集中度的波动幅度有所扩大。仅有8月和11月两个月份的持仓集中度低于55%，其他月份持仓集中度均高于55%，其中6月、9月持仓集中度均超过60%。上半年PVC持仓集中度月均值为58.53%，下半年为57.83%，上半年持仓集中度略微高于下半年。

PVC期货成交集中度、持仓集中度分别呈现上升、下降趋势，表明期货市场参与者投资行为存在一定波动，有助于提高期货市场的流动性。不同角色的投资者参与期货市场中，在促使期货价格更加合理、有效、有代表性的同时，使得期货市场价格发现功能更为完善。

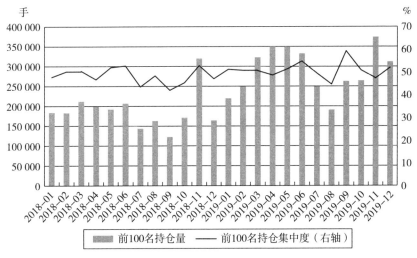

图 17-11 2018—2019 年度 PVC 期货持仓集中度

（数据来源：大连商品交易所）

二、PVC期货市场功能发挥情况

（一）价格发现功能发挥情况

自2009年5月25日上市以来，PVC期货对现货市场一直产生着重要影响。随着期货市场制度和交易规则的日益完善，PVC期货市场流动性提高。2018年，PVC期现价格相关性达到0.90。2019年，PVC期现相关性稳定在0.66，比2018年存在一定程度下降，均通过显著性检验。2019年，PVC价格引导关系为期货引导现货。PVC期货价格波动较为频繁且提前于现货市场，机构或产业客户运用PVC期货进行套期保值管理风险的效果较佳。

表 17-1 　　　　　　　　2018—2019 年 PVC 期现价格相关性

检验项	年份	2018	2019
期现价格的相关性	系数	0.90	0.66
	显著性检验	通过检验	通过检验
期现价格引导关系		期货引导现货	期货引导现货

数据来源：大连商品交易所。

（二）套期保值功能发挥情况

1. 现货价格长期升水期货价格

2019年，PVC基差均值为164.57元/吨，与2018年的115.95元/吨[①]相比扩大41.94%。PVC基差波动区间扩大，由2018年的（-115，505）元/吨扩大至（-80，645）元/吨。2019年PVC现货市场走势偏强，现货价格长期升水期货价格，最高升水达到645元/吨。受到环保、政策等因素的影响，部分装置未能按期投产，下游需求整体同时转弱，社会库存长期同比明显偏高，PVC供需格局呈现双弱局面。2019年上半年，PVC期现货升贴水结构不断变化，但整体波动幅度不大。2019年8月下旬开始，PVC期货价格震荡筑底，跌速放缓，PVC基差明显扩大。2019年，PVC年末基差有所扩大，由2018年的265元/吨上涨至460元/吨。2019年，到期日基差118.75元/吨。

---

① 将 2018 年基差均值由 116.19 元 / 吨修正为 115.95 元 / 吨。

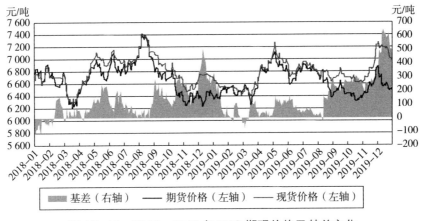

图 17-12　2018—2019 年 PVC 期现价格及基差变化

（数据来源：大连商品交易所）

2. 套期保值效率小幅下降

2019年，PVC期货套期保值效率为81.03%，与2018年的90.45%相比，回落9.42个百分点。相比于现货市场单边操作，企业在参与PVC套期保值后，其所面临的价格波动风险可以降低80%以上，说明PVC期货对冲风险的功能得到了充分发挥，是企业进行风险管理的有力工具。2019年PVC期现市场面临着更多的不确定性因素，加大了套期保值的难度，套期保值效率出现下滑不可避免。但法人客户参与数量基本稳定且占比提升，说明企业风险管理意识逐步增强，经营模式在逐步发生改变。与此同时，PVC期货相关规则制度的完善也不断地吸引法人客户的关注。随着企业对期货市场的关注度提高，参与期货市场套期保值的积极性在不断提升。

表 17-2　　　　　　　　　2018—2019 年 PVC 期货套保有效性

项目		年份	2018	2019
基差	均值	元/吨	115.95	164.57
	标准差	元/吨	117.35	157.66
	最大	元/吨	505	645
	最小	元/吨	-115	-80

续表

项目	年份		2018	2019
到期价格收敛性	到期日基差	元／吨	−193.75	118.75
	期现价差率	%	4.99	5.23
套期保值效率	周（当年）	%	90.45	81.03

注：2018 年均值和标准差分别由 116.91、119.52 修正为 115.95、117.35。

数据来源：大连商品交易所。

（三）期货市场功能发挥实践

1. 企业利用期货模式

2009年5月25日，PVC期货成为大商所继2007年LLDPE期货上市后推出的第二个塑料期货品种，至2019年已满十年。十年来，PVC产业链发展格局、贸易模式、风险管理理念发生明显变化，大商所持续推动贴近现货市场的制度创新，让期货市场焕发生机和活力，成为产业避险和定价的得力助手，PVC期货在与现货行业的不断磨合中持续探索。

作为上游生产企业，面临的风险主要集中于产成品的价格下跌。套期保值操作可以在价格大幅波动中助力这些企业锁定现货价格，有效规避后续市场价格下跌的风险。对中间贸易商而言，在市场竞争日趋激烈、市场环境更加透明化、规范化的大环境下，企业面临价格大幅波动带来的采购和销售风险。"一口价"的定价方式会出现"越跌越难卖、越涨越难买"的情况。随着期货市场的高质量发展和企业对期现结合应用的深化，以期货价格为基准的基差贸易模式逐渐成为PVC行业定价的重要手段，引领着贸易模式的"更新换代"。同时，场外期权作为探索出的新工具为相关市场主体的贸易价格"兜底"。场外期权是"类保险"化产品，具有策略丰富、简单易懂的优势，可以为企业客户提供个性化定制服务，规避企业专业人才队伍不足和资金压力方面的短板。不少贸易企业开始探索场外期权，为上游工厂提供远期交货、买看跌期权，锁定最低销售成本，同时可以享受价格上涨带来的收益；为下游工厂提供一口价销售或者点价销售结合买看跌期权，规避原材料跌价的风险，同时可以锁定最高采购成本，推动PVC期现融合迈上新台阶。对下游企业来说，则主要面临采购PVC原料的价格上涨风险，PVC期货价格是一个结合宏观格局、基本面因素、产业链形态的综合价格体现，很大程度上准确反映了未来供需预期和价格走势。随着市场对PVC期货的广泛参与，越来越多的下游企业在与上游厂家协商采购价格时，会参考期货价格走势，规避PVC原料的价格上涨风险。

同时，制度创新让PVC期货焕发生机。PVC期货从上市经历的10年，既是从小到大、成熟蜕变的10年，也是制度不断完善、功能有效发挥的10年。上市前，大商所就制定了贴近现货市场和交易需求的合约规则。上市后，PVC品牌交割、免检交割等制度创新先后落地，大商所根据现货贸易变化、适时调整交割仓库范围和增设交割库、免检品牌，开展PVC夜盘交易，推动PVC期货走向持续活跃。

2. PVC期货应用案例

作为大型上游生产企业、大商所PVC期货注册及免检品牌之一，宁夏英力特2009年起经批准开始进行套期保值业务，在2016年、2017年市场价格大幅波动中，企业参与期货套保的规模超过20 000吨。2016年下半年，在PVC价格从6 000元/吨提升到11月中旬的8 200元/吨，又回落至12月底的6 300元/吨的剧烈波动中，企业自2016年7月陆续在1701合约上进行套保操作，在价格大幅波动中锁定了现货价格，有效规避了后续市场价格下跌的风险。

2018年9月，上游企业宜宾天原和贸易企业钦源化工签署了6 000吨PVC基差贸易合同，约定卖方在合同签订后选择时机在9月至10月进行点价，每月3 000吨，每月点价三次，每次至少800吨。卖方为买方提供一定的基差让利，并获得点价权。在点价期内，卖方选择合适的时机，根据自身对行情的判断且依照合同约定进行点价，尽量以相对高的价格点价成交，如在点价期内未完成约定点价数量，剩余未点价部分，以点价期内最后一日1901期货结算价为合同单价。最后双方达成以SG-5型为基准定价，SG-3、SG-8制定相应的升贴水，基差确定为0元/吨。其间，宜宾天原进行了6次点价，均价为6 690.83元/吨，高于合同期间PVC期货合约收盘均价约40元/吨。买方钦源化工获得了基差实际让利50元/吨，规避了大部分基差价格波动的风险，也获得了仓储费用的优惠总共约9万元以及物流中转费用节省的约50元/吨。同时，钦源化工还主动与下游客户进行点价交易，保障这6 000吨货物的收益。据双方介绍，基差贸易能提高营销效率，节约大量营销成本，实现营销模式转变，在加强风险控制、转变风控模式方面发挥了重要作用。宜宾天原借基差贸易的公平定价体系维护了稳定的供销关系，提高与贸易客户的黏性。

2018年8月10日，SG-5型的PVC现货价格7 350元/吨，对应期货主力合约价格7 370元/吨。浙江明日控股集团的下游客户认为价格上涨空间有限，价格可能回落。由于原材料库存很低，客户需要采购，但又无法接到远期产成品订单以锁定利润。梳理客户的需求后，浙江明日控股集团与客户达成合作，签订保价合同1 000吨，以7 450元/吨的价格作为销售暂定价。同时，客户享有一个月内的价格保险权利，并可以在合同期内随时提前结算。若9月10日1809合约收盘价较8月10日上涨，则以7 450元/吨的暂定价作为最终销售价；若9月10日1809合约收盘价较8月10日下跌，则最终销售价格=暂定价-（期初期货价格-期末期货价格），即期货的下跌幅度在现货暂定价中折抵。2018年8月10日，明日控股买入1809合约一个月平值看跌期权1 000吨，行权价7 370元/吨，权利金100元/吨。2018年9月10日，1809合约收盘价格6 845元/吨，期货价格下跌525元/吨。按照约定，明日控股最终以7 450-525=6 925元/吨的价格销售给客户，客户通过保价实现了更低成本的采购。

三、PVC期货合约相关规则调整

（一）交易制度

根据《大连商品交易所风险管理办法》第十条规定：如遇法定节假日休市时间较长，交易所可以根据市场情况在休市前调整合约交易保证金标准和涨跌停板幅度。同时，根据实际情况和业务需要，交易所进行了包括增加夜盘交易、调整成交和持仓口径以及调整非主力期货合约交易手续费等方面交易制度的修订。2019年，大商所在PVC期货保证金、涨跌停板、夜盘交易、成交和持仓统计口径以及交易手续费等交易制度方面共进行了七次调整。

表 17-3　　　　　2019 年交易所对 PVC 交易制度调整情况

时间	通知名称	调整措施
2019-1-24	《关于 2019 年春节期间调整各品种涨跌停板幅度和最低交易保证金标准的通知》	一是自 2019 年 1 月 31 日（星期四）结算时起，将聚氯乙烯品种涨跌停板幅度和最低交易保证金标准分别由 5% 和 7% 调整至 6% 和 8%。二是 2019 年 2 月 11 日（星期一）恢复交易后，自各品种持仓量最大的两个合约未同时出现涨跌停板单边无连续报价的第一个交易日结算时起，各品种涨跌停板幅度和最低交易保证金标准分别恢复至调整前的标准，即聚氯乙烯品种的涨跌停板幅度和最低交易保证金标准分别恢复至 5% 和 7%。三是对同时满足《大连商品交易所风险管理办法》有关调整交易保证金标准和涨跌停板幅度的合约，其最低交易保证金标准和涨跌停板幅度按照规定数值中较大值执行
2019-3-15	《关于调整黄大豆 1 号等 11 个品种涨跌停板幅度和最低交易保证金标准的通知》	一是自 2019 年 3 月 18 日（星期一）结算时起，将聚氯乙烯品种涨跌停板幅度和最低交易保证金标准分别由 5% 和 7% 调整为 4% 和 5%。二是对同时满足《大连商品交易所风险管理办法》有关调整涨跌停板幅度和交易保证金标准的合约，其涨跌停板幅度和最低交易保证金标准按照规定数值中较大值执行
2019-3-25	《关于增加夜盘交易品种及调整夜盘交易时间的通知》	一是增加聚氯乙烯为夜盘交易品种。二是夜盘交易品种夜盘交易时间为 21：00—23：00

时间	通知名称	调整措施
2019-4-22	《关于 2019 年劳动节期间调整各品种涨跌停板幅度和最低交易保证金标准的通知》	一是自 2019 年 4 月 29 日（星期一）结算时起，将聚氯乙烯品种涨跌停板幅度和最低交易保证金标准分别由 4% 和 5% 调整至 5% 和 7%。二是自 2019 年 5 月 6 日（星期一）恢复交易后，自各品种持仓量最大的两个合约未同时出现涨跌停板单边无连续报价的第一个交易日结算时起，各品种涨跌停板幅度和最低交易保证金标准分别恢复至调整前的标准，即聚氯乙烯品种的涨跌停板幅度和最低交易保证金标准分别恢复至 4% 和 5%。三是对同时满足《大连商品交易所风险管理办法》有关调整涨跌停板幅度和最低交易保证金标准的合约，其涨跌停板幅度和最低交易保证金标准按照规定数值中较大值执行
2019-9-24	《关于 2019 年国庆节期间调整涨跌停板幅度和最低交易保证金标准的通知》	一是自 2019 年 9 月 27 日（星期五）结算时起，将聚氯乙烯品种涨跌停板幅度和最低交易保证金标准分别调整为 6% 和 8%。二是 2019 年 10 月 8 日（星期二）恢复交易后，自各品种持仓量最大的两个合约未同时出现涨跌停板单边无连续报价的第一个交易日结算时起，各品种涨跌停板幅度和最低交易保证金标准分别恢复至调整前的标准，即聚氯乙烯品种的涨跌停板幅度和最低交易保证金标准分别恢复至 4% 和 5%。三是对同时满足《大连商品交易所风险管理办法》有关调整涨跌停板幅度和最低交易保证金标准的合约，涨跌停板幅度和最低交易保证金标准按照规定数值中较大值执行
2019-10-29	《关于修改〈大连商品交易所交易管理办法〉的通知》	一是成交量是指某一合约在当日所有成交合约的单边数量。二是持仓量是指期货交易者所持有的未平仓合约的单边数量
	《关于调整相关品种手续费标准的通知》	一是自 2019 年 11 月 1 日交易时（即 10 月 31 日夜盘交易小节时）起，对聚氯乙烯品种非 1/5/9 合约月份的手续费标准进行调整。二是非日内和日内的手续费标准分别由 2 元 / 手、1 元 / 手调整为 0.2 元 / 手、0.1 元 / 手

（二）交割制度

2019年，大商所在PVC交割仓库、免检品牌、交割注册品牌制度及厂库制度等交割制度方面共进行了四次调整。

表 17-4　　　　　2019 年交易所对 PVC 交割制度调整情况

时间	通知名称	调整措施
2019-1-11	《关于调整线型低密度聚乙烯、聚丙烯、聚氯乙烯品种指定交割仓库的通知》	一是设立中远海运物流仓储配送有限公司为聚氯乙烯非基准指定交割仓库，与基准指定交割仓库的升贴水为 0 元 / 吨。二是对调整的指定交割仓库入出库费用设定最高限价。三是作为通知附件发布调整的指定交割仓库联系表

时间	通知名称	调整措施
2019-3-6	《关于增加 PVC 免检品牌并调整 LLDPE 品种指定交割仓库的通知》	增加内蒙古君正能源化工集团股份有限公司、新疆中泰化学股份有限公司、四川金路集团股份有限公司、唐山三友氯碱有限责任公司 PVC 免检品牌
2019-8-2	《关于调整 LLDPE、PP 品种指定交割仓库及增加 PVC 免检品牌的通知》	增加中盐吉兰泰盐化集团有限公司的中盐牌、茌平信发聚氯乙烯有限公司的信发牌、内蒙古亿利化学工业有限公司的亿利化学牌为 PVC 免检品牌
2019-9-6	《关于发布线型低密度聚乙烯、聚氯乙烯、聚丙烯交割注册品牌制度及厂库制度相关规则修改的通知》	一是在聚氯乙烯品种上实行厂库交割制度。二是聚氯乙烯厂库制度以及其他规则修改自发布之日起施行

四、PVC期货市场发展前景、问题与发展建议

（一）发展前景

2020年，PVC行业将继续受到宏观经济、政策、供需以及产业链等因素的交织影响，呈现出较为复杂的发展态势。截至2019年，PVC行业在经历了四年的景气周期后，虽然供需基本面略有转差，但是由于长期停车企业大幅增加，所以供需矛盾暂时不大。2020年，行业新增产能较多，需求增速预期不佳，供需基本面的矛盾将会突出，整体价格重心将继续下移。

2020年，国际经济增速放缓，逆全球化、中美贸易摩擦等为中国经济发展带来负面冲击。中国经济增速下行压力依然不减，GDP增长速度面临严峻考验。在此国内外经济环境下，大宗商品作为经济发展的基础性原材料将会受到直接影响，市场气氛将整体偏向谨慎，投资者情绪或以规避风险为主。

政策层面，PVC行业将会受到环保、自备电厂政策、反倾销政策以及水俣公约的影响。在环保政策上，最近几年全国范围内环保政策一直在推进，北方京津冀地区的环保检查已成常态。未来环保政策将更为严格，各地大气污染防治工作陆续开展，华北地区下游开工受

限，整体看对需求端影响或将更为明显。在自备电厂政策上，根据2020年的最新实行标准，国家将根据规定和工商业用户承担政策性交叉补贴情况，重新予以核定公布，将增加PVC行业的用电成本。在反倾销政策上，2019年10月23日，商务部发布公告决定对原产于美国、韩国、日本和中国台湾地区的进口聚氯乙烯不再征收反倾销税，短期内国外货源不会进入中国市场，长期看中国及国外主要货源的价差对比情况将会产生不同格局。在汞水俣公约上，随着2017年8月16日《关于汞的水俣公约》在中国正式生效，在此之前尚未审批的电石法工艺之后将一定不会得到审批，该条约的影响周期较长。

从供需来看，随着近年新增产能的显著增加，PVC供应量增幅较大，而且2020年是新增产能较为集中的一年，计划新增释放产能将达到约250万吨，供应压力增加。此后，PVC产能的扩张增速将略有放缓。与此同时，中国PVC下游需求集中于管材、型材、电线电缆、薄膜、包装等行业，60%以上用于房地产相关行业。随着中国房地产行业由高速发展向低速平稳转变，本轮房地产周期下行仍有可能持续，房地产市场总需求短期内承受较大压力，改善性需求部分的缓慢上涨或拉动整体需求上升。PVC需求端受制于房地产市场转弱以及宏观预期不佳的影响，增加幅度预期下降。2020年，PVC供需矛盾将会凸显。在原料端，电石供应紧张局面从2018年开始出现频率提高，尤其是近几年电石新增产能投产增速不及PVC，预计2020年电石供应紧张阶段出现频率增加，并且紧张时段或将拉长，电石的成本支撑效应增加，将通过影响PVC成本、利润进而影响PVC价格走势。

从PVC未来竞争的格局来看，随着未来产能出清和环保加码，留存的企业将是环保设施完善、产业链配套齐全、实力雄厚的大型企业，PVC市场供给集中度将会提升，市场格局面临重新洗牌。各个企业的大规模投产势必加剧价格竞争程度，生产企业和贸易商需要将价格风险管理摆在更加优先考虑的位置。总体而言，竞争格局在发生改变，价格波动的加剧让行业的大多数参与主体都感受到了风险管理的重要性和迫切性。积极推动期货市场与现货市场的深度融合，促进共同健康发展将是行业面临的重要任务。

（二）当前存在的主要问题

PVC期现货价格相关性有待进一步提升。存在问题的原因主要为2019年上半年受国内化工企业生产事故影响，PVC生产企业临时停车检修增多，现货市场出现供应紧缩，造成短期内供应偏紧，现货价格上涨。但是，期货主力合约价格反映的市场预期的远期价格变化较小，因此期现货价格相关性下降。

（三）发展建议

1. 加强市场宣导和投资者教育

加强PVC市场培育的深度和广度，从龙头企业着手，为行业发展树立典范。多举办PVC行业相关会议以及市场调研，提高市场投资者对PVC期货市场的认识程度。探求更多的期现结合方式，吸引机构及产业客户的关注，满足多元化需求，调动投资者的参与热情。组织开展相关企业的中高层管理人员培训，帮助企业了解期货市场的功能和交易特点，提升风险管理意识。

2. 逐步推进厂库交割制度落地

在PVC品种上逐步推进厂库交割制度落地，降低交割成本、提升交割便利性，进一步提高PVC期货价格对现货价格的反映程度，以增强期现价格相关性，促进品种功能发挥。

2019年PVC期货大事记

3.21响水重大安全事故发生，紧接着化工行业连续曝出一系列安全事件。4月24日，位于乌兰察布市卓资县境内的内蒙古伊东集团东兴化工有限责任公司一车间发生爆燃，30万吨PVC气柜爆炸导致PVC装置停车。频发的安全事故引起了国家应急管理部门的高度重视，此后各省市开展了多轮的安全检查，生产企业安全意识大幅提升。这使得PVC行业在检修的资金、时间投入都明显增加，对行业产量造成了一定影响。

5月25日，PVC期货迎来"十周岁生日"。十年来，PVC产业链发展格局、贸易模式、风险管理理念发生明显变化，交易所持续推动贴近现货市场的制度创新，让期货市场焕发生机和活力。我国是世界上最大的PVC生产国和消费国，作为重要的有机合成材料，PVC被广泛应用于工业、建筑、农业、日用生活、包装、电力、公用事业等领域。从2009年5月25日PVC期货在大商所挂牌上市的十载春秋里，市场流动性充足、市场功能有效发挥，已成为产业避险和定价的得力助手。

7月18日，印度商工部发布PVC反倾销日落复审仲裁公告，宣布了对从中国、美国和泰国三个国家进口的聚氯乙烯征收反倾销税的最终决定。裁定取消对泰国征收反倾销税，对中国和美国的反倾销税进行一定程度削减；同时，印度商工部建议印度海关的反倾销措施期为持续30个月，较上次五年时间里大幅减少。

10月30日，商务部网站公布2019年43号公告，决定自2019年9月29日起，对原产于美国、韩国、日本和中国台湾地区的进口聚氯乙烯不再征收反倾销税。2003年，中国开始对国际上主要的PVC

贸易国征收反倾销税。随着中国成为全球最大的PVC生产国及消费国，以及竞争实力的提升，中国在2019年果断取消PVC的反倾销税，将有利于行业的长远发展。

2019年以来，中美贸易摩擦起伏不定。美国对中国PVC地板加征25%的关税，导致中国PVC地板出口增幅下降。与此同时，虽然美国PVC成本较低，但由于中国将于2019年12月15日起对美国PVC加征10%的关税，造成美国货源以一般贸易方式销往中国仍有较大难度。

12月底，PVC社会库存降至历史低点。随着时间的推移，上半年大幅高于往年的社会库存逐步去化，第四季度货源开始紧缺，市场价格随之出现反弹行情。11~12月，市场开始出现一货难求，尤其是华南市场，从10月底预售货源便开始增加，此后预售货源成为主流货源。

报告十八
聚丙烯期货品种运行报告（2019）

2019年，全球化进程持续受挫，贸易保护主义的势头仍在蔓延，国际贸易和投资增长受到拖累，全球经济增长愈加疲软。我国在加快推进改革开放创新、加强逆周期调节等政策综合作用下，经济保持平稳增长。在此背景下，国内聚丙烯期货价格呈现震荡下行走势，期货成交量和持仓量均有所增加，整体运行较为平稳。2019年，大商所通过调整交割仓库设置、增加夜盘交易、调整非1月、5月、9月合约交易手续费等多项措施，进一步优化聚丙烯品种，聚丙烯期货服务实体经济的功能进一步提升。

一、聚丙烯期货市场运行情况

（一）市场规模及发展情况

1. 成交规模有所增长

2019年，聚丙烯期货全年成交量和成交额较2018年有所增加。2019年，聚丙烯期货全年累计成交量为9 370.77万手，较2018年增加4 435.85万手，同比增加89.89%。聚丙烯期货成交量占大商所期货总成交量的7.04%，聚丙烯期货成交量位列大商所期货品种第5名，较2018年排名上升1位。全年累计成交额为38 902.25亿元，较2018年增加15 893.49亿元，同比上升69.08%。聚丙烯期货成交额占大商所期货总成交额的5.64%，聚丙烯期货成交额位列大商所期货品种第6名，与

2018年持平。

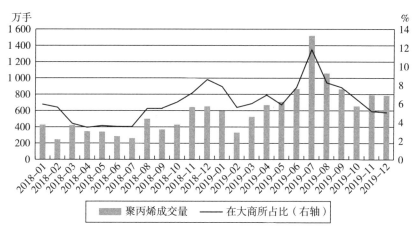

图 18-1 2018—2019 年聚丙烯期货成交量及占比

（数据来源：大连商品交易所）

图 18-2 2018—2019 年聚丙烯期货成交额及占比

（数据来源：大连商品交易所）

从月度成交情况来看，2019年，聚丙烯期货月均成交780.90万手，较2018年增加369.65万手，同比增加89.89%；2019年，聚丙烯期货月均成交额为3 241.85亿元，较2018年增加1 324.46亿元，同比增加69.08%。2019年2~7月，聚丙烯期货成交量持续增加，成交量占比也不断升高，主要原因：一是春节后，现货生产贸易逐步恢复，期货市场成交相应也逐渐增加；二是自2019年3月29日起，聚丙烯增加夜盘交易时间，交易时长延长；三是增值税降低、垃圾分类等政策阶段性地提升了市场的交易热情，成交量短期快速增长。8~12月，聚丙烯成交量回落，成交量占比也逐渐下降，主要原因是：石化检修季过后，市场供给快速回升，市场供大于求矛盾逐步显现，整体氛围较为悲观，市场交投有所减弱。

2. 持仓规模增加

2019年，聚丙烯期货日均持仓37.28万手，较2018年增加10.48万手，同比上升39.08%；聚丙烯期货日均持仓额为153.08亿元，较2018年增加27.86亿元，同比上升22.25%。2019年聚丙烯期货日均持仓量先升后降，1~11月日均持仓量震荡上升，11月升至最高的日均45.02万手；12月有所下降，降至日均41.33万手。持仓量变化原因是1~11月聚丙烯受到节后去库、集中检修、中美贸易摩擦以及"金九银十"旺季需求等因素影响，市场多空博弈，交投较为活跃；12月，旺季需求减退，供给压力增加，价格单边震荡下行且临近年末岁尾，持仓量逐渐回落。

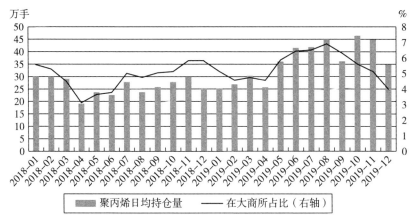

图 18-3　2018—2019 年聚丙烯期货日均持仓量及占比

（数据来源：大连商品交易所）

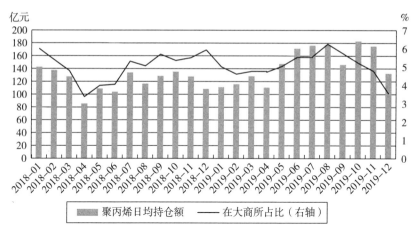

图 18-4 2018—2019 年聚丙烯期货日均持仓金额及占比

（数据来源：大连商品交易所）

（二）期现货市场价格走势

1. 全年价格震荡下行

受原油价格、供需变化以及突发事件等多因素影响，2019年聚丙烯价格呈现震荡下行走势。聚丙烯主力合约年末结算价为7 594元/吨，较上年末下跌11.32%。年中最高价为8 908元/吨，最低价为7 482元/吨，波幅为19.06%。聚丙烯年末现货价格为7 800元/吨，年跌幅14.05%，其间最高价为9 275元/吨，最低价为7 700元/吨，波动幅度为20.45%。具体来看，价格变化主要分为以下三个阶段。

第一阶段（1~3月），期现价格区间震荡。受春节后生产企业高库存以及市场对新装置集中投产的担忧，导致供给压力较大；同时成本端原油、煤炭价格对聚丙烯价格形成支撑，市场需求也相对乐观，聚烯烃价格维持区间震荡。

第二阶段（4~6月），期现价格震荡下行。中美贸易谈判出现恶化，市场预期较差。原油价格受到库存反季节性增加影响而大幅下行，对聚丙烯价格支撑减弱。聚丙烯供给端压力不断加大，库存持续升高，石化企业降价去库，导致聚丙烯价格震荡下行。

第三阶段（7~9月），期现价格反弹后维持高位。受到"金九银十"旺季需求的提振，下游集中补库，聚丙烯价格持续反弹。装置检修导致的供给损失以及原油价格高企也在一定程度上支撑聚丙烯价格维持高位。其间，垃圾分类政策以及沙特原油设施遇袭等事件拉动价格短期快速上行。

第四阶段（10~12月），期现价格逐渐回落。旺季需求减退，检修损失逐渐下降，聚丙烯供过于求，且临近年末岁尾，石化降价去库，价格逐步回落。

图 18-5　2018—2019 年聚丙烯期现货价格走势

（数据来源：Wind 数据库）

2. 与能化期货主要品种间相关性减弱

如表18-1所示，2016年到2019年的四年里，除LLDPE、PTA和燃料油期货外，聚丙烯期货价格与其他主要化工品期货的相关性出现不同程度的降低，其中与PTA价格表现出的相关性最强，其次是LLDPE、甲醇期货和燃料油期货。2019年聚丙烯期货与LLDPE期货相关性出现了大幅提高，从2016—2019年的0.52上升到2019年的0.87。

表 18-1　　　　　　　　聚丙烯期货与其他能化期货品种相关性

	IPE 布伦特	NYMEX 原油	LLDPE	甲醇	PVC	PTA	沥青	燃油
2016—2019 年	0.79	0.76	0.52	0.90	0.78	0.77	0.70	0.55
2019 年	0.35	0.06	0.87	0.71	0.19	0.88	0.50	0.69

数据来源：Wind 数据库。

（三）期货交割情况分析

交割量及交割金额增加。2019年，聚丙烯期货共实现交割7 375手，较2018年增加1 494手，同比增加25.40%；交割金额为3.26亿元，较2018年增加0.51亿元，同比增加18.69%。从月度统计的交割情况来看，2019年聚丙烯期货交割月份仍主要集中在1月、5月和9月。2019年1月交割量为2 338手，较2018年减少485手，同比下降17.18%；5月交割量为3 397手，较2018年增加1 539手，同比上升82.83%；9月交割量为1 638手，较2018年增加625手，同比上升61.70%。相比于2018年交割量更多集中在1月，2019年交割量最为集中的是5月。

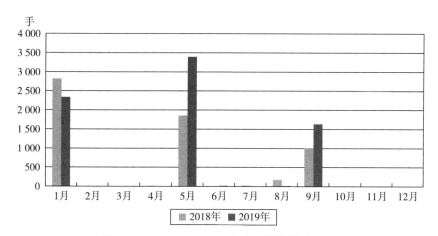

图 18-6　2018—2019 年聚丙烯期货交割量

（数据来源：大连商品交易所）

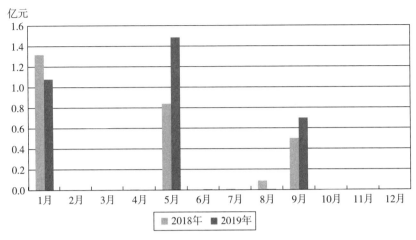

图 18-7　2018—2019 年聚丙烯期货交割金额

（数据来源：大连商品交易所）

（四）期货市场交易主体结构分析

1. 交易客户数增加

2019年，聚丙烯期货交易总客户数为21.65万户，同比增长29.02%。其中，参与交易的个人客户数同比增加较为明显，从2018年的16.18万户增加到2019年的21.05万户，涨幅为30.06%。

2019年，聚丙烯期货月均交易客户数为65408户，较2018年增加16 855户，同比增加34.72%[①]。从月度数据来看，各月交易客户数同比均有增加，其中7月增幅最大，为127.02%。2019年聚丙烯期货交易客户数增加，该趋势也与年度成交量上升趋势一致。

法人交易客户数和个人交易客户数均上升。从市场参与结构来看，2019年，聚丙烯期货月均法人交易客户为2 766户，较2018年增加112户，同比增加4.22%；月均个人交易客户为62 643户，较2018年增加16 744户，同比增加36.48%[②]。

---

① 此处数据较上年度有调整，以此为准。
② 此处数据较上年度有调整，以此为准。

从占比来看，2019年，聚丙烯期货月均法人交易客户占总交易客户数的4.23%，较2018年下降1.24%。月均个人客户占总交易客户数的95.77%，个人客户在聚丙烯期货交易中仍占主流。

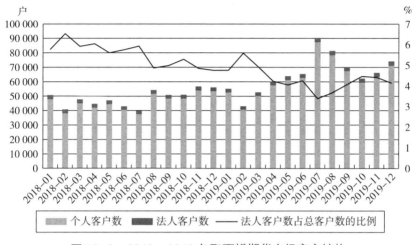

图18-8　2018—2019年聚丙烯期货市场客户结构

（数据来源：大连商品交易所）

2. 短线客户数增加

2019年，聚丙烯期货短线客户数为18.90万户，较2018年增加4.75万户，涨幅为33.55%。其中法人短线客户数为4 414户，同比增加359户，涨幅为8.85%；个人短线客户数为18.46万户，同比增加4.71万户，涨幅为34.27%。

2019年，聚丙烯期货月均短线客户数为51 157户，较2018年增加15 649户，同比增加44.07%。从月度数据来看，各月短线客户数同比均有增加，7月份增幅最大，为174.52%。

法人短线客户数和个人短线客户数均上升。从市场参与结构来看，2019年，聚丙烯期货月均法人短线客户为1 543户，较2018年增加200户，同比上升14.89%；月均个人短线客户为49 614户，较2018年增加15 449户，同比上升45.22%。

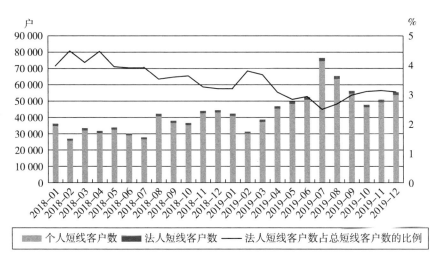

图 18-9　2018—2019 年聚丙烯期货短线交易客户结构

（数据来源：大连商品交易所）

3. 成交集中度小幅提升，持仓集中度小幅下降

2019年，聚丙烯期货成交集中度先降后升，区间在29.63%~36.02%，成交集中度月均值为33.15%，较2018年增加0.91个百分点，同比上涨2.81%；聚丙烯期货持仓集中度总体较为平稳，区间在43.43%~57.22%，持仓集中度月均值为48.22%，较2018年减少3.57个百分点，同比下降6.90%。

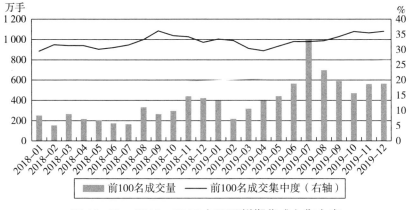

图 18-10　2018—2019 年聚丙烯期货成交集中度

（数据来源：大连商品交易所）

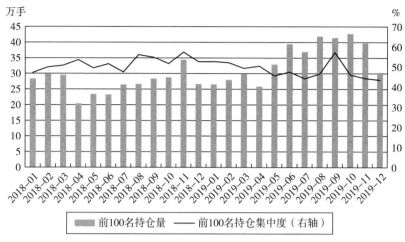

图 18-11　2018—2019 年聚丙烯期货持仓集中度

（数据来源：大连商品交易所）

二、聚丙烯期货市场功能发挥情况

（一）价格发现功能发挥情况

聚丙烯期货自2014年上市以来，对现货市场一直产生着重要的影响。2019年，聚丙烯期现相关系数从2018年的0.85下降至0.76，表明聚丙烯期货和现货价格之间的相关性有所下降。同时，格兰杰因果关系检验结果表明，聚丙烯期货价格与现货价格之间的引导关系均是期货引导现货。2019年聚丙烯价格震荡下行，波动频繁，现货市场贸易商与下游企业多数通过期货进行套保或套利操作以对冲自身风险，期货价格走势仍是现货市场的重要参考。

表 18-2　　　　2018—2019 年聚丙烯期现价格相关性

检验项	年份	2018	2019
期现价格的相关性	系数	0.85	0.76
	显著性检验	通过检验	通过检验
期现价格引导关系		期货引导现货	期货引导现货

数据来源：大连商品交易所。

（二）套期保值功能发挥情况

1. 基差呈现前低后高的特点

理论上，远期合约价格需包含持有期利息和仓储费用，所以价格高于现货价格，形成正向市场结构。2019年聚丙烯期货价格低于现货价格表现为反向市场结构，这种市场结构贯穿全年。2019年1~5月，基差维持区间内波动；6月以后，聚丙烯基差扩大，聚丙烯期货贴水现货最高时达1 019元/吨。期货市场出现反向市场结构主要有两个原因：一是库存偏低，现货价格尚有支撑；二是预期偏弱，压低期货价格。

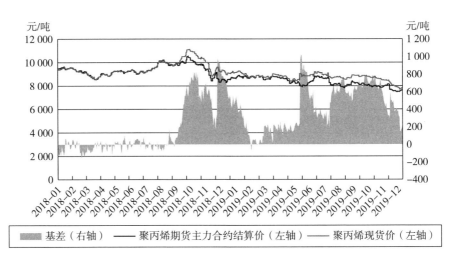

图 18-12　2018—2019 年聚丙烯期现价格及基差变化

（注：现货价格为余姚聚丙烯市场价）

（数据来源：Wind 数据库）

2. 套期保值效率降低

基差相关指标和套期保值效率是衡量期货市场能否为现货企业提供有效风险对冲工具的重要标志。2019年聚丙烯期货基差标准差由2018年的305.55元/吨下降至244.49元/吨。聚丙烯期货和现货之间的基差波动范围缩小，表明其套期保值面临的基差风险缩小。2019年聚丙烯套期保值效率从2018年的85.5%下降至65.66%，聚丙烯期货套期保值效率降低。

表 18-3　　　　2018—2019 年聚丙烯期货套保有效性

项目		年份	2018	2019
基差	均值	元/吨	167.89	420.18
	标准差	元/吨	305.55	244.49
	最大	元/吨	978	1019
	最小	元/吨	−155	−81
到期价格收敛性	到期日基差	元/吨	−206.42	−32.42
	期现价差率	%	5.43	3.62
套期保值效率	周（当年）	%	85.5	65.66

数据来源：大连商品交易所。

（三）期货市场功能发挥实践

江苏泰州某化工企业（以下简称泰州某化工企业）作为塑化行业的中间贸易商，年销售量达20万吨。虽然已同国内外多家大型石化供应商建立了长期稳定的业务联系，构建了更加稳定全面的货源体系，但该企业仍然面临市场采购或者销售产品价格大幅波动造成的风险。对于该企业来说，管理好上游采购和下游销售的价格波动风险是一个难题。

例如，沙特油田遭到袭击，国际市场原油价格大幅上涨10%，随后国内期货市场相关品种价格连续多日抬升，公司采购成本也将大幅增加。突发性的因素对于公司采购体系造成了非常大的困扰。为此，公司建立了专业的营销体系，把销售网络分布在华东主要区域。尽管如此，很多风险还是不可避免。

2019年初，公司根据贸易计划，与上下游企业签署了长单贸易，并采购部分聚乙烯作为短期备货库存，同时公司还与下游企业签订了3个月的远期聚丙烯销售合同。对于企业来说，面临着备用库存聚乙烯后期价格下跌的风险，由于已经与下游企业签订了聚丙烯供货合同，后期也面临着聚丙烯采购成本提升的风险，亟须进行套期保值。

做期货套保对公司衍生品团队的交易能力提出较高要求，企业的现实经营情况往往比较个性化，企业通过探索其他金融衍生品工具来满足风险管理需求。对于泰州某化工企业面临的难题，金瑞前海资本管理有限公司（以下简称金瑞资本）衍生品事业部带来了解决方案——可以通过大商所综合服务平台提供的商品互换业务来满足企业风险管理需求。

作为贸易商，为了赚取采销价差收益通常会备货，但企业针对上游的议价能力比较差，不一定能拿到好的采购价格。当整个塑化行业赶上价格下跌趋势，企业需要规避价格大幅下跌风险。与此同时，企业与下游客户还签订了聚丙烯远期销售合同，还有一笔聚丙烯远期采购需求，又担心届时聚丙烯价格上涨，采购成本增加。

考虑到泰州某化工企业面临与上下游客户签订的相关贸易品种间的价格波动风险，金瑞资本为泰州某化工企业推荐了商品互换业务中的价差互换模式，可同时规避聚乙烯库存贬值风险及聚丙烯采购成本上涨风险。双方构建了聚乙烯和聚丙烯期货主力合约指数的价差，泰州某化工企业在卖出聚乙烯期货主力合约指数互换的同时，又买入了聚丙烯期货主力合约指数互换。金瑞资本作为交易商承接指数价格波动风险，并根据大商所指数编制方案进入场内，运用期货工具完成风险对冲。

3月27日，根据聚乙烯与聚丙烯期货主力合约价格指数，经过双方协商，泰州某化工企业以8 390点卖出聚乙烯指数互换，以8 585点买入聚丙烯指数互换，合约乘数均为5元/点，交易数量均为750手，期限均为3个月。6月25日，泰州某化工企业结合现货端交付情况，与金瑞资本协商对商品互换头寸进行了提前平仓，聚乙烯与聚丙烯指数互换的平仓价格分别为7870点和8 388点。在指数互换端，泰州某化工企业总计盈利323点，相当于盈利121万元，弥补了企业在现货端的损失，套期保值效果较优。通过指数价差互换，泰州某化工企业实现了相关品种间的价差风险管理。

三、聚丙烯期货合约相关规则调整

为了防范聚丙烯期货市场风险，维护市场健康运行，使聚丙烯期货更好地服务实体经济，2019年，大商所对聚丙烯期货合约相关规则进行了相应的修改，主要包括调整非1月、5月、9月合约手续费收取标准、调整节假日保证金及合约涨跌停板幅度、调整交割仓库等。

（一）交易制度调整

1. 聚丙烯非1月、5月、9月合约交易手续费调整

2019年，为提高聚丙烯非1月、5月、9月合约的活跃度，大商所调整了非1月、5月、9月合约的手续费标准，具体调整见表18-4。

表 18-4　　2019 年聚丙烯非 1、5、9 合约交易手续费调整

时间	通知名称	调整措施
2019-10-29	《关于调整相关品种手续费标准的通知》	根据《大连商品交易所结算管理办法》第三十八条规定，经研究决定，自2019年11月1日交易时（即10月31日夜盘交易小节时）起，对聚丙烯品种非1、5、9合约月份的手续费标准进行调整，将非日内交易手续费由0.6元/手调整至0.06元/手，将日内交易手续费由0.3元/手调整至0.03元/手

数据来源：大连商品交易所。

2. 节假日保证金、涨跌停板调整并增加夜盘交易

根据《大连商品交易所风险管理办法》第九条规定：如遇法定节假日休市时间较长，交易所可以根据市场情况在休市前调整合约交易保证金标准和涨跌停板幅度，具体调整见表18-5。

表 18-5　　2019 年聚丙烯涨跌停板和最低交易保证金调整

时间	通知名称	调整措施
2019-1-24	《关于 2019 年春节期间调整各品种涨跌停板幅度和最低交易保证金标准的通知》	自 2019 年 1 月 31 日（星期四）结算时起，将聚丙烯品种涨跌停板幅度和最低交易保证金标准分别调整至 8% 和 10% 2019 年 2 月 11 日（星期一）恢复交易后，自各品种持仓量最大的两个合约未同时出现涨跌停板单边无连续报价的第一个交易日结算时起，各品种涨跌停板幅度和最低交易保证金标准分别恢复至调整前的标准，即聚丙烯品种的涨跌停板幅度和最低交易保证金标准分别恢复至 5% 和 7%
2019-4-22	《关于 2019 年劳动节期间调整各品种涨跌停板幅度和最低交易保证金标准的通知》	自 2019 年 4 月 29 日（星期一）结算时起，将聚丙烯品种涨跌停板幅度和最低交易保证金标准分别调整至 5% 和 7% 2019 年 5 月 6 日（星期一）恢复交易后，自各品种持仓量最大的两个合约未同时出现涨跌停板单边无连续报价的第一个交易日结算时起，各品种涨跌停板幅度和最低交易保证金标准分别恢复至调整前的标准，即聚丙烯品种的涨跌停板幅度和最低交易保证金标准分别恢复至 4% 和 5%
2019-5-31	《关于 2019 年端午节期间调整相关品种最低交易保证金标准的通知》	自 2019 年 6 月 5 日（星期三）结算时起，聚丙烯品种最低交易保证金标准维持不变 2019 年 6 月 10 日（星期一）恢复交易后，自各品种持仓量最大的两个合约未同时出现涨跌停板单边无连续报价的第一个交易日结算时起，各品种最低交易保证金标准恢复至调整前的标准
2019-9-6	《关于 2019 年中秋节期间调整各品种涨跌停板幅度和最低交易保证金标准的通知》	自 2019 年 9 月 11 日（星期三）结算时起，将聚丙烯品种涨跌停板幅度和最低交易保证金标准维持不变 2019 年 9 月 16 日（星期一）恢复交易后，自各品种持仓量最大的两个合约未同时出现涨跌停板单边无连续报价的第一个交易日结算时起，各品种涨跌停板幅度和最低交易保证金标准分别恢复至调整前的标准，即聚丙烯品种涨跌停板幅度和最低交易保证金标准维持不变
2019-9-24	《关于 2019 年国庆节期间调整涨跌停板幅度和最低交易保证金标准的通知》	自 2019 年 9 月 27 日（星期五）结算时起，将聚丙烯品种涨跌停板幅度和最低交易保证金标准分别调整为 6% 和 8% 2019 年 10 月 8 日（星期二）恢复交易后，自各品种持仓量最大的两个合约未同时出现涨跌停板单边无连续报价的第一个交易日结算时起，各品种涨跌停板幅度和最低交易保证金标准分别恢复至调整前的标准，即聚丙烯品种的涨跌停板幅度和最低交易保证金标准分别恢复至 4% 和 5%

数据来源：大连商品交易所。

表 18-6　　　　　　　　　2019 年聚丙烯夜盘交易制度

时间	通知名称	调整措施
2019-3-25	《关于增加夜盘交易品种及调整夜盘交易时间的通知》	一、增加夜盘交易品种 线型低密度聚乙烯、聚氯乙烯、聚丙烯、乙二醇、玉米、玉米淀粉和玉米期权 二、调整后夜盘交易时间 我所全部夜盘交易品种夜盘交易时间为 21：00—23：00 三、夜盘交易有关要求 为保障此次工作正常开展，请各会员单位及相关主体根据交易所相关业务规则、指引和相关规定，认真做好各项准备，确保市场平稳运行

数据来源：大连商品交易所。

3. 基差平台相关制度

为进一步满足产业企业参与期货市场的个性化需求，大商所于2019年推出了基差平台，聚丙烯品种为平台交易品种之一，具体情况见表18-7：

表 18-7　　　　　　　　2019 年大商所基差交易平台上线情况

时间	通知名称	调整措施
2019-9-23	《关于大连商品交易所基差交易平台上线试运行的通知》	一、交易时间 每个交易日的 9：00—15：00，交易日历与期货交易一致 二、交易品种 以大连商品交易所铁矿石、聚乙烯、聚氯乙烯、聚丙烯期货合约为定价基础的各类商品 三、手续费 平台暂免收取基差交易手续费 四、交易方式与行情展示 交易商凭交易账户及密码登入平台进行交易。平台交易登录地址为： https://otc.dce.com.cn/trade/loginuser.jsp 基差交易报价与成交行情在平台首页发布。平台首页地址为： https://otc.dce.com.cn/ 五、基差交易商名单（观察期） 聚乙烯、聚氯乙烯、聚丙烯品种交易商（排名不分先后）： 浙江明日控股集团股份有限公司 北京四联创业化工集团有限公司

续表

时间	通知名称	调整措施
2019-9-23	《关于大连商品交易所基差交易平台上线试运行的通知》	浙江物产化工集团有限公司 道恩化学有限公司 厦门国贸集团股份有限公司 浙江永安资本管理有限公司 华泰长城国际贸易有限公司 东证润和资本管理有限公司 鲁证经贸有限公司 中信寰球商贸（上海）有限公司 嘉悦物产有限公司

（二）交割制度调整

为进一步贴近市场需求，2019年，大商所进一步调整了聚丙烯指定交割仓库，并在充分论证和详细调研的基础上推出了品牌交割和厂库交割制度，具体调整见下表。

1. 调整聚丙烯指定交割仓库

2019年，大商所根据产业实际需求，调整了交割仓库设置，具体情况见表18-8。

表 18-8 　　　　　　　　聚丙烯期货指定交割仓库调整

时间	通知名称	调整措施
2019-1-11	《关于调整线型低密度聚乙烯、聚丙烯、聚氯乙烯品种指定交割仓库的通知》	经研究决定，大商所对线型低密度聚乙烯、聚丙烯、聚氯乙烯品种指定交割仓库进行调整，现通知如下： 设立中远海运物流仓储配送有限公司为聚丙烯基准指定交割仓库 设立广州市川金路物流有限公司为聚丙烯非基准指定交割仓库，与基准指定交割仓库的升贴水为 0 元/吨 以上交割仓库从即日起接受并办理相品种期货交割业务
2019-8-2	《关于调整 LLDPE、PP 品种指定交割仓库及增加 PVC 免检品牌的通知》	经研究决定，自即日起，大商所调整 LLDPE、PP 品种的指定交割仓库，增加 PVC 免检品牌，现将相关情况通知如下： 调整 PP 品种指定交割仓库，设立青岛中外运供应链管理有限公司为非基准指定交割仓库，与基准指定交割仓库的升贴水为 –150 元/吨

2. 品牌交割及厂库交割相关制度

2019年，为明确聚丙烯主流交割品牌，贴近现货产业需求，大商所发布了品牌交割和厂库交割制度，具体规定见表18-9。

表 18-9　　　　　　　　　　聚丙烯注册品牌制度及厂库制度

时间	通知名称	调整措施
2019-9-6	《关于发布线型低密度聚乙烯、聚氯乙烯、聚丙烯交割注册品牌制度及厂库制度相关规则修改的通知》	为进一步贴近市场需求，经理事会审议通过，并报告中国证监会，大商所在聚丙烯品种上实行交割注册品牌制度，在聚丙烯品种上实行厂库制度，并相应修改《大连商品交易所标准仓单管理办法》和《大连商品交易所聚丙烯期货业务细则》。现将规则修正案予以发布，其中，聚丙烯交割注册品牌制度相关规则修改自聚丙烯 2104 合约开始施行，聚丙烯厂库制度以及其他规则修改自发布之日起施行
	《关于征集线型低密度聚乙烯、聚丙烯交割注册品牌的通知》	为更好地发挥期货市场功能，服务现货产业发展，大商所将在聚丙烯品种上实行交割注册品牌制度，非交割注册品牌的商品，不得用于注册仓单。现公开征集聚丙烯期货交割注册品牌，具体要求如下： 一、申请条件：申请厂家的申请品牌的产品质量满足期货交割质量标准；装置投产年限不低于 2 年、上一年度开工率不低于 70%；产品销售流向包含交割区域；产品质量市场认可度高 二、具体申报材料及审批流程请参阅《大连商品交易所期货交割注册品牌工作办法》（大商所网站首页 – 业务 / 服务 – 业务指引 – 工业品交割业务指引 – 品牌管理）
	《关于征集线型低密度聚乙烯、聚氯乙烯、聚丙烯期货交割厂库的通知》	为更好地发挥期货市场功能，服务现货产业发展，现公开征集聚丙烯期货交割厂库。具体要求如下： 一、征集地域范围 聚丙烯：山东、上海、浙江、江苏、广东等交割区域的生产或消费企业法人；经营区域覆盖以上地区的贸易企业法人 二、具体条件及申报材料等请参照《大连商品交易所指定交割仓库资格审核工作办法》（大商所网站首页 – 业务 / 服务 – 业务指引 – 工业品交割业务指引 – 交割仓库管理 – 管理制度汇总）第二章及第三章

数据来源：大连商品交易所。

四、聚丙烯期货市场发展前景、问题与发展建议

（一）发展前景

产能扩张提速，行业竞争加剧。2019年起，国内聚丙烯行业进入第三个扩能高峰期，新进入行业的企业将对聚丙烯的价格变化起到比较大的影响，同行业竞争加剧，价格、产品结构和产品质量的比拼趋于白热化。国内聚丙烯产能扩张主要基于原料来源多元化：一是扩能引发生产工艺占比发生变化，但后期进入市场的企业先期生产多以

通用料为主，于是通用料不断增多及部分专用料仍需依赖进口的矛盾依然存在。二是原料丙烯来源多元化，煤制聚丙烯占比为27%，呈现不断增长趋势，油制聚丙烯占比继续下降至52%，原料来源多元化使得聚丙烯行业进入百花齐放的时代，价格竞争以及质量竞争将更加激烈。三是行业格局由三足鼎立向中石化、中石油、煤制烯烃及地方合资企业多方角力转变，聚丙烯进入群雄逐鹿时代。四是区域竞争格局加剧，由于未来几年新装置主要分布在西北原料煤产地，聚丙烯原料产地与消费地分离情况加剧，而且聚丙烯的主要消费地区也处于扩能当中，届时本地资源的增加以及未来资源的流入，将进一步加剧产品间的竞争。

（二）当前存在的问题

聚丙烯品种套保效率有所下降。随着近几年大量煤化工和丙烷脱氢路线的聚丙烯装置投产，新的品牌和牌号进入期货交割，影响了期货价格代表性，加大了基差波动，导致计算出的套期保值效率数值下降。

（三）相关建议

加快推进聚丙烯品牌交割制度落地实施，充分借鉴PVC品种品牌交割管理经验，将非主流的聚丙烯品牌货物排除在交割之外，增强期货价格代表性。

专栏

2019年聚丙烯期货大事记

5月9日，美国政府宣布，自2019年5月10日起，对从中国进口的2 000亿美元清单商品加征的关税税率由10%提高到25%。美方上述措施导致中美经贸摩擦升级。随后中方坚决反制，宣布自2019年6月1日0时起，对已实施加征关税的600亿美元清单美国商品中的部分，提高加征关税税率，分别实施25%、20%或10%加征关税。对之前加征5%关税的税目商品，仍继续加征5%关税。

7月，《上海市生活垃圾管理条例》正式施行。条例规定"个人将有害垃圾与可回收物、湿垃圾、干垃圾混合投放，或者将湿垃圾与可回收物、干垃圾混合投放的，由城管执法部门责令立即改正；拒不改正的，处50元以上200元以下罚款"。7月2日当天，聚丙烯主力合约PP1909涨停，线性低密度聚乙烯主力合约L1909也大涨2.35%。

8月20日，中国丙烷脱氢工作部在浙江嘉兴成立，中国丙烷脱氢工作部（以下简称PDH工作部）是由中国石油和化学工业联合会轻烃与芳烃专业委员会倡议并指导，联合中国PDH相关企业成立的非营利性专业部门，目前成员有浙江卫星石化股份有限公司、宁波金发新材料有限公司、东华能源股份有限公司、万华化学（烟台）石化有限公司、天津渤海化工集团有限公司、浙江三圆石化有限公司、福建中景石化有限公司、东莞巨正源科技有限公司，均为生产企业。

8月28日，美国贸易代表办公室官网发布通知，确认针对中国输美3 000亿美元产品（List 4清单）关税税率由原定的10%提高至15%，按两个批次执行，对3 000亿美元加征关税产品分为A、B两个清单，"List 4A"清单中的产品将于美国东部时间9月1日开始正式征收15%的关税，"List 4B"的清单中的产品将于美国东部时间12月15日开始正式征收15%的关税。

9月14日，沙特阿拉伯阿美石油公司（SaudiAramco）位于Abqaiq的全球最大的原油综合处理中心和国内第二大油田Khurais

遭一支由10架无人机组成的机群袭击，导致多处起火。也门的胡塞武装宣称对袭击负责。出于安全性考虑，沙特阿拉伯暂时预防性地关闭了500万桶/日的原油产能。12月11日，全球最赚钱公司——沙特阿美IPO上市首日股价开盘即涨停，达到10%。尽管沙特阿拉伯阿美拥有全球可公开交易的股票中最小的"自由流通量"，仅为1.5%，但是这个10%的涨停也让阿美公司市值达到约1.87万亿美元，折合人民币13.16万亿元，即市值一日暴涨1.2万亿元，成为全球市值最大的公司。

报告十九
乙二醇期货品种运行报告（2019）

2018年12月10日，乙二醇期货挂牌交易。乙二醇产业处于长周期发展过程中的下跌阶段，现货基本面趋于宽松，供大于求的态势显著，叠加宏观面消极信息和港口高库存的影响，造成2019年乙二醇期货价格持续走低。乙二醇期货上市至今，交易客户结构逐步改善，法人客户参与度逐步提升，成交较为活跃，持仓规模不断攀升。完成首个合约交割，交割客户集中于华东地区。同时，随着产业客户、投机客户等不同市场主体的更多参与，期现价格结合紧密，较好地反映了现货价格变动态势，定价功能初步显现。乙二醇产业相关企业踊跃参与，覆盖了产业上中下游，更为有效地解决了企业发展的价格波动风险问题。根据实际情况需要，交易所优化了乙二醇品种的手续费、交割仓库布局、质检机构设置，进而在有效促进乙二醇等期货品种市场功能发挥的基础上，服务实体经济发展。当前，下游聚酯企业对煤制乙二醇的接受度仍不高，煤制乙二醇产业的当务之急是提高产品质量，尽早全面打开下游聚酯市场。乙二醇作为期货新品种，部分产业客户对期货的了解还不够，交易所应加强对乙二醇现货市场的培育工作，促进产期融合，更好地服务实体经济发展。

一、乙二醇期货市场运行情况

（一）市场规模及发展情况

1. 乙二醇期货成交活跃

2019年，乙二醇期货成交量为7 410.20万手，占大商所期货总成交量比重为5.57%，乙二醇期货成交量位列大商所期货品种第7名。2019年，乙二醇期货成交额为34 736.26亿元，占大商所期货总成交额比重为5.04%，乙二醇期货成交额位列大商所期货品种第7名。由于乙二醇期货市场波动幅度较大，市场资金关注度较高，因此乙二醇成交量及成交额保持较高水平。

从月度市场成交规模来看，乙二醇期货成交量涨跌交互，未呈现单边态势，并具有一定季节性特点。2019年乙二醇月均成交量为617.52万手，月均成交额为2 894.69亿元。年内来看，第三季度和第四季度乙二醇成交相对活跃，而第一季度和第二季度表现相对平淡，与乙二醇的季节性消费特点存在一定关系。受到下游市场需求的带

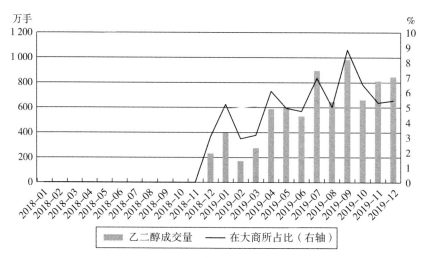

图 19-1　2018—2019 年乙二醇期货成交量及占比

（数据来源：大连商品交易所）

动，乙二醇成交量在7月份大幅增加，并在9月份达到年内高点984.74万手。其次，11月份与12月份乙二醇交投气氛尚可，均在830万手附近。乙二醇成交额的变化趋势与成交量一致，且高点出现时间重合，在9月份达到年内高峰4 899.78亿元。

图 19-2　2018—2019 年乙二醇期货成交额及占比

（数据来源：大连商品交易所）

2. 持仓规模相对较大

2019年，乙二醇期货日均持仓量为25.34万手，日均持仓额为118.80亿元。由于现货市场消费具有季节性特点，受此影响，乙二醇各月持仓波动较大，也呈现一定季节性。乙二醇持仓量在第一、第三季度上升，第二、第四季度下降，由于第一季度乙二醇需求处于淡季，持仓量处相对较低水平，1月份持仓量为15.13万手，为年内低点；乙二醇持仓量高峰期出现在4月份，达到32.06万手。乙二醇期货价格从年初一直处于下跌态势，进入7月底期货价格逐步止跌，震荡筑底，激发企业的套保需求，从而吸引更多的资金入市。

2019年，乙二醇持仓量在大商所品种总持仓量中的占比及乙二醇持仓金额在大商所总持仓金额中占比均相对偏低。乙二醇持仓量占比月度均值为3.86%。乙二醇持仓量占比存在一定波动，大多处于

2.50%~5.50%。4月份，乙二醇持仓量占比突破5.50%，显著攀升至5.68%，创上市以来新高。乙二醇持仓金额在大商所占比偏低，2019年月度均值为4.10%。其中，4月份最高为6.40%，12月份占比不足3.00%。截至2019年末，乙二醇期货持仓量在大商所品种排名中位列第10名，持仓金额在大商所品种排名中位列第10。

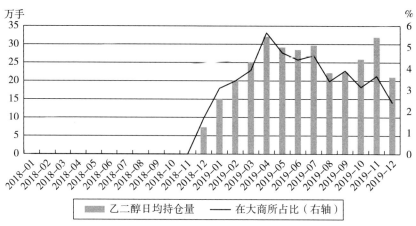

图 19-3　2018—2019 年乙二醇期货日均持仓量及占比

（数据来源：大连商品交易所）

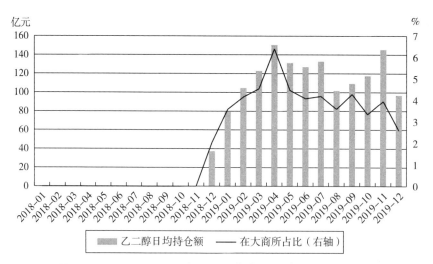

图 19-4　2018—2019 年乙二醇期货日均持仓金额及占比

（数据来源：大连商品交易所）

（二）期现货市场价格走势

1. 期货价格震荡下行

2019年末期货主力合约结算价4 603元/吨，较上年末下跌519元/吨，年跌幅10.13%。期间最高价5 387元/吨，最低价4 216元/吨，全年波动幅度27.78%。具体来看，乙二醇期价先跌后涨再下跌，波动较为剧烈，呈现宽幅震荡走势，重心下移，在4 200元/吨关口上方运行。1月初至5月底，乙二醇期价呈现整体震荡下跌走势，价格运行区间4 300~5 400元/吨。国内煤制乙二醇和进口乙二醇替代转换、行业整体处于发展中期是造成期货价格持续下跌的重要原因。港口高库存成为这些矛盾的直接表现，叠加产能短期内急剧扩张、进口规模快速扩大、下游需求减弱以及周期性库存叠加等因素的影响，压制乙二醇期货价格水平。受春节假期结束后下游开工率提升、需求改善等传统利好产生的积极影响，叠加企业阶段性集中减产和行业被动去库存等的支撑，6月初至8月底，乙二醇期货价格止跌企稳，在4 200~4 700元/吨的区间窄幅波动。9月中旬，受沙特阿拉伯石油设施遇袭事件的冲击，以及化工板块整体上涨趋势的带动，乙二醇期货价格冲高，向上测试5 300元/吨整数关口。中国经济下行压力较大、宏观面表现不佳

图 19-5 2019 年乙二醇期货主力合约价格走势

（数据来源：Wind 数据库）

等因素交织影响，以及中美贸易摩擦态势并不明朗，乙二醇价格在9月17日达到阶段性高点5 268元/吨之后便持续下跌，至10月下旬基本平稳并保持至年底，价格运行区间处于4 450~4 750元/吨。随后市场利好逐步兑现，市场进入常规淡季，在年末位于4 600元/吨附近。

2. 现货价格波动幅度较大

截至2019年12月末，乙二醇现货价格为5 060元/吨，较上年末下跌140元/吨，跌幅2.69%，年内现货最高价5 860元/吨，最低价4 205元/吨，全年波动幅度为39.36%。纵观全年，宏观经济下行压力较大、中美贸易摩擦不确定性强以及预期需求偏弱等因素交织影响，导致乙二醇现货价格总体下行。

图 19-6 2019 年乙二醇现货基准地价格走势

（数据来源：Wind 数据库）

具体来看，乙二醇现货价格变化主要分为以下四个阶段：第一季度震荡运行，主要原因是宏观层面、市场情绪和供求基本面较为平淡。第二季度单边下跌，主要原因集中于乙二醇行业整体处于中周期的下跌阶段，行业发展步入中期，产能短期兑现、进口快速增加、下游需求减弱和周期叠加影响等方面。第三季度止跌反弹，下游需求回暖，沙特阿拉伯石油设施遇袭带动化工板块整体回升，受此影响乙二醇现货价格迎来一波反弹。第四季度先跌后涨，决定价格走势的行业内在因素没有发生根本转变，外在冲击事件消失之后随之而来的价格波动效应衰减，造成乙二醇现货价格在第四季度初期的下跌态势。其后，由于天气原因到货延期、部分货物污染等因素叠加影响，港口库存持续下滑和现货供应持续收紧，下游补空意向明显提升，在季度末带动现货价格上涨，随后供需基本面基本稳定且略微宽松，现货价格回落。

（三）期货交割情况分析

1. 首个合约顺利完成交割

2019年，乙二醇期货交割量为17 847手，乙二醇期货交割金额为7.75亿元。2019年乙二醇期货交割量、交割金额均处较高水平，产业客户参与水平较高。2019年乙二醇交割量主要集中在6月、9月及11月三个月份，10、12月份分别仅有11手、20手交割，其他月份均无交割。其中，2019年6月合约为首个合约，交割量最大，达到14 562手。9月合约和11月合约的交割量分别为3 112手、142手。乙二醇月度交割量的变化与合约流动性紧密相连，实践中市场参与者多选择流动性较强的合约进行交易和操作。

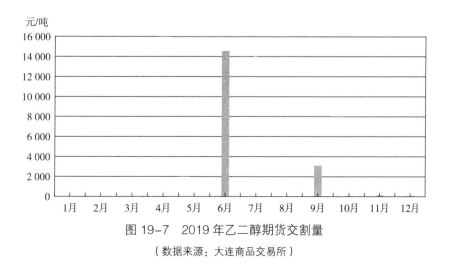

图 19-7　2019 年乙二醇期货交割量

（数据来源：大连商品交易所）

2. 交割客户集中在华东地区

乙二醇交割客户所在区域相对集中，2019年交割客户所在区域涉及8个省份、1个直辖市，分布在华东、华中、华北、华南及东北地区。2019年乙二醇期货交割客户主要在华东消费区域内，客户参与交割量为17 454手，占比97.80%。从交割区域的变化可以看出，2019年乙二醇交割参与客户主要为贸易商及下游市场用户，生产企业参与交割的数量相对较少。随着乙二醇价格波动加大，下游制品企业越来越多借助期货工具进行套期保值，以规避生产成本增加带来的风险，更有助于乙二醇期货市场功能的发挥。

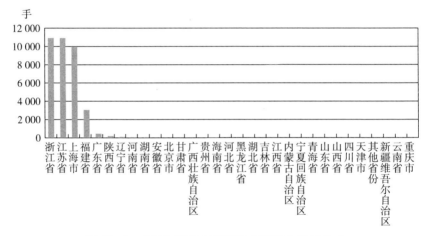

图 19-8　2019 年乙二醇期货交割客户地域分布

（数据来源：大连商品交易所）

（四）期货市场交易主体结构分析

1. 交易客户结构逐步改善，法人客户参与度逐步提升

2019年，乙二醇期货市场参与交易客户整体数量逐渐提升，交易客户结构逐步改善，法人客户参与度逐步提升。市场参与者中，法人客户数量和个人客户数量都得到稳步提升。2019年，交易客户整体数量27.15万户；其中，法人客户4 906户，个人客户26.66万户。

　　2019年乙二醇月均交易客户数量8.15万户。在7月份，参与交易的客户数量最多，达到11.15万户，参与交易客户的数量与期货价格走势存在很大关系。从月度来看，2019年各个月份参与交易的客户数量波动幅度扩大，较为不均衡。其中，客户在2019年2月份的参与积极性较低，交易客户数量为3.78万户。

　　法人客户方面，2019年月度参与法人客户数均值为1 892户。其中，9月份法人客户数达到2 459户，为年内最高水平。个人客户方面，2019年乙二醇月度参与个人客户数均值为7.96万户，7月份个人客户数达到10.93万户，为年内最高。乙二醇期货市场价格在2019年波动较为剧烈，个人客户更偏好波动较大的品种，因此个人客户数量呈现逐渐增长态势。2019年，参与交易的客户结构中，法人客户在总交易客户数量中的占比相对较低。2019年法人客户占比月度均值上升至2.38%，个人客户占比月度均值为97.62%。随着期货市场的日益成熟和完善，以及法人客户参与期货交易的意识逐步增强，企业将积极地实现期货工具和企业经营管理相结合。

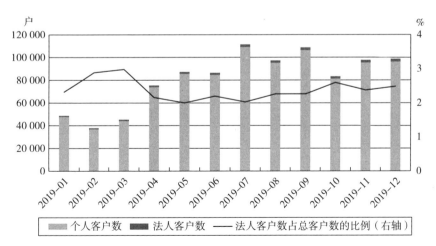

图 19-9　2019 年乙二醇期货市场客户结构

（数据来源：大连商品交易所）

2. 短线交易客户规模平稳

2019年乙二醇月均短线交易客户数为6.44万户。在7月份，进行短线交易操作的客户数量最多，达到9.03万户，2月短线交易客户数最低，维持在2.73万户。主要原因是7月乙二醇期货价格波动幅度相对较大，吸引短线客户参与；2月份乙二醇期货价格波动幅度相对较小，短线客户参与数量相应较少。

2019年，个人客户月均短线交易客户数量为6.33万户左右，个人客户在7月份参与短线交易达到年内最高水平8.90万户，2月份参与短线交易处于年内最低水平2.68万户，其他大多月份参与短线交易数量均维持在7万户左右的水平，而且其他月份短线交易客户数量波动相对较小；法人客户月均短线交易客户数量为1 083户，9月份法人客户参与短线交易数量增加至年内最高水平1 532户，2月份法人客户参与短线交易数量降低至年内最低水平479户。2019年，法人短线客户在总短线客户中的占比最高达到1.96%，月均占比为1.70%。

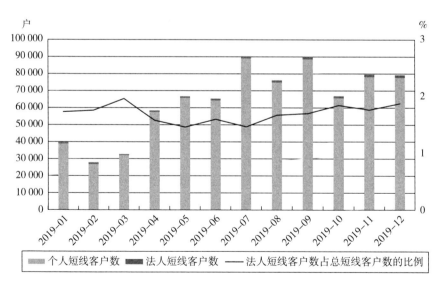

图 19-10　2019 年乙二醇期货短线参与客户结构

（数据来源：大连商品交易所）

3. 成交和持仓集中度年内波动较大

2019年，乙二醇期货市场成交集中度月均值为32.12%，在28%~35%区间内运行。年内乙二醇整体成交集中度在12月最高，达到34.47%，在4月最低，具体为28.49%，全年成交集中度的波动幅度较小。仅有4月一个月份的成交集中度低于29%，其他月份持仓集中度均高于30%，7月份成交集中度也超过30.25%。上半年乙二醇成交集中度月均值为31.39%，下半年为32.84%，上半年成交集中度略微低于下半年。

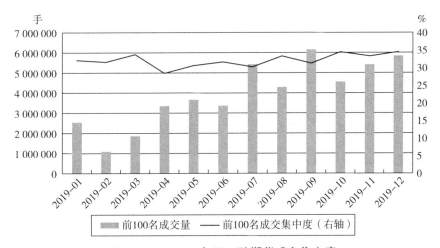

图 19-11　2019 年乙二醇期货成交集中度

（数据来源：大连商品交易所）

2019年，乙二醇期货市场持仓集中度月均值为51.12%，在44%~65%区间内运行。年内乙二醇整体持仓集中度在1月最高，达到63.03%，在7月最低，仅有44.93%，全年持仓集中度的波动幅度较大。仅有7月一个月份的持仓集中度低于45%，其他月份持仓集中度均高于45.30%，2月份持仓集中度也超过60%。上半年乙二醇持仓集中度月均值为53.47%，下半年为48.77%，上半年持仓集中度略微高于下半年。

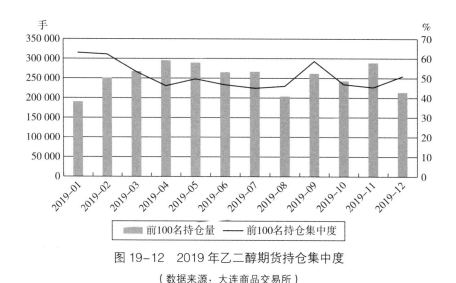

图 19-12　2019 年乙二醇期货持仓集中度

（数据来源：大连商品交易所）

乙二醇期货成交和持仓集中度年内波动较大，表明期货市场参与者数量存在一定波动，提高了期货市场的流动性。不同角色的投资者参与到期货市场中，在促使期货价格更加合理、有效、有代表性的同时，使得期货市场价格发现功能更为完善。

二、乙二醇期货市场功能发挥情况

（一）价格发现功能发挥情况

自2018年12月10日上市以来，乙二醇期货对现货市场一直产生着积极影响。乙二醇期货上市前，国内乙二醇并没有统一的现货定价机制，乙二醇市场定价主要参考中石化结算价、ICIS（安迅思）均价、普氏均价和CCF（中国化纤信息网）均价。同时，乙二醇市场中还有纸货、电子盘和掉期等场外衍生品工具，对乙二醇定价也产生着较大影响。乙二醇期货上市后，标准化、高频的期货交易吸引了大批产业客户和投机交易者，通过反映现货市场真实的供需状况，形成相对公平、透明的价格，促进资源有效配置和市场平稳运行。随着乙二醇期货影响力的不断提升，以及期货市场制度和交易规则的日益完善，乙二醇期货市场流动性提高，期现货市场的联动性越来越强。2019年，乙二醇期现价格相关性达到0.80，并通过显著性检验。同时，乙二醇期现价格互动，促进期现市场有效融合。乙二醇期货价格与现货价格之间维持高度相关性，机构或产业客户运用乙二醇期货进行套期保值管理风险的效果较佳。总体上，各种因素使得期货市场价格成为现货市场的重要参考指标。

（二）套期保值功能发挥情况

1. 现货价格长期贴水期货价格

2019年，乙二醇基差均值为12.07元/吨，基差波动区间较大，处于-274元/吨至1194元/吨。2019年乙二醇现货市场走势逐渐偏强，现货价格由年初的贴水逐渐演变为升水期货价格，最高升水达到1 194元/吨。受到宏观经济、中美贸易摩擦、环保、政策等因素的影响，基于乙二醇产业处于中长期发展的下跌阶段，产能兑现和需求下降，港口库存在年初创下历史新高，乙二醇期现价格在全年的大多数时间呈现下跌态势。

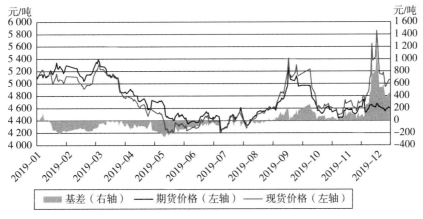

图 19-13　2019 年乙二醇期现价格及基差变化

（数据来源：大连商品交易所）

2019年上半年，乙二醇期现货升贴水结构较为稳定，整体呈现出贴水格局。2019年第三季度，乙二醇期货价格震荡筑底，乙二醇基差由负转正并逐渐上升。年末，乙二醇基差有所下降，由12月17日的最高峰值1 194元/吨下降为年末的457元/吨。2019年，到期日基差为86.29元/吨。

2. 套期保值效率整体较高

作为全球最大的乙二醇进口国和消费国，近年来我国乙二醇行业面临着产能过剩、价格波动剧烈的问题，给行业带来了严重冲击。为了规避价格波动风险，行业相关主体参与纸货、电子盘及掉期交易，又存在着信用风险较大、投机交易不活跃、市场流动性不足的问题。乙二醇期货上市后，乙二醇产业相关企业踊跃参与，覆盖了产业上中下游企业，更为有效地解决了企业发展的价格波动风险问题。2019年，乙二醇期货套期保值效率为93.35%，相比于现货市场单边操作，企业在参与乙二醇套期保值后，其所面临的价格波动风险可以降低90%以上，这说明乙二醇期货风险管理的功能得到了充分发挥，是企业进行风险管理的重要工具。2019年，乙二醇期现市场面临着诸多不确定性因素，加大了套期保值的难度，但法人客户参与数量基本稳定且整体占比提升，说明企业风险管理意识逐步增强，经营模式逐步发生改变。乙二醇期现货价格高度相关，企业对期货市场的关注度提高，参与期货市场套期保值的积极性在不断提升。此外，乙二醇期货相关规则制度的完善也不断吸引法人客户的关注。

（三）期货市场功能发挥实践

1. 期货市场有效促进企业稳健经营

2018年12月10日，乙二醇期货在大连商品交易所上市，至2019年底，已有一年有余。2019年，乙二醇期货整体运行平稳，成交日趋活跃、持仓稳步上升，产业资金参与度较高，生产企业运用期货开展套期保值的比例在不断提升。乙二醇期货市场价格发现功能得到有效发挥，乙二醇期货价格成为现货贸易的定价标杆；套期保值功能实现方式更加多样，有效地助力实体企业优化库存管理，对冲现货价格波动风险。

乙二醇作为化纤产业的基础原材料之一，上承石油化工、下启聚酯纤维，是联系国民经济支柱产业的重要枢纽。近年来，乙二醇的产量和消费量保持着快速增长，煤制乙二醇项目占总体产能的比重不断上升，市场供需结构发生明显变化，现货市场价格波动频繁剧烈。以2018年为例，乙二醇年内最高价和最低价分别为8 650元/吨和5 750元/吨，价差为2 750元/吨，高于2017年的1 710元/吨，波动幅度高达50.43%。乙二醇现货价格波动频繁剧烈，以及时常出现的非理性波动，给实体企业的生产经营带来了巨大困难。乙二醇期货上市之后，随着市场参与主体的越加多样化，价格走势更加贴近现货基本面，促使非理性波动明显减少。

在乙二醇期货上市之前，国内外乙二醇的销售合同价格基于ICIS外盘、CCF内盘、普氏外盘或中石化结算价等现货价格，国内乙二醇合约货定价系统以中石化为主，由于乙二醇进口依存度较高，中石化结算价在现货定价机制中被动性较大。同时，现货定价实时性较低，一般每月调整一次。2019年，随着更多市场主体参与乙二醇期货交易，乙二醇期货价格对现货市场价格的代表程度不断提升，期现相关程度达到0.80。也正是由于乙二醇期货价格具有连续、公开和透明的特点，通过不断优化现有定价机制，为企业提供更加有效的价格参考。乙二醇的定价模式正在由单一的上游企业主导定价，逐步向期现相互影响的定价模式转变。乙二醇上下游企业正越来越多地利用期货市场获取现货未来市场的供求信息，更加科学、合理地安排生产经营。

同时，乙二醇期货还有效地促进企业通过套期保值规避价格风险，提升生产经营决策的科学性和合理性程度。期货市场为现货企业的套期保值提供了较好的流动性，便于这些市场主体参与套期保值。

现货企业根据对市场变化态势的判断，基于自身面临的实际问题制定出科学的套期保值方案，在严格坚持套期保值原则的前提下，控制套期保值头寸，最终实现对冲价格波动风险的目的。

在企业参与期货市场的过程中，乙二醇对行业的影响不断显现，主要体现在现货参与主体和现货贸易方式的改变上。乙二醇期货上市后，下游工厂、中游贸易企业以及资管、私募等金融机构不断参与进来，部分上游工厂也开始高度关注或提升对乙二醇期货的利用程度。随着点价交易模式在化工领域不断扩展，乙二醇期货的上市为点价模式在行业的推广提供了基准，随着点价模式运用范围的扩大，现货贸易方式正在逐步改变。通过期货点价模式，生产企业可以提前锁定销量及利润，拓宽销售渠道；贸易商通过点价交易套保，不但可以扩大贸易量，还可以逐步整合上下游资源，利用自身渠道、资金等优势向产融结合方面转型升级；下游聚酯工厂通过点价交易则可以实现每日点价，规避高结算价带来的经营风险。

2. 乙二醇期货应用案例

2018年12月，在乙二醇价格处于5 700元/吨的高位时，某乙二醇工厂判断后市港口库存会大幅度积累，乙二醇价格下跌空间比较大，价格将会触及成本端，而且持续时间可能要到2019年6月乙二醇的检修季结束为止。基于此判断，该乙二醇工厂需要对未来6个月乙二醇产量进行卖出套保。从2018年12月开始，该工厂便在期货市场上做相应的卖出套保。实际操作中，一旦生产出产品签订销售合同，就在期货市场完结相对应的头寸。2019年6月，乙二醇价格跌到4 500元/吨附近，工厂平完所有头寸，有效规避了价格风险。

三、乙二醇期货合约相关规则调整

（一）交易制度

根据《大连商品交易所风险管理办法》第十条规定：如遇法定节

假日休市时间较长，交易所可以根据市场情况在休市前调整合约交易保证金标准和涨跌停板幅度。同时，根据实际情况和业务需要，交易所进行了包括增加夜盘交易、调整成交和持仓统计口径以及调整非主力期货合约交易手续费等方面交易制度的修订。2019年，大商所在乙二醇期货保证金、涨跌停板、成交和持仓统计口径以及交易手续费等交易制度方面共进行了五次调整（见表19-1）。

表 19-1　　2019 年交易所对乙二醇期货交易制度调整情况

时间	通知名称	调整措施
2019-1-24	《关于 2019 年春节期间调整各品种涨跌停板幅度和最低交易保证金标准的通知》	一是自 2019 年 1 月 31 日（星期四）结算时起，将乙二醇品种涨跌停板幅度和最低交易保证金标准分别由 5% 和 6% 调整至 6% 和 8%。二是 2019 年 2 月 11 日（星期一）恢复交易后，自各品种持仓量最大的两个合约未同时出现涨跌停板单边无连续报价的第一个交易日结算时起，各品种涨跌停板幅度和最低交易保证金标准分别恢复至调整前的标准，即乙二醇品种涨跌停板幅度和最低交易保证金标准分别恢复至 5% 和 6%。三是对同时满足《大连商品交易所风险管理办法》有关调整交易保证金标准和涨跌停板幅度的合约，其最低交易保证金标准和涨跌停板幅度按照规定数值中较大值执行
2019-4-22	《关于 2019 年劳动节期间调整各品种涨跌停板幅度和最低交易保证金标准的通知》	一是自 2019 年 4 月 29 日（星期一）结算时起，将乙二醇品种涨跌停板幅度和最低交易保证金标准分别由 5% 和 6% 调整至 5% 和 7%。二是自 2019 年 5 月 6 日（星期一）恢复交易后，自各品种持仓量最大的两个合约未同时出现涨跌停板单边无连续报价的第一个交易日结算时起，各品种涨跌停板幅度和最低交易保证金标准分别恢复至调整前的标准，即乙二醇品种涨跌停板幅度和最低交易保证金标准分别恢复至 5% 和 6%。三是对同时满足《大连商品交易所风险管理办法》有关调整涨跌停板幅度和最低交易保证金标准的合约，其涨跌停板幅度和最低交易保证金标准按照规定数值中较大值执行
2019-9-24	《关于 2019 年国庆节期间调整涨跌停板幅度和最低交易保证金标准的通知》	一是自 2019 年 9 月 27 日（星期五）结算时起，将乙二醇品种涨跌停板幅度和最低交易保证金标准分别调整为 6% 和 8%。二是自 2019 年 10 月 8 日（星期二）恢复交易后，自各品种持仓量最大的两个合约未同时出现涨跌停板单边无连续报价的第一个交易日结算时起，各品种涨跌停板幅度和最低交易保证金标准分别恢复至调整前的标准，即乙二醇品种的涨跌停板幅度和最低交易保证金标准分别恢复至 5% 和 6%。三是对同时满足《大连商品交易所风险管理办法》有关调整涨跌停板幅度和最低交易保证金标准的合约，其涨跌停板幅度和最低交易保证金标准按照规定数值中较大值执行

续表

时间	通知名称	调整措施
2019-10-29	《关于修改〈大连商品交易所交易管理办法〉的通知》	一是成交量是指某一合约在当日所有成交合约的单边数量。二是持仓量是指期货交易者所持有的未平仓合约的单边数量
	《关于调整相关品种手续费标准的通知》	一是自2019年11月1日交易时（即10月31日夜盘交易小节时）起，对乙二醇品种非1/5/9合约月份的手续费标准进行调整。二是非日内和日内的手续费标准分别由4元/手、2元/手调整为0.4元/手、0.2元/手

（二）交割制度

2019年，大商所在乙二醇期货制定交割仓库、质检机构等交割制度方面共进行了一次调整（见表19-2）。

表 19-2　　2019年交易所对乙二醇期货交割制度调整情况

时间	通知名称	调整措施
2019-4-22	《关于设立乙二醇品种指定交割仓库、质检机构的通知》	一是设立4家指定交割仓库、备用交割仓库。设立张家港保税区长江国际扬州石化仓储有限公司为基准指定交割仓库，设立东莞市百安石化仓储有限公司为非基准指定交割仓库，与基准指定交割仓库的升贴水0元/吨。设立江苏三房巷国际储运有限公司、江阴华西化工码头有限公司为备用交割仓库。二是设立中国检验认证集团检验有限公司为指定质检机构。三是规定指定交割仓库入库费用和质检机构相关费用的最高限价，并提供指定交割仓库和质检机构的联系方式

四、乙二醇期货市场发展前景、问题与发展建议

（一）发展前景

1. 乙二醇产能规模不断扩大

近年来，我国乙二醇产能、产量和消费量逐年上升，已是全球最大的乙二醇生产国和消费国。2015—2019年，我国乙二醇年产量的年均增长率为17.19%。同期，下游聚酯稳步扩能，对乙二醇的需求持续放大，在国内供应无法满足需求的情况下依然需要大量进口，进口总量平均保持在近900万吨的水平，对外依存度平均为59.51%。预计，

2020年乙二醇行业新增产能657万吨，总产能将达到1 773万吨，行业总产量为1 010万吨。总需求将新增522万吨，达到约1 865万吨，需求增速保持在5%左右的水平。同时，将需要进口约1 000万吨，进口依存度维持在50%附近的水平。

2. 煤制乙二醇供应占比提升

根据生产工艺划分总体产能结构，煤制乙二醇比例大幅提升。我国乙二醇的主流生产工艺包括石油一体化、MTO（甲醇合成法）和合成气制乙二醇。其中，石脑油一体化总产能535.20万吨，占比47.95%；煤制乙二醇总产能489万吨，占比43.81%；MTO总产能92万吨，占比8.24%。预计2020—2021年新增产能中，炼化一体化路线占比36.57%，合成气制路线占比52.46%，MTO工艺受到利润经济性的考量，暂无新增产能计划。煤制乙二醇得到较快发展的主要原因是面对"富煤、缺油、少气"的现实国情，在2009年初国家将煤制乙二醇技术列入现代煤化工五大示范技术之一，并写入国家石化产业调整振兴规划；同时，伴随着煤制乙二醇工艺技术正在向装置大型化、生产低消耗、高效益方向发展，产品质量不断优化，下游用户对煤制乙二醇接受度逐步提高，使得该行业得到较大发展。

3. 煤制和进口乙二醇替代趋势明显

2020—2024年，我国乙二醇行业产能将维持高速增长态势。从乙二醇扩张的企业类型看，多数以煤炭、煤化工生产企业转型升级向下游延伸、大型石化企业炼化一体化项目为主，其中包含部分大型聚酯企业向上游延伸发展而成的炼化一体化项目。2020年及其后的中期时间内，我国乙二醇的自给率将得到明显提高。由于在新增产能中，煤制乙二醇的占比逐渐提升，国内乙二醇与进口乙二醇的替代主要体现在煤制乙二醇与进口乙二醇的替代。

(二) 当前存在的问题

1. 市场主体运用乙二醇期货的水平有待提高

乙二醇和PTA的下游市场基本相同,主要用于生产聚酯。PTA期货在2006年底上市,经过多年发展,产业链的上下游市场主体对其运用已经较为成熟。在下游的聚酯市场中,80%以上的聚酯企业都有利用PTA期货工具对冲市场风险的经验。虽然产业链的上中下游市场主体已经越来越多地参与到乙二醇期货市场中来,特别是下游企业对于乙二醇期货的认识相对上中游企业而言表现得更为成熟;但是,作为一个刚上市一年有余的品种而言,整体看市场主体运用乙二醇期货的意识、水平还有待提升。特别地,在乙二醇行业步入发展中后期之后,行业可能面临重新洗牌,在供应端竞争日益激烈和价格波动风险巨大的情况下,利用期货工具提升生产运营水平、风险管理能力和库存管理技能将明显有利于企业和行业的稳健发展。

2. 煤制乙二醇产品质量有待提升

当前煤制乙二醇产品杂质复杂且难以清除,造成产品纯度相对不足。聚酯企业虽然通常将煤制乙二醇与乙烯法制乙二醇混合使用,但是煤制乙二醇占比不高。2018年,我国颁布实施了乙二醇新国标(GB/T4649—2018《工业用乙二醇》),将原国标的等级调整为聚酯级和工业级两个级别,主要增加了煤化工工艺产品杂质指标,新国标涵盖了国内所有乙二醇生产工艺路线的产品。随着煤制乙二醇产能的不断增长,煤制乙二醇供给大幅增长和下游接受度不高的矛盾将日益凸显。有鉴于此,煤制乙二醇产品质量亟须提升,在符合国标聚酯级标准的前提下,以满足下游聚酯企业的需求。

(三) 相关建议

1. 加强乙二醇期货市场的培育工作

乙二醇期货是一个新品种,产业客户对乙二醇期货还不够了解,对期现结合的运用尚不熟练。应联合期货公司、基金公司等金融机构加大对乙二醇期货市场的培育力度，通过为乙二醇生产企业、聚酯企业、贸易商以及其他市场主体举办培训会、论坛，推送期货产品资料等途径，普及期货相关知识，提升这些市场主体利用乙二醇期货的意识和能力，促进产期结合。同时，开展乙二醇场外期权和基差交易试点，支持产业企业的全方位风险管理操作，更好地促进行业稳定发展和服务实体经济。

2. 稳步推进保税交割实施

为了兼顾现货贸易习惯和可操作性，确保乙二醇期货可供交割量，乙二醇期货采用仓库交割与厂库交割并行的一次性交割、期转现交割和滚动交割方式。考虑到我国乙二醇进口依存度较高的实际情况，为了便利市场主体参与期货交割，大商所还提供保税交割方式，即进口乙二醇在报关前就可以用于期货交割。保税交割是打通境内外市场实物通道的制度安排，同时也为此后的乙二醇期货国际化奠定了基础。总体来看，乙二醇保税交割有着重要的实际意义，实际中应做好交割前准备工作，和商检、海关等各个部门通力配合，全力保障乙二醇期货保税交割顺利实施。

专栏

2019年乙二醇期货大事记

3月5日，十三届全国人大第二次会议在京举行，李克强总理在作政府工作报告时表示，2019年将实施更大规模的减税，普惠性减税与结构性减税并举，重点降低制造业和小微企业税收负担，将制造业等行业原有16%增值税税率降为13%，将交通运输、建筑、房地产等行业现行10%税率降为9%，保持6%一档税率不变。增值税税率的下调将直接降低中国聚酯工厂的原料采购成本费用，降低下游聚酯工厂的运营压力。

4月8日，国家发展和改革委员会宣布，为推动产业高质量发展，国家发展和改革委员会会同有关部门对《产业结构调整指导目录（2011年本）（修正）》进行了修订，形成了《产业结构调整指导目录（2019年本）》征求意见稿，向社会公开征求意见。8月27日，《产业结构调整指导目录（2019年本）》经第2次委务会议审议通过，自2020年1月1日起施行。《产业结构调整指导目录（2019年本）》由鼓励类、限制类、淘汰类三个类别组成。其中，鼓励类减少的部分中包含"20万吨/年以上合成气制乙二醇生产装置"，同时限制类中仍保留"20万吨/年以下乙二醇"。

5月10日，美国对从中国进口的2 000亿美元清单商品加征的关税税率由10%提高到25%。根据《中华人民共和国对外贸易法》《中华人民共和国进出口关税条例》等法律法规和国际法基本原则，国务院关税税则委员会决定，自2019年6月1日0时起，对原产于美国的部分进口商品提高加征关税税率。总体上，中美贸易摩擦对乙二醇市场形成情绪端的利空作用。

10月18日，浙江桐昆控股集团与上海宝钢气体公司年产120万吨乙二醇项目合成气合作协议，以及安徽佑顺新材料有限公司与神皖合肥庐江发电有限责任公司蒸汽供用协议签约仪式在桐昆集团总部举行。此次，两项协议的顺利签署标志着庐江年产120万吨乙二醇及配套合成气项目的全面启动，也是下游聚酯企业向上游原料延伸发展到煤头的重要示范项目。

10月24日，华陆内蒙古荣信化工有限公司二期项目空分装置顺利投产，产出合格氧气，各项指标运行正常。空分装置的顺利出氧，为荣信化工二期项目打通全流程，产出最终产品打下了坚实基础。

11月1日，炼化工程十建公司承建的恒力（大连）石化90万吨/年乙二醇装置第一批物料顺利引入生产系统，标志着该项目陆续进入投料开车阶段，成为恒力（大连）石化150万吨/乙烯装置首个投料的装置。恒力大连乙二醇项目投产将成为中国现行最大的单套乙二醇装置，同时也将成为打通恒力全产业链的关键一环，实现企业"炼油-芳烃、烯烃-PTA、乙二醇-民用丝、工业丝、聚酯切片、工程塑料、薄膜-纺织"的全产业链发展。

11月6日，内蒙古久泰新材料公司年产100万吨乙二醇项目甲醇装置区甲醇合成框架钢结构开始吊装，标志着甲醇装置工作重心由土建施工向钢结构安装转移，安装作业全面开展。项目将于2020年底建成试车，2021年正式投产。2020—2021年，乙二醇将进入新增产能集中释放期，在民营企业的炼化一体化项目及合成气项目的陆续投产下，中国乙二醇由国资生产企业为主导的市场格局将出现逐步调整的局面。

6月，乙二醇期货迎来首个合约交割。EG1906合约共交割14.56万吨，约占同期中国乙二醇总库存的10.79%。从实际交割结果看，EG 1906合约共有7家仓库开展了交割业务。其中，张家港长江国际交割量最大，交割量近11万吨。从交割区域看，集中在乙二醇的主要产销贸易地区，符合乙二醇的现货市场格局。乙二醇期货上市后，为相关行业的企业提供了更为高效的价格发现和套期保值工具，助力乙二醇相关行业稳健发展。

3月至12月，中美贸易摩擦不断升级，美方分别对价值340亿美元、160亿美元、2 000亿美元、1 100亿美元和1 600亿美元商品加征关税。除此之外，欧盟地区对中国纱线等纤维出口同样存在反倾销措施。在贸易壁垒加大的情况下，终端纺织品出口形势严峻，或加速终端行业向东南亚地区转移。

报告二十
苯乙烯期货品种运行报告（2019）

2019年9月26日，苯乙烯期货正式在大商所挂牌交易，这是继2018年12月10日上市的乙二醇期货后，大商所挂牌的第二个液体化工品种，也是大商所上市的第五个化工期货品种，苯乙烯期货上市后，成交规模逐月增加，参与交易客户数量增加，期货市场功能日益显现。

一、苯乙烯期货市场运行情况

（一）市场规模情况分析

1. 成交量逐月上升

2019年9月苯乙烯期货上市以来，在交易的3个多月中成交量呈现逐月放大特征，10月份成交量为45.34万手，11月份为141.03万手，12月份为195.46万手。从全年成交数据看，苯乙烯期货全年共成交395.87万手，占大商所期货总成交量比重为0.29%。

苯乙烯全年成交额1 441.65亿元，占大商所期货总成交额比重为0.21%。

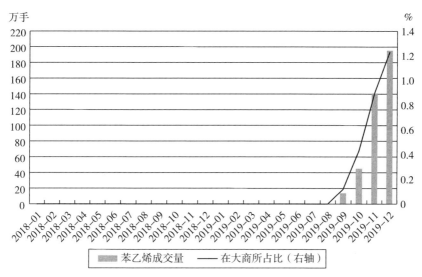

图 20-1　2018—2019 年苯乙烯期货成交量及占比

（数据来源：大连商品交易所）

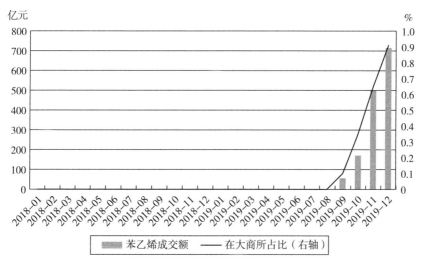

图 20-2　2018—2019 年苯乙烯期货成交额及占比

（数据来源：大连商品交易所）

2. 持仓规模不断攀升

苯乙烯期货上市首个交易日持仓为1.67万手，此后持仓规模不断增加，截至2019年12月底，苯乙烯期货日均持仓量为8.62万手，占大商所期货总持仓量比重为0.99%，苯乙烯期货持仓量位列大商所期货品种第15名，仅高于豆二、纤维板、胶合板和粳米期货。苯乙烯期货持仓金额为6.29亿元，占大商所期货总持仓金额比重为0.17%，苯乙烯期货持仓金额位列大商所期货品种第14名，高于豆二、玉米淀粉、粳米、纤维板和胶合板期货。

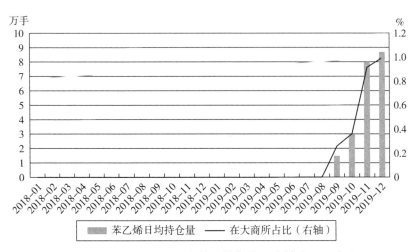

图 20-3　2018—2019 年苯乙烯期货日均持仓量及占比

（数据来源：大连商品交易所）

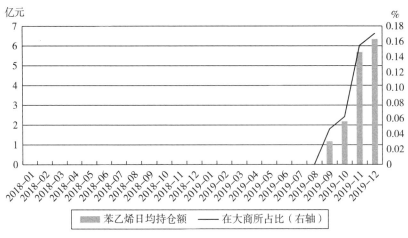

图 20-4　2018—2019 年苯乙烯期货日均持仓金额及占比

（数据来源：大连商品交易所）

（二）期现货市场价格走势

1. 期货价格总体下行

苯乙烯上市首日期价小幅上涨，主力合约EB 2005挂牌价为8 000元/吨，开盘价为8 100元/吨，收盘结算价报8 070元/吨，较挂牌基准价上涨0.87%。之后价格一路下跌，到12月31日，主力合约EB 2005以7 276元/吨收盘。价格变化主要分为以下两个阶段：10月份后，市场需求不及预期，同时供应增加，苯乙烯库存明显增加，苯乙烯期货价格出现大幅下滑；11月中旬，苯乙烯装置检修增多，苯乙烯库存开始下降，同时纯苯价格带动苯乙烯价格上涨，期货价格出现小幅反弹。

图 20-5　2019 年苯乙烯期货主力合约价格走势

（数据来源：Wind 数据库）

2. 现货价格波动幅度较大

苯乙烯现货价格由2018年末的8 025元/吨下跌至2019年末的7 290元/吨，跌幅为9.16%，其间最高价为9 350元/吨，最低价为7 175元/吨。具体来看，价格变化主要分为以下五个阶段。

第一阶段（1月—2月底），尽管检修装置陆续开车，但受到进口减少的影响，苯乙烯价格仍出现了小幅上涨；春节期间，国内库存增加明显，苯乙烯价格受到打压，春节后价格持续下跌。

第二阶段（3月初到4月下旬），尽管原油价格持续突破向上，而苯乙烯原料纯苯和乙烯价格一直在窄幅波动，同时下游需求没有有效放大，国内苯乙烯价格持续震荡。

第三阶段（5月上旬到7月上旬），下游企业开工逐步好转，同时中美贸易战升级，人民币汇率持续走低，有利于价格反弹，另外韩华一装置意外停车，苯乙烯价格出现一轮上涨，到6月下旬价格接近9 000元/吨。

第四阶段（7月上旬到8月上旬），外盘装置重启，导致港口库存激增，同时国内新装置投产使得库存持续高位，价格出现一定的回落。

第五阶段（8月上旬到9月上旬），国际原油利好不断，外盘对苯乙烯价格引导较好，同时8月份进口明显偏少，价格逐步走强。

第六阶段（9月上旬到12月），苯乙烯存量较充足，加上国庆前的环保检查，对苯乙烯的需求减少，苯乙烯价格走低，并一直持续到12月下旬。受到纯苯价格回升的影响及企业检修增多的影响，苯乙烯价格逐步摆脱下跌行情，出现小幅上涨，但上涨幅度依然有限。

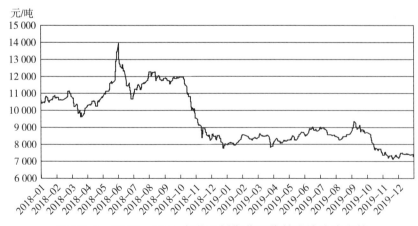

图 20-6　2018—2019 年苯乙烯期货现货基准地价格走势

（数据来源：Wind 数据库）

（三）期货市场交易主体结构分析

1. 参与交易的客户较多

2019年是苯乙烯期货上市的第一年，从运行的3个月时间看，交易客户以个人为主。2019年交易客户总数为6.86万户，其中法人客户数为1 222户，法人客户占比1.78%，个人客户数为6.74万户，个人客户占比98.22%。

从分月情况看，交易客户数量快速增加，苯乙烯期货月均交易客户数为2.77万户，其中月均法人交易客户数为579户，占比2.09%；苯乙烯期货月均个人交易客户数为2.71万户，占比97.91%，个人客户在苯乙烯期货交易中占主流。

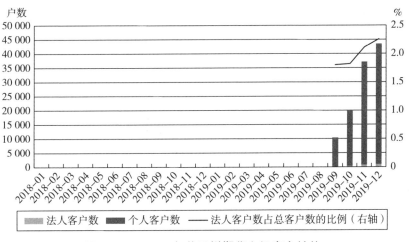

图 20-7　2019 年苯乙烯期货市场客户结构

（数据来源：大连商品交易所）

2. 短线交易客户多

2019年，苯乙烯月均期货短线客户数为2.16万户，月均持仓客户数为1.46万户。从市场参与结构来看，个人月均短线客户为2.13万户，占比98.45%；法人月均短线客户为307户，占比1.55%，月均短线交易中个人客户占主流。

从交易量情况看，短线交易相对较大，自苯乙烯期货上市以来，月均短线交易一直保持在60%以上，上市以来月均短线交易占比为73.10%，其中10月份达到了92.04%，为上市后的最高月份，12月份短线交易占比为60.13%，是上市以来的最低月份。

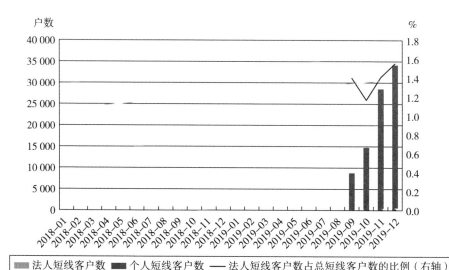

图 20-8　2019 年苯乙烯期货短线交易客户结构

（数据来源：大连商品交易所）

3. 成交集中度较低，持仓集中度较高

2019年9月苯乙烯期货上市后，首月成交集中度为29.90%，次月回落到27.96%，随后两月不断攀升，到12月份成交集中度为32.38%。从2019年情况看，苯乙烯成交集中度为30.78%，成交集中度低于大商所40.34%的平均水平；苯乙烯期货持仓集中度首月为78.53%，之后回落到50%附近波动，全年持仓集中度为55.98%，高于大商所52.08%的平均水平。苯乙烯期货市场结构较为合理，产业上中下游企业均参与苯乙烯期货交易。随着苯乙烯期货的运行成熟，成交和持仓集中度将更加优化。

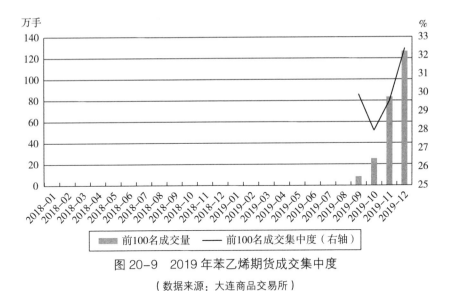

图 20-9　2019 年苯乙烯期货成交集中度

（数据来源：大连商品交易所）

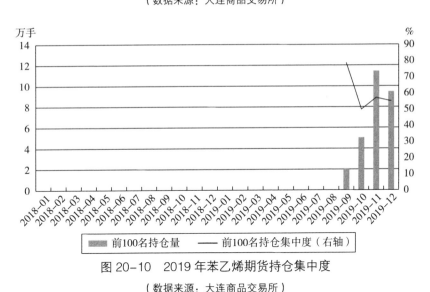

图 20-10　2019 年苯乙烯期货持仓集中度

（数据来源：大连商品交易所）

二、苯乙烯期货市场功能发挥情况

（一）价格发现功能发挥情况

自2019年9月26日上市以来，苯乙烯期货对现货市场一直产生着积极影响。苯乙烯期货上市前，国内苯乙烯并没有统一的现货定价机制，苯乙烯市场定价主要参考中石化结算价、ICIS（安迅思）均价、普氏均价和江苏地区市场成交均价。同时，苯乙烯市场中还有纸货、电子盘和掉期等场外衍生品工具，对苯乙烯定价也产生着较大影响。苯乙烯期货上市后，标准化、高频的期货交易吸引着大批产业客户和投机交易者，通过反映现货市场真实的供需状况，形成相对公平、透明的价格，促进资源有效配置和市场平稳运行。随着苯乙烯期货影响力的不断提升，以及期货市场制度和交易规则的日益完善，苯乙烯期货市场流动性提高，期现货市场的联动性越来越强。

（二）期货市场功能发挥实践

1. 苯乙烯产业链定价模式优化

苯乙烯市场定价主要参考中石化华东化销结算价、ICIS（安迅思）均价、普氏均价和江苏罐区出罐均价，均价是以月度均价+α，α有正有负。此外，苯乙烯市场中还有纸货、电子盘和掉期等场外衍生品工具，对苯乙烯定价也产生较大影响。苯乙烯期货上市后，一方面，标准化的期货合约可以保障现货交割质量，且极具法律约束力，这将吸引大批产业客户和投机交易者，增强市场的流动性，促进市场平稳运行。另一方面，通过苯乙烯生产商、贸易商和下游企业积极参与期货交易，期货市场可以反映现货市场真实的供需状况，形成相对公平透明的价格。随着苯乙烯期货影响力的不断扩大，期现货市场的联动性越来越强，苯乙烯市场有望逐步演变为期货加升贴水的定价模式。

2. 满足苯乙烯下游产业企业的避险需求

作为全球最大的苯乙烯生产国、进口国和消费国，尽管近年来我国苯乙烯对外依存度不断下降，但仍超过25%。受到原料、汇率、船期等因素的影响，近年来苯乙烯的价格波动较大，大部分贸易商和下游企业只能被动承受价格的剧烈波动。为规避价格波动风险，部分贸易商和下游企业参与纸货、电子盘及掉期交易，但均面临着信用风险较大、投机交易不活跃、市场流动性不足的风险。近年来，随着我国苯乙烯产能大幅增长，供应将逐步走向宽松，企业经营风险增大。苯乙烯期货上市后，相关企业踊跃参与，囊括了产业上中下游企业，体现了苯乙烯下游产业链企业利用苯乙烯期货进行避险的需求强烈。

例如：2019年10月份，某发泡聚苯乙烯（EPS）生产企业在"双十一"订单期间，面临着价格走弱的压力，公司认为未来苯乙烯远期市场会偏弱，该公司在期货市场上做空苯乙烯，来对冲其进口的苯乙烯船货。2019年10月14日，该公司在EB2005合约上建立空头头寸，进场点位为7 800元/吨，此时苯乙烯现货价格为7 950元/吨。随着船货到港，2019年12月4日，该企业将空头头寸平仓，平仓价为7 300元/吨，此时苯乙烯的现货价格为7 400元/吨。这段时间，苯乙烯现货价格下跌了550元/吨，即苯乙烯库存贬值了550元/吨，但通过做空苯乙烯期货，期货收益为500元/吨，大部分的船货贬值的风险被对冲，企业实现了稳定经营。

三、苯乙烯期货合约相关规则调整

（一）交易制度

1. 苯乙烯合约公布及规则修改

2019年9月20日，大商所发布了《关于公布施行〈大连商品交易所苯乙烯期货合约〉和相关实施细则修正案的通知》。除公布《大连商品交易所苯乙烯期货合约》和《大连商品交易所苯乙烯期货业务细则》外，还公布了对《大连商品交易所结算管理办法》《大连商品交易所交割管理办法》《大连商品交易所标准仓单管理办法》《大连商品交易所风险管理办法》《大连商品交易所套期保值管理办法》等合约规则的调整（见表20-1）。

表 20-1　　　　　　　　　大连商品交易所苯乙烯期货合约

交易品种	苯乙烯
交易单位	5 吨 / 手
报价单位	元 / 吨
最小变动价位	1 元 / 吨
涨跌停板幅度	上一交易日结算价的 4%
合约月份	1、2、3、4、5、6、7、8、9、10、11、12 月
交易时间	每周一至周五上午 9：00—11：30，下午 13：30—15：00，以及交易所规定的其他时间
最后交易日	合约月份倒数第 4 个交易日
最后交割日	最后交易日后第 3 个交易日
交割等级	大连商品交易所苯乙烯交割质量标准（F/DCE EB001—2019）
交割地点	大连商品交易所苯乙烯指定交割仓库
最低交易保证金	合约价值的 5%
交割方式	实物交割
交易代码	EB
上市交易所	大连商品交易所

数据来源：大连商品交易所。

2. 苯乙烯交易量及相关手续费公布

规定苯乙烯合约交易指令每次最大下单数量为1 000手；苯乙烯期货合约交易手续费为6元/手；苯乙烯期货标准仓单转让货款收付业务手续费为1元/吨。

3. 苯乙烯合约交易保证金、涨跌停板幅度以及单边持仓限额公布

交易保证金制度规定，一般月份，苯乙烯合约最低交易保证金为合约价值的5%。同时，交易所可以分时间段根据合约持仓量的变化调整该合约的交易保证金。

涨跌停板制度规定，苯乙烯合约交割月份以前的月份涨跌停板幅度为上一交易日结算价的4%，交割月份的涨跌停板幅度为上一交易日结算价的6%。

持仓限额制度规定，苯乙烯品种非期货公司会员和客户的限仓数额，在合约上市至交割月前一个月最后一个交易日期间根据合约的单边持仓量规定；交割月期间以绝对量方式规定。

4. 苯乙烯节假日保证金、涨跌停板和夜盘交易时间调整

2019年，因苯乙烯首次上市及节假日，大商所先后调整了1次苯乙烯期货品种最低交易保证金标准和2次涨跌停板幅度。其中，正式上市时，首日涨停板幅度由最初通知的4%修改为8%。在国庆期间，苯乙烯品种涨跌停板幅度和最低交易保证金标准分别调整至6%和8%。此外，在法定节假日前一个交易日，不进行夜盘交易。

表20-2　　　　　2019年苯乙烯交易保证金、手续费调整

时间	通知名称	调整措施
2019-9-20	《关于公布施行〈大连商品交易所苯乙烯期货合约〉和相关实施细则修正案的通知》	根据《大连商品交易所风险管理办法》修正案规定，苯乙烯合约交割月份以前的月份涨跌停板幅度为上一交易日结算价的4%，交割月份的涨跌停板幅度为上一交易日结算价的6%。苯乙烯期货合约的最低交易保证金为合约价值的5%
2019-9-23	《关于苯乙烯期货合约上市交易有关事项的通知》	苯乙烯期货合约涨跌停板幅度暂定为上一交易日结算价的4%，上市首日涨跌停板幅度为挂盘基准价的8%。苯乙烯期货合约交易保证金按照《大连商品交易所风险管理办法》执行
2019-9-24	《关于2019年国庆节期间调整涨跌停板幅度和最低交易保证金标准的通知》	自2019年9月27日（星期五）结算时起，将苯乙烯品种涨跌停板幅度和最低交易保证金标准分别调整为6%和8%；2019年10月8日（星期二）恢复交易后，自各品种持仓量最大的两个合约未同时出现涨跌停板单边无连续报价的第一个交易日结算时起，苯乙烯涨跌停板幅度和最低交易保证金标准分别恢复至4%和5%
2019-12-23	《关于征集线型低密度聚乙烯、聚丙烯、聚氯乙烯、乙二醇、苯乙烯品种期货做市商的通知》	申请线型低密度聚乙烯、聚丙烯、聚氯乙烯、乙二醇、苯乙烯品种期货做市商的单位需符合以下条件：1. 净资产不低于人民币5 000万元；2. 具有专门机构和人员负责做市商业务，人员应当熟悉相关法律法规和交易所业务规则；3. 具有健全的做市商实施方案、内部控制制度和风险管理制度；4. 最近三年无重大违法违规记录；5. 具备稳定、可靠的做市技术系统；6. 参加期货做市商实盘选拔活动（大商所发〔2019〕275号）；7. 交易所规定的其他条件
2019-12-26	《关于加强2020年元旦放假期间风险管理的通知》	2020年1月1日假期，大商所各品种涨跌停板幅度和最低交易保证金标准保持不变

数据来源：大连商品交易所。

表 20-3   2019 年苯乙烯夜盘交易时间调整

时间	通知名称	调整措施
2019-9-27	《关于 2019 年国庆节期间夜盘交易时间提示的通知》	2019 年 9 月 30 日（星期一）当晚不进行夜盘交易；2019 年 10 月 8 日（星期二）所有合约集合竞价时间为 08：55—09：00；10 月 8 日（星期二）当晚恢复夜盘交易
2019-12-25	《关于 2020 年元旦期间夜盘交易时间提示的通知》	2019 年 12 月 31 日（星期二）当晚不进行夜盘交易；2020 年 1 月 2 日（星期四）所有合约集合竞价时间为 08：55—09：00；1 月 2 日（星期四）当晚恢复夜盘交易

数据来源：大连商品交易所。

（二）交割制度

1. 公布仓库名录及仓储费

根据《关于苯乙烯期货合约上市交易有关事项的通知》，苯乙烯指定交割仓库包括南通阳鸿石化储运有限公司等7家公司。苯乙烯暂未指定交割厂库。此外，苯乙烯仓储费为1.6元/吨/天。

表 20-4   大连商品交易所苯乙烯指定交割仓库名录

设立时间	交割仓库名称	协议库容（万吨）	基准基准库/非基准库库	与基准库升贴水（元/吨）
2019-9-23	南通阳鸿石化储运有限公司	2	基准库	0
	江阴华西化工码头有限公司	5	基准库	0
	常州华润化工仓储有限公司	5	基准库	0
	南通千红石化港储有限公司	3	基准库	0
	江苏利士德化工有限公司	2	基准库	0
	东莞市百安石化仓储有限公司	2	非基准库	0
	东莞三江港口储罐有限公司	2	非基准库	0

注：协议库容为大商所与交割仓库签订的最低保证库容，交割仓库实际存放货物可能超过协议库容。

数据来源：大连商品交易所。

2. 检验中心及检验费规定

规定通标标准技术服务有限公司为苯乙烯的指定质检机构。此外，苯乙烯重量检验费按岸罐鉴定和船舱（含卸货后空舱鉴定）鉴定两种，其中岸罐鉴定费用为0.8元/吨，最低费用为1 200元/罐；船舱鉴定费用为1元/吨，最低费用为2 200元/船，全套品质检验费为2 400元。

表 20-5　　大连商品交易所苯乙烯检验及取样费用最高限价

取样费					
取样费	岸罐取样费用为 700 元 / 样				
	船舱取样费用为 1 200 元 / 样				
重量检验费					
岸罐鉴定	费用为 0.8 元 / 吨，最低费用为 1 200 元 / 罐				
船舱（含卸货后空舱鉴定）鉴定	费用为 1 元 / 吨，最低费用为 2 200 元 / 船				
苯乙烯期货品质检验费					
序号	项目	单位	指标	检测方法	费用(元)
1	外观	—	清晰透明，无机械杂质和游离水	目测	50
2	纯度	%(质量分数)	≥ 99.8	GB/T 12688.1	400
3	聚合物	mg/kg	≤ 10	GB/T 12688.3	200
4	过氧化物（以过氧化氢计）	mg/kg	≤ 50	GB/T 12688.4	200
5	总醛（以苯甲醛计）	mg/kg	≤ 100	GB/T 12688.5	300
6	色度	铂 - 钴色号	≤ 10	GB/T 605	150
7	乙苯	%(质量分数)	≤ 0.08	GB/T 12688.1	200
8	阻聚剂（TBC）	mg/kg	10~15	GB/T 12688.8	300
9	硫含量	mg/kg	—	SH/T 0689	600
全套品质检测					2 400

数据来源：大连商品交易所。

表 20-6　　大连商品交易所苯乙烯期货指定质检机构名录

质检机构名称	地址	邮编	联系人	联系电话	传真	电子邮箱
通标标准技术服务有限公司	辽宁省大连市经济技术开发区淮河西路106-1-1 号	116600	刘伟	13941181019	0411-87322220	wade.liu@sgs.com
			吴迪	13610867658		rebecca-wd.wu@sgs.com

数据来源：大连商品交易所。

3. 出入库费用规定

苯乙烯出入指定交割仓库（厂库）主要通过汽车、船舶和铁路方式，其中汽车和船舶入库费用最高限价均为0~20元/吨，出库费用最高限价均为5~10元/吨；铁路出入库无须费用。

表20-7　　　苯乙烯指定交割仓库入出库费用最高限价

收费项目	汽车入库	船舶入库	铁路入库	汽车出库	船舶出库	铁路出库	港口运输	铁路运输	
计量	元/吨	元/吨	元/吨	元/吨	元/吨	元/吨	仓库至最近港口的运距	仓库周边最近的车站	有/无铁路专用线
常州华润	10	15	无	5	10	无	自有码头	常州奔牛	无
东莞百安	20	15	无	10	10	无	自用码头	无	无
东莞三江	20	15	无	5	10	无	自有码头	无	无
南通阳鸿	20	15	无	10	5	无	自有码头	无	无
江阴华西	20	15	无	5	10	无	自有码头	常州站	无
南通千红	10	15	无	5	10	无	自有码头	90公里	无
江苏利士德	无	10	无	5	5	无	自有码头	无	无

数据来源：大连商品交易所。

四、苯乙烯期货市场发展前景、问题与发展建议

（一）发展前景

1. 苯乙烯产能快速扩张

近年来，我国苯乙烯产能、产量和消费量逐年上升，已是全球最大的苯乙烯生产国和消费国。虽然国内苯乙烯产能较大，但受到纯苯和乙烯供应的限制，部分装置无法完全发挥应有的作用，国内每年仍有200多万吨的苯乙烯进口。2019年随着浙石化、大连恒力等多套苯乙烯装置投产，国内新增苯乙烯产能近250万吨/年，国内苯乙烯总产能破千万吨，达到1 179万吨/年，产能增速为26.50%。2020年，国内

苯乙烯产能扩张速度继续保持，包括中化泉州、辽宁宝来、冬大沽化学、中海壳牌、万华化学、宁波华泰等企业都将新建或扩建苯乙烯产能，预计国内苯乙烯新增产能在235万吨左右，产能接近20%。国内苯乙烯产能的急剧增加，将从根本上改变国内苯乙烯短缺的局面。2021年后国内苯乙烯或出现过剩，苯乙烯将成为又一个供过于求的产品。

2. 未来苯乙烯需求增长乏力

苯乙烯下游主要用于发泡聚苯乙烯（EPS）、通用聚苯乙烯（GPPS）、高抗冲聚苯乙烯（HIPS）、丙烯腈-丁二烯-苯乙烯共聚物（ABS）、SAN树脂、丁苯橡胶（SBR）、不饱和聚酯和苯乙烯-丁二烯共聚物（SBS）产品的生产。2019年，国内苯乙烯需求估计为1 105万吨，同比增长4.34%，增速较2018年提高了1.5个百分点。GPPS/HIPS主要用于电子电器外壳和日用品，EPS主要用作包装材料和建筑保温材料等。近年来国内电子电器产业相对低迷，虽然新产品层出不穷，但传统家电产品却受到贸易摩擦的影响，出口增速明显下降；EPS终端基本上用于缓冲包装和建材保温等领域，其需求直接与房地产业挂钩，近年来我国房地产的不景气也反映到EPS需求上，下游需求偏弱也进一步影响苯乙烯市场。2020年1月19日，发改委、环保部发布《关于进一步加强塑料污染治理的意见》，将严格限制EPS在一次性餐具及快递或外卖业务中的过度使用。这将对苯乙烯的需求增长产生一定的抑制作用。预计2020年国内苯乙烯需求为1 145万吨，同比增长3.6%。

3. 苯乙烯或将过剩，净出口将成为常态

近年来国内苯乙烯进口相对稳定，一直维持在300万吨左右，2019年估计国内苯乙烯进口量为319万吨左右，较2018年增长9.47%；出口量为5.62万吨，同比增长16.42%。2020年随着国内苯乙烯新增产能的大量释放，国内进口将明显下降，预计2020年国内进口量将在200万吨以内。2021年后国内苯乙烯产能仍将快速增长，届时国内苯

乙烯将出现过剩局面，净出口可能成为常态。

（二）当前存在的问题

1. 苯乙烯期货上市以来，成交量相对较低

苯乙烯期货上市以来，成交量一直相对较低，在2019年的64个交易日中，最大的成交量发生在2019年12月9日，成交量为15.23万手，最小的成交量在10月8日，仅为0.39万手，在大商所化工品种中排名最低。苯乙烯期货成交量偏低，将直接影响其价格的代表性，也不利于苯乙烯供应商和贸易商运用期货来规避风险。

2. 苯乙烯产能大幅增加，对现有的供应格局将产生影响

未来几年我国苯乙烯扩能的大幅增加，将彻底改变我国苯乙烯依赖进口的局面。据预测，2023年我国苯乙烯产能将达到1 700万吨/年左右，届时国内苯乙烯需求仅为1 280万吨，若国内苯乙烯装置开工率为80%，国内苯乙烯将过剩80万吨左右。从全球市场看，东北亚、东南亚及中东地区仍有大量富余产能，因此我国苯乙烯产能过剩将改变供应格局，国际贸易流向也将改变。

（三）相关建议

1. 加强苯乙烯市场的培育工作

苯乙烯期货是一个全新的品种，存在着产业客户对期货市场还不够了解，对期现结合的运用还不熟练，投资者也需要时间对苯乙烯进行了解。因此交易所和期货公司应该加大对苯乙烯期货市场的培育力度，为苯乙烯生产企业、下游生产企业和贸易商举办期货培训会，邀请相关人员开展现场调研，普及期货相关知识，增加投资者对苯乙烯产品的认识，促进产融结合。对有条件的企业开展苯乙烯场外期权和基差交易试点，支持产业客户进行全方位风险管理操作，促进行业稳定发展，更好地服务实体经济。

2.确保首个合约平稳完成交割

同其他化工品相比，苯乙烯存在着易自聚的特点，一般的储存期不超过3个月。为了避免在存储期间品质发生变化，交易所规定苯乙烯期货标准仓单有效期最长不超过30天，在每个月最后交割日集中注销。如再次注册仓单，必须满足大商所苯乙烯期货交割质量标准。交割过程是验证合约及制度设计是否合理的关键过程，因此在首个合约进入交割月后，需密切关注货物入库、质检、仓单注册、注销和提货等各个环节，确保首个合约顺利完成交割。

专栏

2019年苯乙烯期货大事记

5月中旬，河北盛腾化工8万吨/年苯乙烯装置投料试运行，7月开始稳定负荷运行；

7月12日，中韩（武汉）石化2.7万吨/年C8抽提装置投料，9月开始稳定优等品产出；

2019年上半年，华东苯乙烯库存经历过山车趋势，第一季度大幅攀升，于3月13日刷新历史高位，达到35.15万吨，随后，第二季度进入快速去库阶段，第三季度初下降至11万吨略高的水平，跌幅高达68%。

8月30日，中国证券监督管理委员会发布消息称，证监会近日批准大连商品交易所开展苯乙烯期货交易，合约正式挂牌交易时间为2019年9月26日。

9月20日，大商所公布了《大连商品交易所苯乙烯期货合约》及《大连商品交易所结算管理办法修正案》《大连商品交易所交割管理办法修正案》《大连商品交易所标准仓单管理办法修正案》

《大连商品交易所风险管理办法修正案》《大连商品交易所套期保值管理办法修正案》《大连商品交易所苯乙烯期货业务细则》，自发布之日起实施。

9月23日，大商所发布了《关于苯乙烯期货合约上市交易有关事项的通知》，公布了上市交易时间、上市交易合约、交易保证金及涨跌停板幅度、交易手续费、标准仓单转让货款收付业务手续费、持仓信息公布、仓储费、指定质检机构和指定交割仓库和厂库。

9月25日，大商所发布了《关于苯乙烯期货合约挂盘基准价的通知》，公布了各合约的挂盘基准价。

12月18日，全球单套产能最大的苯乙烯装置在大连恒力石化顺利中交，装置设计产能72万吨/年。

12月25日，浙江石化乙烯投料，120万吨/年苯乙烯装置计划2020年1月出产品。

报告二十一
豆粕期权品种运行报告（2019）

2019年是豆粕期权平稳有序运行的第三年，豆粕期权市场规模逐步扩大，成交量、持仓量均有较大幅度增长；参与交易客户数继续增加，客户结构有所优化；规则制度持续完善并取得了一定实效，豆粕期权的功能发挥程度不断提升。

一、豆粕期权市场运行情况

（一）市场规模及发展情况

2019年，豆粕期权交易规模较上年有较大增长。豆粕期权累计成交1780.92万手（单边，下同），同比增加42.23%；成交额73.15亿元，同比减少21.05%；日均成交量7.30万手，同比增加41.65%，最大单日成交量为11月12日的27.01万手，日均成交量占标的期货的比例为6.58%，同比增长20.92%；日均持仓量29.05万手，同比增加27.01%，最大单日持仓量为12月4日的52.73万手；日均持仓量占标的期货的比例为17.64%，同比增加25.91%。日均成交额0.30亿元，同比下降21.38%；日均换手率为0.25，同比增加10.22%。

从年内变化来看，豆粕期权在下半年交易规模显著提高。2019年7月1日至12月31日，豆粕期权日均成交量达到10万手，尤其2019年11月，日均成交量达13.72万手，日均持仓量为46.59万手，期权持仓量占标的期货持仓量的比例达18.36%。

表 21-1　　　　　　2018—2019 年豆粕期权市场规模情况

单位：万手/单边，亿元，%

项目 \ 年份	2018	2019	同比
总成交量	1 252.16	1 780.92	42.23
日均成交量	5.15	7.30	41.65
期权/期货（成交）	5.44%	6.58%	20.92
日均持仓量	22.87	29.05	27.01
期权/期货（持仓）	14.01%	17.64%	25.91
成交额	92.66	73.15	−21.05
日均成交额	0.38	0.30	−21.38

数据来源：大连商品交易所。

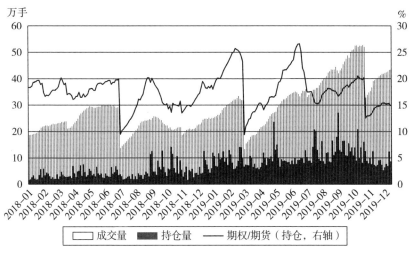

图 21-1　2018—2019 年豆粕期权成交持仓情况

（数据来源：大连商品交易所）

（二）到期行权平稳顺畅

2019年全年，豆粕期权累计行权量10.63万手，其中行权量最多的三个系列为M1905、M1909和M2001，行权量分别为3.15万手、2.84万手和2.28万手，占全年期权行权总量的77.76%。从期限结构看，期权行权主要集中在期权到期前5个交易日，较少发生提前行权。期权行权后转化成的期货头寸较少，行权过程平稳顺畅，基本无虚值行权，期货无交割风险。

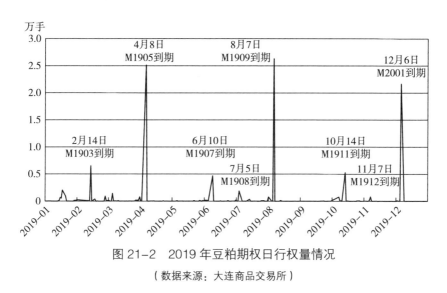

图 21-2　2019 年豆粕期权日行权量情况

（数据来源：大连商品交易所）

（三）市场结构分析

1. 成交持仓分布合理

从M2001系列各行权价格上的成交持仓分布来看，期权市场运行符合交易逻辑，较为理性。对于看跌期权，从成交量分布情况看，成交主要集中在平值（行权价2 600~2 900元）及浅虚值期权附近，深实值、深虚值期权成交量相对较低，且由于虚值期权仅具有时间价值，价格较低、杠杆作用大，因此成交量大于实值期权；从持仓量分布情况看，看跌期权持仓主要集中在平值和浅虚值附近，符合正常的交易逻辑，表明市场较为理性。

对于看涨期权，在行权价格3 100元以上的深虚合约上的成交与持仓相对较高，使得看涨期权合约的成交与持仓分布呈现明显的左偏形态，而看跌期权合约的成交与持仓分布则接近于正态分布。2019年，豆粕期货价格大部分时间处于上涨行情，深虚合约杠杆大，资金利用率高，获利机会多，因此累积了较多成交和持仓。看涨看跌期权在不同行权价格上的成交持仓分布反映出市场中投资者对市场价格走势的判断。

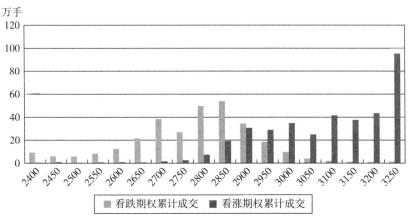

图 21-3　M2001 合约成交量分布情况

（数据来源：大连商品交易所）

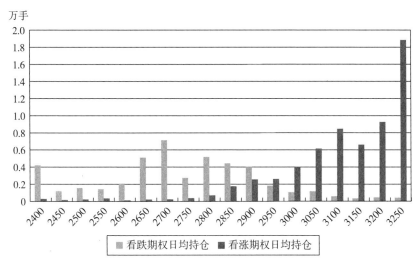

图 21-4　M2001 合约持仓量分布情况

（数据来源：大连商品交易所）

2.客户结构不断优化

2019年，参与豆粕期权交易的客户数为15 983户，较2018年同比增长130.87%，参与交易客户数的增长主要来自个人客户数的增加。其中，个人客户数15 170户，同比增长144.72%；成交量达1 121.04万手（双边，本小节下同），同比增长21.06%；期末持仓量达41.02万手，同比增长114.59%。法人客户数813户，同比增长12.29%；成交量达2 440.80万手，同比增长54.63%；期末持仓量达46.08万手，同比增长151.92%。

从客户数结构方面看，参与豆粕期权交易的法人客户数占比为5.09%，参与豆粕期货交易的法人客户数占比为1.83%。从成交量方面看，豆粕期权法人客户成交量占比为68.53%，豆粕期货法人客户成交量占比为34.19%。从持仓量方面看，豆粕期权法人客户期末持仓占比为52.91%，豆粕期货法人客户期末持仓占比为60.79%。

综合豆粕期权投资者结构情况，在客户数和成交量占比方面，豆粕期权法人客户参与占比及成交量占比远高于豆粕期货，在持仓量方面，豆粕期权法人客户持仓占比与豆粕期货相差不大。

表 21-2　　　　　　　2019 年豆粕期权投资者结构情况

年份	客户性质	客户数占比		成交量占比		期末持仓量占比	
		期权	期货	期权	期货	期权	期货
2018	法人	10.46%	1.91%	63.03%	29.00%	48.90%	55.03%
	个人	89.54%	98.09%	36.97%	71.00%	51.10%	44.97%
2019	法人	5.09%	1.83%	68.53%	34.19%	52.91%	60.79%
	个人	94.91%	98.17%	31.47%	65.81%	47.09%	39.21%

数据来源：大连商品交易所。

二、豆粕期权市场功能发挥情况

（一）豆粕期权定价合理，与标的豆粕期货联动有效

从定价方面看，在交易日趋活跃、市场规模逐步扩大的同时，豆粕期权定价有效，与标的期货量价联动良好。主力系列期权隐含波动率处于11.47%~28.16%，略高于标的期货30天历史波动率，且二者走势变动基本保持一致。在豆粕期权运行的大部分时间中，主力系列隐含波动率曲线呈现出微笑形态或向右上方倾斜的特征，与理论预期较为契合。实值期权合约价格高于虚值期权合约，远月合约价格高于近月合约，未出现价格倒挂现象。期权与期货的量价联动更加紧密，全年平均来看，豆粕期权成交量占标的期货成交量的6.58%，持仓量占标的期货持仓量的17.64%，自7月份以来，豆粕期权成交量占标的期货成交量的比例有显著的提高，日均达到9.07%。期货与期权成交量变化较为一致，相关性达0.78，期权持仓量与标的期货持仓量的占比随着期权持仓量的逐步扩大而不断提升。

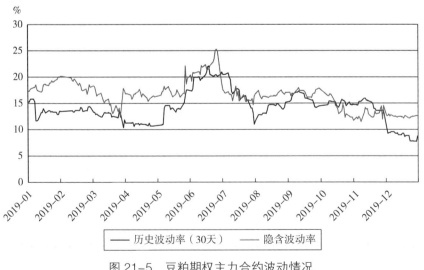

图 21-5 豆粕期权主力合约波动情况

（数据来源：大连商品交易所）

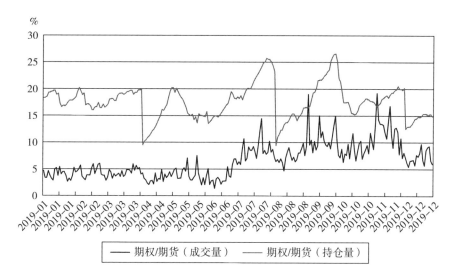

图 21-6　豆粕期权成交 / 持仓量与标的占比情况

（数据来源：大连商品交易所）

（二）豆粕期权在产业客户中得到良好应用

豆粕期权上市以来，油脂油料产业客户经历了观望、学习、逐步参与的过程，促进期权功能有效发挥。2019年，约有200家产业客户直接参与豆粕期权交易，包括油脂油料产业链中的油厂、贸易商、饲料、养殖、食品等上中下游各类型产业客户，不同类型的客户根据自身产业特点进行灵活多样的期权操作。同时，场外风险管理子公司也积极参与豆粕期权交易，部分公司利用场内期权对场外产业客户期权头寸进行对冲。

（三）豆粕期权场内场外市场协同发展

场内期权为场外期权提供了有效的对冲工具和定价基准。场内期权上市前，场外期权利用场内期货进行复制对冲，不能完全对冲波动率等风险，且交易成本高；场内期权上市后，场外期权可利用场内期货、期权组合进行风险对冲，对冲手段增加，并且报价也参考场内期权，使场外买卖价差不断缩小，场外期权成本逐渐降低，市场价格更加透明。另外，部分成熟的场外交易者逐步加入场内进行期权交易，二者形成了良好的促进作用。

三、豆粕期权制度及规则调整

（一）业务优化

为进一步适应市场需求，更好地服务实体经济，大商所于2019年4月8日结算后启用投机保值互换、期权套期保值属性交易业务。自2019年4月8日结算时起，客户获批的套期保值持仓额度可在期货或期权合约上使用，客户期货与期权合约上的套期保值持仓量合计不得超过获批的套期保值持仓额度。

为推进组合保证金的实施，提高期权交易的资金使用效率，自2019年6月6日结算后，大商所开启期货期权组合保证金相关业务。将提供备兑策略、期权跨式组合和期权宽跨式组合三类期权组合的保证金优惠，交易期间将支持非期货公司会员和客户向交易所申请以对符合条件的持仓进行组合确认的方式建立组合持仓，实时享受组合保证金优惠；同时还将支持套期保值属性持仓参与组合，享受保证金优惠等业务。期权组合保证金的实施提高了资金利用效率，将提升投资者参与市场的积极性。

为进一步加强期权业务管理，明确并规范相关业务流程，自2019年6月28日起，大商所优化了期权做市商的评价规则。主要包括提高报价价差要求、优化做市商排名体系，着重加大做市商的淘汰力度，实现做市商的优胜劣汰，同时进一步加大对期权做市商的支持力度，优化措施实施后，市场交易更加活跃，做市商成交量占比有了较大回升。

（二）规则制度调整

时间	通知名称	调整措施
2019-2-22	《关于调整豆粕期权限仓标准的通知》	根据《大连商品交易所期权交易管理办法》，经研究决定，自2019年2月22日（星期五）结算时起，非期货公司会员和客户持有的某月份期权合约中所有看涨期权的买持仓量和看跌期权的卖持仓量之和、看跌期权的买持仓量和看涨期权的卖持仓量之和，分别不得超过30 000手。具有实际控制关系的账户按照一个账户管理
2019-4-7	《关于启用期权套期保值相关业务的通知》	为进一步适应市场需求，更好的服务实体经济，大商所将于2019年4月8日结算后启用投机保值互换、期权套期保值属性交易业务。自2019年4月8日结算时起，客户获批的套期保值持仓额度可在期货或期权合约上使用，客户期货与期权合约上的套期保值持仓量合计不得超过获批的套期保值持仓额度。需要满足如下条件：1）某一期权系列某一方向上的套期保值持仓量或者投机与套期保值合计持仓量不得超过获批的套期保值额度与该期权系列投机持仓限额2.5倍二者中的较低值，即某一期权系列某一方向上的套期保值持仓量或者投机与套期保值合计持仓量≤MIN(获批的套期保值额度,该期权系列投机持仓限额2.5倍)。2）客户可以通过会员服务系统查询套期保值持仓额度，需要增加套期保值额度的客户，可申请增加相应品种的套期保值额度
2019-5-31	《关于发布〈大连商品交易所期货交易者适当性管理办法〉的通知》	为进一步优化大商所期货交易者适当性制度，经理事会审议通过，并报告中国证监会，大商所制定了《大连商品交易所期货交易者适当性管理办法》，将特定品种交易者适当性和期权交易者适当性进行统一规定和管理。现予以发布，自发布之日起施行，原《大连商品交易所特定品种交易者适当性管理办法》和《大连商品交易所期权投资者适当性管理办法》同时废止
2019-5-31	《关于发布〈大连商品交易所期货交易者适当性业务指南〉和修订〈大连商品交易所期权业务指南〉的通知》	为进一步优化大商所交易者适当性和开户相关工作，根据《大连商品交易所交易细则》《大连商品交易所期货交易者适当性管理办法》及其他相关规定，大商所制定了《大连商品交易所期货交易者适当性业务指南》，并对《大连商品交易所期权业务指南》相关内容进行了修订，现予以发布，自发布之日起实施。原《大连商品交易所特定品种期货交易者适当性业务指南》同时废止
2019-6-28	《关于发布〈大连商品交易所期权业务指南〉和〈大连商品交易所期权做市商业务指南〉的通知》	为进一步规范期权业务和做市商管理，大商所根据近期业务规则修改，对《大连商品交易所期权业务指南》《大连商品交易所期权做市商业务指南》进行了修订。现予以发布，自发布之日起实施。其中，非期货公司会员和客户询价按照"同一交易编码在一个期权品种上每日询价次数不能超过500次"执行
2019-10-21	《关于开展铁矿石期权做市商遴选以及豆粕期权、玉米期权做市商增选工作的通知》	大商品开展铁矿石期权做市商遴选，以及豆粕期权、玉米期权做市商增选工作，并按期权品种实行做市商资格管理，公布申请期权做市商资格应当具备的条件

续表

时间	通知名称	调整措施
2019-11-15	《关于调整豆粕期权及玉米期权限仓标准的通知》	根据《大连商品交易所期权交易管理办法》，经研究决定，自 2019 年 11 月 18 日（星期一）结算时起，非期货公司会员和客户在豆粕期权与玉米期权品种上的限仓标准调整至 40 000 手。即：非期货公司会员和客户持有的豆粕期权品种或玉米期权品种的某月份期权合约中所有看涨期权的买持仓量和看跌期权的卖持仓量之和、看跌期权的买持仓量和看涨期权的卖持仓量之和，分别不得超过 40 000 手。具有实际控制关系的账户按照一个账户管理

四、豆粕期权市场发展前景、问题与建议

（一）发展前景

2019年，证监会批准天然橡胶、棉花、玉米、铁矿石、黄金、PTA（精对苯二甲酸）和甲醇品种期权上市交易，我国商品期权市场的品种进一步丰富，期权品种数量达到10个。商品期权市场在平稳运行的基础上还存在进一步优化完善、发展壮大的空间。

1. 与芝加哥商业交易集团（以下简称CME）CME豆粕期权相比差距不断缩小，但仍有发展空间

2019年，豆粕期权市场规模有了较大的发展，成交量、持仓量占标的的比重较上年有了较大的提升，分别达到6.58%和17.64%，但与CME豆粕期权相比还有差距。2019年，CME豆粕期权的成交、持仓占标的的比重分别为6.76%和20.59%，而历史平均水平为8%和30%，这意味着我国豆粕期权的市场还有较大发展空间。

2. 期货市场的客户转化程度仍有待提高

2019年参与豆粕期权交易的客户数有较大提高，但还有提升空间。2019年参与豆粕期权的客户数为15 983户，同比增加130.87%，但仅为参与豆粕期货客户数的3.48%。未来，随着豆粕期权市场日趋成熟，投资者的参与度及客户开发程度仍有较大的提升空间。

3. 产业客户进一步参与有较好前景

虽然产业客户参与豆粕期权市场数量一直呈增长态势，但仍有较大一部分产业客户尚未参与场内期权市场。油脂油料产业企业在利用衍生品市场管理风险方面有着较为丰富的经验，是场内期权市场的巨大潜在客户资源。

（二）当前存在的问题

1. 参与期权交易的客户数不足，投资者结构有待进一步改善

期权交易较为复杂，除了专业投资机构以外，大部分个人客户和产业客户都不具备专业知识，市场中的人才储备不够，参与期权客户数虽不断增加，但增长速度较为缓慢，尤其是产业客户参与度仍然较低，法人客户数占比呈下降趋势，投资者结构有待优化。

2. 市场中的流动性不足，订单厚度不够

市场中的流动性不足，尤其是订单厚度不够，在试图委托较大数量的订单时，价格容易出现较大的跳跃，很难一次成交。市场中的大单需求越来越大，做市商因为提供大单报价存在较大风险，提供大单报价的意愿低，导致期权市场的流动性供给和流动性需求均无法良好体现。

3. 期权交易成本过高，保证金占用大，资金使用效率低

大商所已开启期权组合保证金相关业务，但仅提供了备兑策略、期权跨式组合和期权宽跨式组合三类期权组合的保证金优惠，如日历价差策略、牛市价差策略等大部分期权组合仍不能享受组合保证金优惠，保证金占用大，资金使用效率较低。

（三）发展建议

1. 加强市场培育，积极引导产业和机构客户参与期权市场，加大投资者的教育力度和深度，促进期权市场健康稳定发展

投资者对期权的认知是参与期权市场的前提，建议对产业客户、

机构客户和个人客户进行持续且有针对性的期权培训，在提升客户在期权市场的参与度的同时，提高投资者参与期权市场的专业度，进而提升期权市场运行质量。通过吸引更多的产业客户和机构客户参与期权市场，改善期权市场的投资者结构，促进期权市场健康稳定发展。

2. 进一步完善期权交易的相关制度，优化期权合约规则参数，持续研究推出大宗交易机制，提升期权市场运行质量

通过优化完善期权投资者准入、交易、行权、结算、风险监管、做市商管理等多个业务的制度，进一步构建并完善期权制度框架。同时，研究并推出大宗交易机制，满足市场中的大单需求，进而有效提升期权市场运行质量，促进期权市场功能更好地发挥。

3. 继续推进组合保证金的实施，提高期权交易的资金使用效率

建议在已实施的三种组合保证金优惠的基础之上，推动日历价差组合、牛市价差组合等其他期权组合保证金优惠的实施，进一步提高资金使用效率。

专栏

2019年豆粕期权大事记

2月21日，大商所发布通知，自2019年2月22日结算时起，上调豆粕期权限仓至3万手，即对非期货公司会员和客户来说，持有的某月份期权合约中，所有看涨期权的买持仓量和看跌期权的卖持仓量之和、看跌期权的买持仓量和看涨期权的卖持仓量之和分别不得超过3万手。

5月6日，美国总统特朗普在推特上发文宣布，美国时间周五将会把第二批2 000亿美元自中国进口货物额外加征关税税率从10%提

升到25%，并警告会对另外3 250亿美元的中国货物同样开始征收25%的关税。

5月31日，为进一步优化大商所所期货交易者适当性制度，经理事会审议通过，并报告中国证监会，大商所制定了《大连商品交易所期货交易者适当性管理办法》，将特定品种交易者适当性和期权交易者适当性进行统一规定和管理。自发布之日起施行，原《大连商品交易所特定品种交易者适当性管理办法》和《大连商品交易所期权投资者适当性管理办法》同时废止。

6月6日结算时起，大商所期货期权组合保证金业务正式开启，在组合策略方面实现了期货、期权两种工具的全覆盖。在原有3个期货策略的基础上，此次新增了卖出期权期货组合、期权跨式及宽跨式3个涉及期权的组合策略，交易所支持的组合策略总数达到6个，为国内几家交易所中支持策略最多的；另外，在享受组合保证金优惠方式方面，除原先的交易期间通过套利订单和结算时交易所自动对所有客户持仓进行组合两种方式外，此次新增了交易期间组合申请方式，同时结算时还支持客户保留盘中组合持仓不进行重组；此外，在可参与组合的持仓属性范围方面，此次新增套期保值属性持仓，使组合保证金业务覆盖了全部持仓属性，有利于降低产业客户交易成本。

6月28日，为进一步规范期权业务和做市商管理，大商所根据近期业务规则修改，对《大连商品交易所期权业务指南》《大连商品交易所期权做市商业务指南》进行了修订。现予以发布，自发布之日起实施。其中，非期货公司会员和客户询价按照"同一交易编码在一个期权品种上每日询价次数不能超过500次"执行。

6月28日，G20峰会和美国农业部（USDA）种植面积报告以及季度库存报告的叠加冲击，豆粕隐含波动率在6月底达到年内最高。但前期对美豆和国内豆粕影响较大的事件都已经落地，"靴子"落地后，隐含波动率大幅下行，与历史波动率较为接近，波动率溢价已被逐渐挤出。

大商所7月8日开始，于2019年在豆粕期权主力系列合约上开展期货做市商和期权做市商实盘选拔活动。选拔目的是配合近期化工类两个品种期货做市商，以及豆粕、玉米、铁矿石和玉米淀粉四个品种期权做市商遴选。

8月27日，华夏基金获批首只豆粕期货ETF，华夏饲料豆粕期货交易型开放式证券投资基金及发起式链接基金获证监会批发。

11月15日，根据《大连商品交易所期权交易管理办法》，经研究决定，自2019年11月18日（星期一）结算时起，非期货公司会员和客户在豆粕期权与玉米期权品种上的限仓标准调整至40 000手。即：非期货公司会员和客户持有的豆粕期权品种或玉米期权品种的某月份期权合约中所有看涨期权的买持仓量和看跌期权的卖持仓量之和、看跌期权的买持仓量和看涨期权的卖持仓量之和，分别不得超过40 000手。

12月13日，国新办举办新闻发布会，发布《中方关于中美第一阶段经贸协议的声明》。中美就第一阶段经贸协议文本达成一致，美方将履行分阶段取消对华产品加征关税的相关承诺。

报告二十二
玉米期权品种运行报告（2019）

玉米期权于2019年1月28日上市，上市近一年以来，玉米期权市场运行平稳有序，市场规模逐步扩大，成交量、持仓量均有较大幅度增长；参与交易客户数继续扩大，客户结构有所优化；规则制度持续完善并取得了一定实效，玉米期权的功能发挥不断提升。

一、玉米期权市场运行情况

（一）市场规模及发展情况

截至2019年12月31日，玉米期权共成交226个交易日。全年累计成交676.02万手，成交额16.62亿元；日均成交量2.99万手，日均持仓量28.76万手，日均成交额735.44万元，日均换手率为0.13左右；最大单日成交量为10月31日的16.17万手，最大单日持仓量为12月5日的58.27万手。

上市首年，玉米期权交易规模有较大增长。2019年12月，玉米期权日均成交量是上市首月的1.66倍，日均成交量占标的期货的比例是上市首月的1.05倍；日均持仓量约为上市首月的4.98倍，日均持仓量占标的期货的比例是上市首月的3.29倍。具体来看，2019年5月和9~11月的期权成交量较高，月内日均成交量均在3万手以上；尤其是2019年10月，日均成交量达6.09万手。

表 22-1　　　　　　　　　2019 年玉米期权市场规模情况

单位：万手/亿元，%

项目	2019 年
总成交量	676.02
日均成交量	2.99
期权 / 期货（成交）	7.16
日均持仓量	28.76
期权 / 期货（持仓）	27.11
成交额	16.62
日均成交额	0.07

数据来源：大连商品交易所。

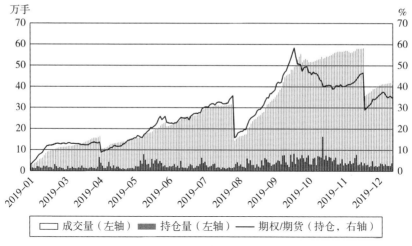

图 22-1　2019 年玉米期权成交持仓情况

（数据来源：大连商品交易所）

（二）到期行权平稳顺畅

截至2019年底，玉米期权累计行权量10.96万手，其中，行权量最多的三个系列是C2001、C1909和C1905，行权量占全年期权行权总量的77.38%。从期限结构看，期权行权主要集中在期权到期前5个交易日，提前行权较少发生。期权行权后转化成的期货头寸较少，行权过程平稳顺畅，基本无虚值行权，期货无交割风险。

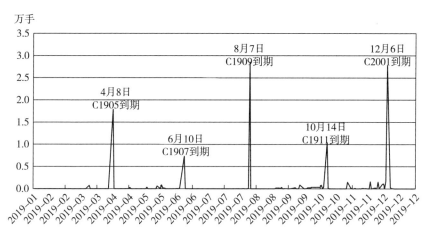

图 22-2　2019 年玉米期权日行权量情况

（数据来源：大连商品交易所）

（三）市场结构分析

1. 成交持仓分布合理

从 C2001 系列各行权价格上的成交持仓分布来看，期权市场运行符合交易逻辑，较为理性。对于看跌期权，从成交量分布情况看，成交主要集中在平值（行权价 1 800~1 900 元）及浅虚值期权附近，深实值、深虚值期权成交量相对较低，且由于虚值期权仅具有时间价值，价格较低、杠杆作用大，因此成交量大于实值期权；从持仓量分布情况看，看跌期权持仓主要集中在平值和浅虚值附近，符合正常的交易逻辑，表明市场较为理性。

对于看涨期权，在行权价格 1 960 元/吨以上的深虚合约上的成交与持仓相对较高，使得看涨期权合约的成交与持仓分布呈现右偏形态，而看跌期权合约的成交与持仓分布则接近于正态分布。2019 年 5 月下旬，受玉米期货价格大幅上涨行情影响，部分虚值看涨合约成交和持仓量较大。由于深虚合约杠杆大，资金利用率高，获利机会多，因此累积了较多成交和持仓。看涨看跌期权在不同行权价格上的成交持仓分布反映出市场中投资者对市场价格走势的判断。

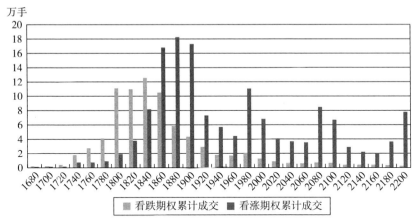

图 22-3　C2001 合约成交量分布情况

（数据来源：大连商品交易所）

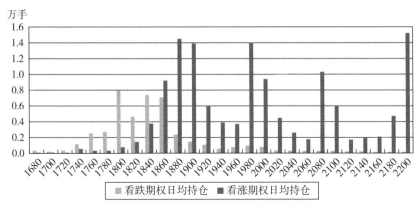

图 22-4　C2001 合约持仓量分布情况

（数据来源：大连商品交易所）

2. 客户结构不断优化

2019年，参与玉米期权交易的客户数为8 692户，其中，个人客户数为8 285户，成交量达385.62万手（双边，本小节下同），期末持仓量达26.06万手。法人客户数407户，成交量达966.42万手，期末持仓量达56.04万手。

从客户数方面看，参与玉米期权交易的法人客户数占比为

4.68%，参与玉米期货交易的法人客户数占比为2.72%。从成交量方面看，玉米期权法人客户成交量占比为71.05%，玉米期货法人客户成交量占比为39.00%。从持仓量方面看，玉米期权法人客户期末持仓占比为68.27%，玉米期货法人客户期末持仓占比为61.35%。

综合玉米期权投资者结构情况，在客户数和成交量占比方面，玉米期权法人客户参与占比及成交量占比高于玉米期货，在持仓量方面，玉米期权法人客户持仓占比与玉米期货相差不大。

表 22-2　　　　　　　　2019 年玉米期权投资者结构情况

年份	客户性质	客户数占比		成交量占比		期末持仓量占比	
		期权	期货	期权	期货	期权	期货
2019	法人	4.68%	2.72%	71.05%	39.00%	68.27%	61.35%
	个人	95.32%	97.28%	28.95%	61.00%	31.73%	38.65%

数据来源：大连商品交易所。

二、玉米期权市场功能发挥情况

（一）玉米期权定价合理，与标的玉米期货联动有效

从定价方面看，在交易日趋活跃、市场规模逐步扩大的同时，玉米期权定价有效，与标的期货量价联动良好。主力系列期权隐含波动率处于7.04%~14.18%，略高于标的期货30天历史波动率，且二者走势变动基本保持一致。在玉米期权运行的大部分时间中，主力系列隐含波动率曲线呈现出微笑形态或向右上方倾斜的特征，与理论预期较为契合。实值期权合约价格总体高于虚值期权合约，远月合约价格高于近月合约，未出现价格倒挂现象。期权与期货的成交联系更加紧密，全年平均来看，玉米期权成交量占标的期货成交量的7.16%，持仓量占标的期货持仓量的27.11%，期货与期权成交变化较为一致，相关性达0.72。期权持仓量与标的期货持仓量的占比随着期权持仓量的逐步扩

大而不断提升。

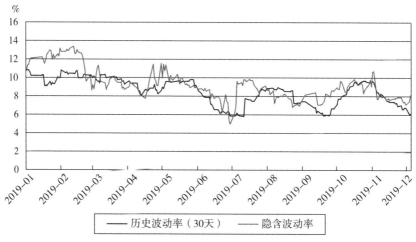

图 22-5　玉米期权主力合约波动情况

（数据来源：大连商品交易所）

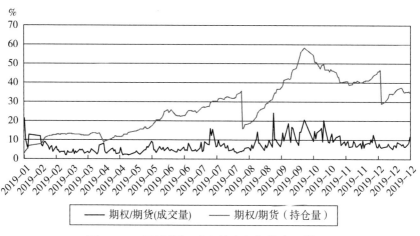

图 22-6　玉米期权成交持仓与标的占比情况

（数据来源：大连商品交易所）

（二）玉米期权在产业客户中得到良好应用

玉米期权上市以来，玉米产业客户积极参与，促进期权功能有效发挥。约有100多家产业客户直接参与了玉米期权交易，包括玉米产业链中的生产者、贸易商、食品、饲料、医药等上中下游各类型产业客户，不同类型的客户根据自身产业特点进行灵活多样的期权操作。同时，场外风险管理子公司也积极参与玉米期权交易，部分公司利用场内期权对场外产业客户期权头寸进行风险对冲。

（三）玉米期权场内场外市场协同发展

场内期权为场外期权提供了有效的对冲工具和定价基准。场内期权上市前，场外期权利用场内期货进行复制对冲，不能完全对冲波动率等风险，风险成本高；场内期权上市后，场外期权可利用场内期权、期权组合进行风险对冲，对冲手段增加，并且报价也参考场内期权，使场外买卖价差不断缩小，场外期权成本逐渐降低，市场价格更加透明。另外，部分成熟的场外交易者逐步加入场内进行期权交易，二者形成了良好的促进作用。

三、玉米期权制度及规则调整

（一）业务优化

为推进组合保证金的实施，提高期权交易的资金使用效率，自2019年6月6日结算后，大商所开启期货期权组合保证金相关业务。将提供备兑策略、期权跨式组合和期权宽跨式组合三类期权组合的保证金优惠，交易期间将支持非期货公司会员和客户向交易所申请以对符合条件的持仓进行组合确认的方式建立组合持仓，实时享受组合保证金优惠；同时还将支持套期保值属性持仓参与组合，享受保证金优惠等业务。期权组合保证金的实施提高了资金利用效率，将提升投资者参与市场的积极性。

为进一步加强期权业务管理，明确并规范相关业务流程，自2019年6月28日起，大商所优化了期权做市商的评价规则。主要包括提高报价价差要求、优化做市商排名体系，着重加大做市商的淘汰力度，实现做市商的优胜劣汰，同时进一步加大对期权做市商的支持力度。优化措施实施后，市场交易更加活跃，做市商成交占比有了较大回升。

（二）规则制度调整

时间	通知名称	调整措施
2019-4-7	《关于启用期权套期保值相关业务的通知》	为进一步适应市场需求，更好的服务实体经济，大商所将于2019年4月8日结算后启用投机保值互换、期权套期保值属性交易业务。自2019年4月8日结算时起，客户获批的套期保值持仓额度可在期货或期权合约上使用，客户期货与期权合约上的套期保值持仓量合计不得超过获批的套期保值持仓额度。需要满足如下条件：1）某一期权系列某一方向上的套期保值持仓量或者投机与套期保值合计持仓量不得超过获批的套期保值额度与该期权系列投机持仓限额2.5倍二者中的较低值，即某一期权系列某一方向上的套期保值持仓量或者投机与套期保值合计持仓量≤MIN（获批的套期保值额度，该期权系列投机持仓限额2.5倍）。2）客户可以通过会员服务系统查询套期保值持仓额度，需要增加套期保值额度的客户，可申请增加相应品种的套期保值额度
2019-5-31	《关于发布〈大连商品交易所期货交易者适当性管理办法〉的通知》	为进一步优化大商所期货交易者适当性制度，经理事会审议通过，并报告中国证监会，大商所制定了《大连商品交易所期货交易者适当性管理办法》，将特定品种交易者适当性和期权交易者适当性进行统一规定和管理。现予以发布，自发布之日起施行，原《大连商品交易所特定品种交易者适当性管理办法》和《大连商品交易所期权投资者适当性管理办法》同时废止
2019-5-31	《关于发布〈大连商品交易所期货交易者适当性业务指南〉和修订〈大连商品交易所期权业务指南〉的通知》	为进一步优化大商所交易者适当性和开户相关工作，根据《大连商品交易所交易细则》《大连商品交易所期货交易者适当性管理办法》及其他相关规定，大商所制定了《大连商品交易所期货交易者适当性业务指南》，并对《大连商品交易所期权业务指南》相关内容进行了修订，现予以发布，自发布之日起实施。原《大连商品交易所特定品种期货交易者适当性业务指南》同时废止
2019-6-28	《关于发布〈大连商品交易所期权业务指南〉和〈大连商品交易所期权做市商业务指南〉的通知》	为进一步规范期权业务和做市商管理，大商所根据近期业务规则修改，对《大连商品交易所期权业务指南》《大连商品交易所期权做市商业务指南》进行了修订。现予以发布，自发布之日起实施。其中，非期货公司会员和客户询价按照"同一交易编码在一个期权品种上每日询价次数不能超过500次"执行

续表

时间	通知名称	调整措施
2019-10-21	《关于开展铁矿石期权做市商遴选以及豆粕期权、玉米期权做市商增选工作的通知》	大商品开展铁矿石期权做市商遴选，以及豆粕期权、玉米期权做市商增选工作，并按期权品种实行做市商资格管理，公布申请期权做市商资格应当具备的条件
2019-11-15	《关于调整豆粕期权及玉米期权限仓标准的通知》	根据《大连商品交易所期权交易管理办法》，经研究决定，自 2019 年 11 月 18 日（星期一）结算时起，非期货公司会员和客户在豆粕期权与玉米期权品种上的限仓标准调整至 40 000 手。即：非期货公司会员和客户持有的豆粕期权品种或玉米期权品种的某月份期权合约中所有看涨期权的买持仓量和看跌期权的卖持仓量之和、看跌期权的买持仓量和看涨期权的卖持仓量之和，分别不得超过 40 000 手。具有实际控制关系的账户按照一个账户管理

四、玉米期权市场发展前景、问题与建议

（一）发展前景

2019年是玉米期权上市的第一个年度，截至2019年底，玉米期权市场规模逐步扩大，年末持仓在国内已上市商品期权品种中仅次于豆粕期权。2019年证监会批准天然橡胶、棉花、玉米、铁矿石、黄金、PTA和甲醇品种期权上市交易，我国商品期权市场的品种进一步丰富，品种数量达到10个。商品期权市场在平稳运行的基础上还存在进一步优化完善、发展壮大的空间。

1. 与CME玉米期权相比仍有一定发展空间

经历一年的上市运行，玉米期权市场规模有了较大的发展。截至2019年底，玉米期权成交量、持仓量占标的的比重较上市初期有了较大的提升，分别为7.16%和27.11%，均高于豆粕期权占标的期货的比重，但与同期CME玉米期权成交、持仓占标的的比重30.35%和59.99%相比差距明显，这意味着我国玉米期权的市场发展还存在较大的空间。

2. 期货市场客户转化率仍待提高

标的期货投资者对期货市场有较深刻的认识，并熟悉期货市场交易规则、期货价格影响因素等，应当作为商品期权客户的最主要来源。并且，这类客户天然具有利用期权管理标的期货波动的需求。但从现阶段看，参与玉米期权的客户数量仅占参与玉米期货客户数量的3.51%，未来仍有较大的转化空间。提高参与期货客户的转化率需要通过长期、持续的市场培育，并适时调整优化规则制度，从而让客户更为便利地参与期权市场。

3. 产业客户进一步参与有较好前景

玉米产业链企业数量多，涉及行业广，在参与衍生品市场方面有着较为丰富的经验和需求，为场内玉米期权市场提供了巨大的潜在产业客户资源。虽然产业客户参与玉米期权市场数量呈增长态势，但仍有较大一部分产业客户尚未参与场内期权市场，吸引更多的产业客户参与玉米期权市场仍有很大的发展的空间。

（二）当前存在的问题

1. 参与期权交易的客户数不足，投资者结构有待进一步改善

期权交易较为复杂，除了专业投资机构以外，大部分个人客户和产业客户都不具备专业知识，市场中的人才储备不够。参与期权客户数虽不断增加，但增长速度较为缓慢，法人客户参与度仍然较低，2019年法人客户数占比仅为4.68%，投资者结构有待进一步优化。

2. 上市时间较短，市场中的流动性不足

虽然玉米期权市场上市以来展现了较好的流动性，但与境外成熟期权市场相比，流动性还有很大提升空间。市场中的流动性不足，尤其是订单厚度不够，在试图委托较大数量的订单时，价格容易出现较大的跳跃，很难一次成交。市场中的大单需求越来越大，做市商因为

提供大单报价存在较大风险，提供大单报价的意愿低，导致期权市场的流动性供给和流动性需求均无法良好体现。

3. 期权交易成本过高，保证金占用大，资金使用效率低

大商所已开启期权组合保证金相关业务，但仅提供了备兑策略、期权跨式组合和期权宽跨式组合三类期权组合的保证金优惠，如日历价差策略、牛市价差策略等大部分期权组合仍不能享受组合保证金优惠，保证金占用大，资金使用效率较低。

（三）发展建议

1. 加强市场培育，引导更多的产业和机构客户参与期权市场，加大投资者的教育力度和深度，促进期权市场健康稳定发展

当前玉米期权市场投资者数目仍然较少，仅为豆粕期权投资者数目的一半。需要加大力度吸引更多客户参与玉米期权市场，提高玉米期权市场规模，尤其注重引导产业客户和机构客户参与，改善期权市场的投资者结构，促进期权市场健康稳定发展。另外，加大期权市场投资者的培育力度，对产业客户、机构客户和个人客户进行持续且有针对性的期权培训，在提升客户在期权市场的参与度的同时，提高投资者参与期权市场的专业度，进而提升期权市场运行质量。

2. 进一步完善期权交易的相关制度，优化期权合约规则参数，持续研究推出大宗交易机制，提升期权市场运行质量

优化完善期权投资者准入、交易、行权、结算、风险监管、做市商管理等多个业务的制度，构建并完善期权制度框架。同时，研究并推出大宗交易机制，满足市场中的大单需求，有效提升期权市场运行质量，促进期权市场功能更好地发挥。

3. 继续推进组合保证金的实施，提高期权交易的资金使用效率

在已实施的三种组合保证金优惠的基础之上，推动日历价差组

合、牛市价差组合等其他期权组合保证金优惠的实施，进一步提高资金使用效率。

2019年玉米期权大事记

1月28日，经中国证监会批准，玉米期权正式在大商所上市，交易时间与玉米期货合约一致，暂不进行夜盘交易。玉米期权合约交易手续费标准为0.6元/手；玉米期权行权（履约）手续费标准为0.6元/手；大商所可以根据市场情况对手续费标准进行调整并公布。持仓限额管理中规定，期权合约与期货合约不合并限仓。非期货公司会员和客户持有的某月份期权合约中所有看涨期权的买持仓量和看跌期权的卖持仓量之和、看跌期权的买持仓量和看涨期权的卖持仓量之和，在上市初期分别不超过10 000手。具有实际控制关系的账户按照一个账户管理。

5月9日，国务院发布公告，由于2019年5月9日美国政府单方面宣布，自2019年5月10日起，对从中国进口的2 000亿美元清单商品加征关税税率由10%提高到25%。因此经党中央、国务院批准，国务院关税税则委员会决定，自2019年6月1日0时起，对已实施加征关税的600亿美元清单美国商品中的部分，提高加征关税税率，对之前加征5%关税的税目商品，仍继续加征5%关税。

5月14日，我国玉米临储拍卖正式发布通知，2019年临储玉米拍卖将在5月23日举行，临储拍卖底价较上年提高200元/吨。

5月31日，为进一步优化大商所期货交易者适当性制度，经理事会审议通过，并报告中国证监会，大商所制定了《大连商品交易所期货交易者适当性管理办法》，将特定品种交易者适当性和期权交易者适当性进行统一规定和管理。自发布之日起施行，原《大连商品交易所特定品种交易者适当性管理办法》和《大连商品交易所期权投资者适当性管理办法》同时废止。

6月6日结算时起，大商所期货期权组合保证金业务正式开启，在组合策略方面实现了期货、期权两种工具的全覆盖。在原有3个期货策略的基础上，此次新增了卖出期权期货组合、期权跨式及宽跨式3个涉及期权的组合策略，交易所支持的组合策略总数达到6个，为国内几家交易所中支持策略最多的；另外，在享受组合保证金优惠方式方面，除原先的交易期间通过套利订单和结算时交易所自动对所有客户持仓进行组合两种方式外，此次新增了交易期间组合申请方式，同时结算时还支持客户保留盘中组合持仓不进行重组；此外，在可参与组合的持仓属性范围方面，此次新增套期保值属性持仓，使组合保证金业务覆盖了全部持仓属性，有利于降低产业客户交易成本。

6月12日，辽宁省农业农村厅办公室发布关于做好2019年生产者补贴政策落实工作的通知，其中大豆补贴资金比玉米每亩高200元，全省玉米生产者补贴标准为76元/亩。

6月28日，为进一步规范期权业务和做市商管理，大商所根据业务规则修改，对《大连商品交易所期权业务指南》《大连商品交易所期权做市商业务指南》进行了修订。其中，非期货公司会员和客户询价按照"同一交易编码在一个期权品种上每日询价次数不能超过500次"执行。

7月8日开始，大商所在豆粕期权主力系列合约上开展期货做市商和期权做市商实盘选拔活动。选拔目的是配合近期化工类两个品种期货做市商，以及豆粕、玉米、铁矿石和玉米淀粉四个品种期权做市商遴选。

7月19日，黑龙江7个部门联合下发《黑龙江省2019年玉米、大豆和稻谷生产者补贴工作实施方案》，其中针对补贴标准，方案里表示，2019年将适当提高玉米生产者补贴标准，大豆比玉米每亩将高200元以上。享受粮改饲政策的青贮玉米不得领取玉米生产者补贴。同时黑龙江地区玉米生产者补贴将于9月15日前发放到位。

9月30日，国家发改委根据《农产品进口关税配额管理暂行办法》，制定了《2020年粮食进口关税配额申请和分配细则》，其中玉米720万吨，其中60%为国营贸易配额。

10月21日，大商所发布通知，开展玉米期权做市商增选工作，并按期权品种实行做市商资格管理，公布申请期权做市商资格应当具备的条件。

11月15日，大商所发布通知，自2019年11月18日（星期一）结算时起，非期货公司会员和客户在玉米期权品种上的限仓标准调整至40 000手。

12月，国务院关税税则委员会印发通知，自2020年1月1日起，调整部分商品进口关税。其中继续对小麦、玉米等8类商品实施关税配管理，税率不变。普通税率区间在130%~180%，2020年最惠国税率区间为20%~65%，关税配额税率区间为1%~10%。

12月13日，国新办举办新闻发布会，发布《中方关于中美第一阶段经贸协议的声明》。中美就第一阶段经贸协议文本达成一致，美方将履行分阶段取消对华产品加征关税的相关承诺。

报告二十三
铁矿石期权品种运行报告（2019）

铁矿石期权于2019年12月9日平稳上市，截至2019年底，共运行17个交易日。上市初期铁矿石期权市场运行平稳有序，成交量、持仓量均有一定幅度增长，参与交易客户数不断扩大。铁矿石期权平稳上市运行，形成了铁矿石衍生品"一全两通"的格局，搭建起相对完善的衍生工具、产品和市场服务体系，能够更好地服务钢铁行业高质量发展。

一、铁矿石期权市场运行情况

（一）市场规模及发展情况

截至2019年12月31日，铁矿石期权共成交17个交易日，累计成交36.39万手，成交额8.83亿元；日均成交量2.14万手，日均持仓量6.90万手，日均成交额0.52亿元，日均换手率为0.44。铁矿石期权上市以来持仓量及期权占期货持仓比不断提高。

表 23-1　　　　　　　2019 年铁矿石期权市场规模情况

单位：万手/亿元，%

项目	2019 年
总成交量	36.39
日均成交量	2.14
期权 / 期货（成交）	2.21

续表

项目	2019 年
日均持仓量	6.90
期权 / 期货（持仓）	8.04
成交额	8.83
日均成交额	0.52
日均换手率	0.44

数据来源：大连商品交易所。

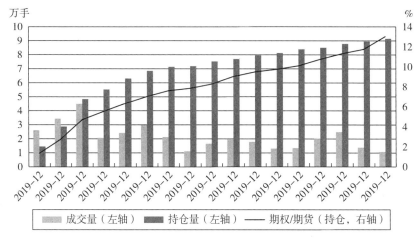

图 23-1　2019 年铁矿石期权成交持仓情况

（数据来源：大连商品交易所）

（二）市场结构分析

1. 成交持仓分布较为合理

从 I2005 系列各行权价格上的成交持仓分布来看，由于上市时间较短，成交持仓分布较为集中，部分深虚值合约并无成交持仓分布，但总体来看，期权市场运行符合交易逻辑，较为理性。从成交量分布情况看，成交主要集中在平值（行权价 650 元/吨左右）及浅虚值期权附近，深实值、深虚值期权成交量相对较低，且由于虚值期权仅具有时间价值，价格较低、杠杆作用大，因此成交量大于实值期权。从持仓量分布情况看，看涨和看跌成交和持仓主要集中在平值和浅虚值附近，表明市场较为理性。看涨看跌期权在不同行权价格上的成交持仓分布反映出市场中投资者对市场价格走势的判断。

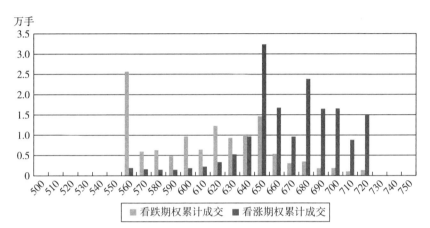

图 23-2　I2005 合约成交量分布情况

（数据来源：大连商品交易所）

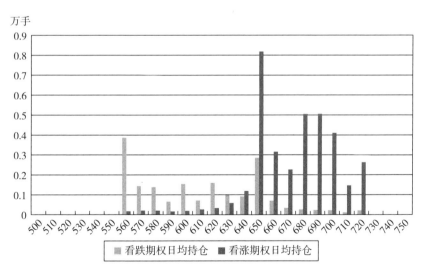

图 23-3　I2005 合约持仓量分布情况

（数据来源：大连商品交易所）

2.客户结构相对于标的期货较完善

截至2019年12月31日，参与铁矿石期权交易的客户数达4 589户，其中，个人客户数4 360户，成交量为17.94万手（双边，本小节下同），期末持仓量为5.44万手。法人客户数229户，成交量为54.84万手，期末持仓量达12.86万手。

从客户数方面看，参与铁矿石期权交易的法人客户数占比为4.99%，参与铁矿石期货交易的法人客户数占比为3.53%。从成交量方面看，铁矿石期权法人客户成交量占比为74.25%，而铁矿石期货法人客户成交量占比为31.46%。从持仓量方面看，铁矿石期权法人客户期末持仓占比为70.27%，而铁矿石期货法人客户期末持仓占比为52.07%。

综合铁矿石期权投资者结构情况，在客户数、成交量和持仓量占比方面，参与铁矿石期权法人客户数占比、铁矿石期权法人客户成交量占比及持仓占比均高于铁矿石期货。

表 23-2 　　　　　　　2019 年铁矿石期权投资者结构情况

年份	客户性质	客户数占比		成交量占比		期末持仓量占比	
		期权	期货	期权	期货	期权	期货
2019	法人	4.99%	3.53%	74.25%	31.46%	70.27%	52.07%
	个人	95.01%	96.47%	25.75%	78.54%	29.73%	47.93%

数据来源：大连商品交易所。

二、铁矿石期权市场功能发挥情况

（一）铁矿石期权定价合理，波动率处于合理范围

从定价方面看，上市以来，铁矿石期权定价有效，与标的期货量价联动良好。主力系列期权隐含波动率处于22.69%~26.33%，略低于标的期货30天历史波动率，二者走势变动基本保持一致。

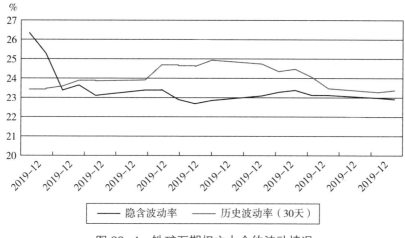

图 23-4　铁矿石期权主力合约波动情况

（数据来源：大连商品交易所）

（二）产业客户积极参与，市场反应良好

铁矿石期权上市后，产业企业和投资机构积极参与到避险策略丰富、交易模式多元的期权市场。市场结构上，上市首月[①]法人客户成交、持仓占比分别为74.25%和72.94%。场外风险管理子公司也积极参与到铁矿石期权交易中来，部分是对场外期权头寸的风险对冲。

三、铁矿石期权制度及规则调整

时间	通知名称	调整措施
2019-10-21	《关于开展铁矿石期权做市商遴选以及豆粕期权、玉米期权做市商增选工作的通知》	大商所开展铁矿石期权做市商遴选，以及豆粕期权、玉米期权做市商增选工作，并按期权品种实行做市商资格管理，公布申请期权做市商资格应当具备的条件
2019-11-29	《关于发布〈大连商品交易所铁矿石期货期权合约〉的通知》	《大连商品交易所铁矿石期货期权合约》经大商所理事会审议通过，并报告中国证监会，现予以发布，自铁矿石期权合约上市之日起施行

① 注：此处首月指上市日 2019 年 12 月 9—31 日。

续表

时间	通知名称	调整措施
2019-11-29	《关于铁矿石期权上市交易有关事项的通知》	为确保铁矿石期权上市交易平稳运行，大商所就上市交易时间、上市交易合约月份、挂盘基准价、交易指令、行权与履约、持仓限额管理、相关费用和合约询价进行了通知

四、铁矿石期权市场发展前景、问题与建议

（一）发展前景

2019年12月9日，作为大商所首个工业品期权的铁矿石期权上市，为产业企业提供了全新的避险工具。铁矿石期权平稳落地后，铁矿石率先实现了期货、期权和互换工具体系齐全，现货与期货市场连通、境内与境外市场连通的"一全两通"新格局，搭建起相对完善的衍生工具、产品和市场服务体系，更好地服务钢铁行业高质量发展。与此同时，2019年我国场内商品期权市场蓬勃发展，共上市10个商品期权品种，商品期权市场在平稳运行的基础上还存在进一步优化完善、发展壮大的空间。

（二）当前存在的问题

1. 上市初期市场规模较小，参与期权交易的客户数不足

铁矿石期权市场尚处于起步阶段，铁矿石期权市场规模仍处于成长期，市场流动性较低，参与铁矿石期权市场客户数较少，市场的深度和广度还有待提升。

2. 上市时间较短，市场中的流动性不足

虽然铁矿石期权市场上市以来展现了较好的流动性，但与已上市的豆粕期权、玉米期权市场相比，流动性还有较大差距。市场中的流动性不足，尤其是订单厚度不够，在试图委托较大数量的订单时，价格容易出现较大的跳跃，很难一次成交。市场中的大单需求越来

大，做市商因为提供大单报价存在较大风险，提供大单报价的意愿低，导致期权市场的流动性供给和流动性需求均无法良好体现。

3. 期权交易成本过高，保证金占用大，资金使用效率低

大商所已开启期权组合保证金相关业务，但仅提供了备兑策略、期权跨式组合和期权宽跨式组合三类期权组合的保证金优惠，如日历价差策略、牛市价差策略等大部分期权组合仍不能享受组合保证金优惠，客户保证金占用大，资金使用效率较低。

（三）发展建议

1. 加强市场培育，引导更多投资者参与期权市场，加大投资者的教育力度和深度，促进期权市场健康稳定发展

当前铁矿石期权市场投资者数目较少，仅为豆粕期权投资者数目的28.71%。需要加大力度吸引更多客户参与铁矿石期权市场，提高铁矿石期权市场规模。另外，加大期权市场投资者的培育力度，对产业客户、机构客户和个人客户进行持续且有针对性的期权培训，在提升客户期权市场参与度的同时，提高投资者参与期权市场的专业度，进而提升期权市场运行质量。

2. 进一步完善期权交易的相关制度，优化期权合约规则参数，注重上市初期风险防控工作，提升期权市场运行质量

豆粕期权和玉米期权的成功运行为铁矿石期权的发展提供了良好的经验借鉴，需要继续优化完善期权投资者准入、交易、行权、结算、风险监管、做市商管理等多个业务的制度，构建并完善期权制度框架。同时，注重铁矿石上市初期市场风险防控工作，保障铁矿石期权市场平稳健康发展。

3. 继续推进组合保证金的实施，提高期权交易的资金使用效率

在已实施的三种组合保证金优惠的基础之上，推动日历价差组

合、牛市价差组合等其他期权组合保证金优惠的实施，进一步提高资金使用效率。

专栏

2019年铁矿石期权大事记

4月3日，在香港举办的2019年FOW衍生品世界亚洲会议（FOW DWAsia）上，大商所相关负责人表示，自铁矿石期货引入境外交易者以来运行稳健，实现良好开局。大商所将继续完善相关制度，加紧推进铁矿石期权上市，并逐步研究推出更多适合国际化的品种。

5月31日，为进一步优化大商所期货交易者适当性制度，经理事会审议通过，并报告中国证监会，大商所制定了《大连商品交易所期货交易者适当性管理办法》，将特定品种交易者适当性和期权交易者适当性进行统一规定和管理。自发布之日起施行，原《大连商品交易所特定品种交易者适当性管理办法》和《大连商品交易所期权投资者适当性管理办法》同时废止。

6月6日结算时起，大商所期货期权组合保证金业务正式开启，在组合策略方面实现了期货、期权两种工具的全覆盖。在原有3个期货策略的基础上，此次新增了卖出期权期货组合、期权跨式及宽跨式3个涉及期权的组合策略，交易所支持的组合策略总数达到6个，为国内几家交易所中支持策略最多的；其次，在享受组合保证金优惠方式方面，除原先的交易期间通过套利订单和结算时交易所自动对所有客户持仓进行组合两种方式外，此次新增了交易期间组合申请方式，同时结算时还支持客户保留盘中组合持仓不进行重组；此外，在可参与组合的持仓属性范围方面，此次新增套期保值属性持仓，使组合保证金业务覆盖了全部持仓属性，有利于降低产业客户交易成本。

6月28日，为进一步规范期权业务和做市商管理，大商所根据近期业务规则修改，对《大连商品交易所期权业务指南》《大连商品交易所期权做市商业务指南》进行了修订。现予以发布，自发布之日起实施。其中，非期货公司会员和客户询价按照"同一交易编码在一个期权品种上每日询价次数不能超过500次"执行。

大连商品交易所于2019年7月8日开始，在豆粕期权主力系列合约上开展期货做市商和期权做市商实盘选拔活动。选拔目的是配合近期化工类两个品种期货做市商，以及豆粕、玉米、铁矿石和玉米淀粉四个品种期权做市商遴选。

9月16日，大商所开展铁矿石期权仿真交易。铁矿石期权仿真交易实行做市商制度。非期货公司会员和客户可以在非主力合约系列的期权合约上向做市商询价，询价请求应当指明期权合约代码，对同一期权合约的询价时间间隔不应低于60秒。同一交易编码在一个期权品种上每日询价上限限定为500次。

11月30日，大商所联合各会员单位、做市商及信息商开展了铁矿石期权全市场测试。此次测试主要模拟了铁矿石期权上市前一交易日及上市当日两个交易日的业务场景。此次测试主要包含两方面内容：一是验证铁矿石期权交易、结算和行权等功能；二是演练铁矿石期权上市的业务操作流程，包括全市场交易、行权、询价、应价、结算等各项业务。据统计，共有146家会员单位参与测试报单，测试内容包含了期货和期权业务。在两个交易日的测试中，全市场共成交42.2万手（单边，下同），其中在铁矿石期权上市当日的模拟交易中，铁矿石期货成交5.9万手，期权成交33.9万手，期权行权申请4 373手，实际行权执行3 984手。此次测试充分检验了交易系统及各业务系统的安全性、稳定性与有效性。

12月9日，铁矿石期权在大商所成功上市。至此，铁矿石品种也在期货、期权和互换工具上实现了齐全，在现货与期货市场、境内与境外市场上实现了连通。铁矿石期权上市首日共推出了10个系列的252个合约，统计数据显示，当日铁矿石期权成交量2.6万手（单边，下同），成交额7 614万元，持仓量1.5万手。当日共有1 200余名客户参与铁矿石期权交易，包含做市商在内的法人客户成交量占比为78.14%。

后 记

经过三个多月的精心组织和紧张工作，《大连商品交易所品种运行报告（2019）》终于付梓。在过去的一年中，大商所紧紧围绕建设规范、透明、开放、有活力、有韧性的资本市场这条主线，切实履行一线监管职责，加快推进多元开放整体布局，各项事业实现了全面发展。本书通过翔实的数据分析和指标运算，客观详细地记录和分析了大商所上市的19个期货品种和3个商品期权的市场运行和功能发挥情况，并探究和展望了期货市场的未来发展。

参与本书编撰的人员（按姓氏字母排序）：丁嘉伦、高春雨、李丹、李夏、刘国欣、刘硕、鲁娟、孟祥怡、王海沣、王孟娜、王曦、邢全伟、徐未、赵亮，在此对上述研究员们的辛勤付出表示感谢！

本书在撰写、出版过程中得到了多位领导、专家的亲切关怀和支持帮助。大商所理事长李正强、副总经理许强、副总经理朱丽红等对本书出版给予了大力支持和悉心指导；大商所农业品事业部胡杰、工业品事业部王淑梅、交易部肖家曦等对报告修改完善提出了宝贵的指导意见；研究中心副总经理何欣、刘岩、总经理助理谢亚等就图书撰写组织付出了大量心血；中国金融出版社对书稿全文进行了精心编校。在此，我们向支持报告编撰和出版工作的各级领导、专家顾问和相关参与人员表示衷心感谢！

最后，特别感谢大连商品交易所丛书编委会的各位领导一直以来的高度重视和关怀指导！

由于时间紧迫，编写人员水平有限，书中难免有失当之处，敬请批评指正，我们会在今后的工作中不断完善改进。

北京大商所期货与期权研究中心有限公司

2020年4月